다윗의 어깨 위에 올라타라

머리말

"당신이 바로 큰 바위 얼굴을 닮은 사람입니다."

나다니엘 호손의 단편인 『큰 바위 얼굴(The Great Stone Face)』의 주인공인 어니스트(Ernest)를 향해 한 시인이 던진 말이다.

어니스트는 어린 시절 어머니로부터 '큰 바위 얼굴'의 전설을 들은 후 늘 그 인물이 나타날 것을 기다렸다. 성장하여 설교자로 살면서도 그 희망을 버리지 않고 말이다. 어느 날 그의 설교를 듣기 위해 찾아온 한 시인은 어니스트가 바로 그런 사람이라고 말했다.

관심은 생각을 모아 담는 그릇이다. 특정한 단어나 표현은 우리의 생각을 담아서 우리를 그 속에서 살게 만든다. 위의 소설을 읽다 보면 '어니스트만큼 그 얼굴을 생각하며 살아간 이가 또 있을까' 하는 생각이 든다. 그가 큰 바위 얼굴을 닮아가게 된 이유가 바로 거기에 있다. 사랑하면 닮아간다고 하지 않는가? 관심을 가지면 그 대상을 닮게 된다.

현대 사회의 문제점 중 하나가 리더십의 부재라고 한다. 관심을 갖고 닮아야 할 리더를 만나기 어렵다. '진정한 리더가 없어서 세상이 이렇게 엉망이 되었다.'고 사람들은 불평한다. 우리 사회가 추구하는 '큰 바위의 얼굴'은 어떤 모습일까? 아니, 그런 존재가 있기나 한 것일까? 누구도 분명히 알기 힘들기에 부질없는 질문이라고 반문할 수 있다. 하지만 최소한 확실한 답을 할 수 있는 대상이 있다. 바로 나 자신이다. 스스로에게 물어보자. 그런 얼굴이 나에게 있는가? 내가 닮고 싶은 대상이 있는가? 아니, 나는 그런 대상에 관심을 갖고 찾고 있는가? 가치 있는 질문을 하는 것은 중요하다. 가치 있는 질문만이 가치 있는 답변으로 이끌기 때문이다.

비록 답을 찾지 못할지라도 그 과정 속에서 우리는 성숙하고 또한 성장도 이룰 수 있다. 그리고 혹시 아는가? 내가 찾는 주인공이 바로 나 자신일 수 있다는 사실을 경험하게 될는지…. '큰 바위 얼굴'의 주인공 어니스트와 같이 말이다.

현존하는 리더십만을 탓하지 말자. 좋은 리더가 없다면 찾아보는 노력을 해 보라. 이상적 리더십을 발견하려는 노력을 시작하라. 더 나아가 내가 그러한 리더십의 주인공이 되기를 기도해 보자.

다윗은 이상적인 리더십에 적합한 성경적 모델이다. 성경의 여느 인물보다 여러 면에서 유리한 위치에 있다. 무엇보다도 성경 속에 그에 대한 기록이 폭넓게 담겨 있다. 다른 리더들의 경우에는 어떤 특정 상황과 연결하여 제한적으로 등장한다. 그러다 보니 그들의 다른 면에 대해 알기가 매우 어렵다. 심지어 사도 바울이나 그가 닮고자 한다는 예수님(고전 11:1)에 대한 기록도 공적 사역 기간에 집중되어 있기에 제한적이다.

다윗은 어린 시절부터 천신만고 끝에 왕이 되었다가 마지막 죽는 순간까지 삶의 여정을 성경이 기록하고 있어 비교적 세세히 알 수 있다. 또한 역사서(사무엘상하, 열왕기상하, 역대상하)뿐 아니라 성경 속의 모든 장르를 망라하여 그의 이름이 나온다. 개역개정 한글성경 속에 사용된 그의 이름만을 세어 봐도 구약에서 848번, 신약에선 55번이나 된다. 한마디로 성경 속에는 그의 삶을 살펴볼 수 있는 자료가 풍성하다.

그의 삶의 기록 자체 또한 우리의 눈길을 끈다. 많은 영웅들을 다루는 이야기를 보면 미화시키거나 이상적 특징 중심으로 부각하는 것에 그친다. 그러나 다윗의 삶의 기록은 다르다. 그의 인간적 약점은 물론 심각한 실수로 인한 끔찍한 비극까지 적나라하게 기록하고 있다. 18세기 영국 시인 알렉산더 포프(Alexander Pope)의 "사람은 누구나 실수를 저지를 수 있다(To err is human)."라는 말을 떠오르게 만든다. 다윗의 실수는 손가락질을 하기보단 우리 속에 깃든 모습을 돌아보게 한다. 실수하는 다윗이라는 인간적인 면이 한편 그에게 다가가기가 불편하지 않도록 분위기를 이끄는 셈이다. 물론 거기에 멈추어버리면 안 된다. 오히려 **다윗이 그 이후 실수를 어떻게 해결해 가는가를 통해 배우며, '나라면 어떻게 할 것인가'의 고민으로까지 이어져야 한다. 긍정뿐 아니라 부정적 의미에서도 리더십 모델링으로 적합하다.**

하지만 다른 어떤 것보다 이상적 리더십에 대해 논하기에, 다윗이 가장 적절한 분명한 이유가 있다. 하나님께서 그를 향해 '내 마음에 맞는 사람'(행 13:22)이라고 평가하셨다는 사실이다. 그 표현 이상의 칭찬이 또 있을까? 하나님께서 인간을 향해 쓰실 수 있는 최고의 찬사다. 믿는 이들이라면 특별히 하나님의 칭찬을 받는 자가 되고 싶을 것은 자명하다. 이 점이 바로 그에게 관심이 가는 시작점이다. 왜 그를 하나님께서 그렇게 칭찬하셨을까? 그를 세심하게 들여다보게 만드는 가장 중요한 이유다.

그에 대해 성경에 기록된 바를, 시간의 흐름을 따라가며 살펴보는 방법으로 리더십을 배워 보려 한다. 그의 어깨에 올라타서 그와 함께 삶의 순간순간을 내 것인 양 경험하는 상상을 해보면서 말이다.

성경의 행간을 심리 분석으로 메워 보면 그가 인간적으로 가깝게 느껴진다. 고난의 순간을 지나며 힘들어하는 그에게 응원을 보내게 된다. 어려운 상황 속에서 선하고 의로운 결정을 하는 그의 지혜에 감탄하기도 한다. 진퇴양난의 순간, 하나님의 주권과 인간의 책임이라는 두 축의 긴장감을 느끼기도 한다. 마침내, 그의 죽음의 순간을 보며 삶의 완성의 의미와 중요성을 깨닫게 된다.

이러한 과정은 다윗의 삶에 생기를 불어넣는 일과도 흡사하다. 때로는 무미건조할 수 있는 신학적 교훈이 생명력 있게 다가옴을 경험하게 된다. 결국, 우리 모두가 대면해야 하는 순간을 간접적으로 숙연하게, 한편으로는 의연하게 준비하도록 돕는다.

그의 삶을 관통하는 핵심 키워드가 있다. 하나님과의 관계, 사람과의 관계다. 다윗의 삶은 만남과 그로 인한 관계로 엮여 있다. 거의 모든 장에서 관계라는 측면을 만나게 된다. 따라서 다윗의 인생을 이해한다는 것은 관계를 이해한다는 뜻이다. 다윗에게서 얻는 지혜 역시 관계에 대한 지혜이다. 다윗이 보여주는 리더십은 결국 관계를 통한 리더십인 셈이다.

'인생은 관계구나.' 하는 결론에 이른다. 다윗의 인생뿐만 아니라 우리 모두의 인생이 그렇다. 누구도 혼자이지 않으며 혼자일 수 없다. 예외 없이 다양한 만남으로 인생이 만들어진다. 누구를 만나며 어떻게 관계를 전개되느냐에 따라 인생이 결정된다는 말이 결코 과언이 아니다.

그렇다면 우리는 어떠한 프레임으로 관계를 바라볼 것인가. 다음과 같은 질문을 던져 보면서 이 책을 읽어 나가길 제안해 본다.

다윗이 만난 사람들은 어떤 사람들이었는가? 다윗은 그들을 어떻게 대하였으며, 그것은 결국 어떤 상황으로 이어졌는가? 이를 통해 다윗은 무엇을 얻었다고 생각하는가?

이런 질문들을 통해 관계의 프레임과, 리더십에 대한 요소들을 발견할 수 있다. 하지만 거기서 멈춰서는 안 된다. **다윗이 경험한 사건은 '3인칭 접근'일 뿐이다. '나' 또는 '우리'라는 1인칭으로 삶의 교훈과 원리를 적용하는 데까지 나아가야 한다. 이를 위해 자신의 삶과 연결시켜야 한다.**

혹시 내가 만난 사람들 중에 이런 사람들이 있는가? 다윗이 그런 이들을 대하는 모습을 보면 내가 배워야 할 것은 무엇인가? '나라면 다르게 반응했을 텐데...' 하는 생각이 든다면 무슨 근거로 그렇게 생각하는가? 아직 그런 사람을 만나지 않았다면 나는 그런 사람을 만나고 싶은가? 그렇다면 그런 사람과 어떤 관계를 맺고 싶은가? 만나고 싶지 않은 사람을 만나게 될 경우 어떻게 지혜롭게 대응하고 싶은가?

이런 질문에 대한 답을 이 책에서 제시한 다윗에게서 찾을 수 있을 것이다. 또한 자신의 삶과 연결하는 과정을 통해 이상적 리더십을 모델링해 나갈 수 있길 바란다.

다윗의 삶 속에서 드러나는 관계와 리더십의 특징을 간략하게 정리해 본다. 저자가 섬기는 단체 이름인 CCC라는 세 개의 C로 시작하는 단어로 요약이 가능하다.

첫째는, 역량이라는 의미를 지닌 'Competency'라는 단어다. 그는 이론으로만 무장된 사람이 아니다. **그는 철저히 실행과 경험을 통해 체화된 능력으로 다져진 리더다.**

둘째, 성실함 또는 충성됨이라는 의미를 지니고 있는 'Conscientiousness'라는 단어다. 다양한 삶과 더불어 변화무쌍한 상황을 겪는 가운데서도 다윗은 성실함을 놓치지 않았다. 맡겨진 일에 최선을 다하며, 무엇을 하든 예외 없이 성실한 삶을 살았다. 그는 진정한 '주의 종'이었다. 하나님의 종이라는 정체성이 분명한 인물이었다. 종이라는 단어가 담고 있듯이 **그는 주인의 뜻을 좇아 명령에 순종하며 주인을 기쁘게 하는 '유익한' 존재가 되고자 노력했다.**

마지막으로, 주님 안에서 확신한다는 뜻인 "Confidence in the Lord"다. 다윗의 기록에 나오는 주목할 특징은 소위 우리가 기적이라 부르는 '하나님이 역사하시는 순간과 경험'을 찾아볼 수 없다는 사실이다. 그렇다 할지라도 모든 사건을 잠잠히 주관하고 계시는 하나님이 사건 뒤에 계신다는 사실은 분명하다. 이것은 **그분을 향한 절대적 신뢰를 잃지 않고 행동하는 다윗을 통해 더욱더 명쾌하게 다가온다.**

바라기는 다윗의 삶을 통해 독자들 모두가 위의 '세 가지 C'를 마음속에 담고 이상적 리더십의 역사를 경험하기를……

다윗의 어깨에 올라타서 다윗의 눈으로 현상을 바라보고, 다윗의 심장으로 관계를 느끼고, 다윗의 무릎을 통해 진정한 리더십의 길을 찾아내길 간절히 소원한다.

박성민 목사 (한국CCC 대표)

머리말 5

PART1. 시련
다윗의 눈으로 고난을 바라보다

하나님이 뜻하시는 선택의 기준 18
하나님의 마음에 맞는 사람 (사무엘상 16:1-13)

하나님이 보시는 리더십의 조건 34
다윗 리더십의 비밀병기 (사무엘상 16:14-23)

자신의 강점에 집중하라 46
자신이 잘하는 게임을 발견하기 (사무엘상 17:1-18:5)

관계도 영성이다 62
진실한 우정은 영성의 일부 (사무엘상 18-21장)

고난은 성장의 통로 74
아둘람을 뛰어넘어 (사무엘상 21-22장)

광야 학교를 피하지 말라 86
다윗 리더십을 키운 광야학교 (사무엘상 23-24장)

PART 2. 성숙
다윗의 가슴으로 위기를 뛰어넘다

위기의 순간에 필요한 자세 — 100
지혜의 목소리에 귀를 기울이는가? (사무엘상 25장)

위기를 바라보는 겸손의 시선 — 112
적진의 한가운데서 살아남기 (사무엘상 26:1-28:2)

위기에서 발휘되는 리더십 — 124
믿음과 치유의 시글락 공동체 (사무엘상 28-30장)

죽음이 가르쳐주는 삶의 지혜 — 136
의미 없는 죽음이란 없다 (사무엘상 31장-사무엘하 1장)

위기 속에서 더욱 빛나는 원칙과 신의 — 148
통일의 물꼬 (사무엘하 2-4장)

위기 극복의 또 다른 힘 — 160
하나님의 때를 기다리는 영성 (사무엘하 5장)

나의 영적 현주소 — 172
예루살렘으로 운반된 언약궤 (사무엘하 6장)

한계를 인정할 때 위기는 극복된다 — 184
하나님의 거절 (사무엘하 7-8장)

헤세드가 이끄는 삶 — 196
잠재적 라이벌을 대하는 리더의 태도 (사무엘하 9장)

PART 3. 실패
다윗의 무릎으로 성공을 배우다

죄는 다루어져야 성공한다 208
덮을 수 없는 죄 (사무엘하 11-12장)

회개할 때 성공한다 220
이중잣대라는 유혹의 달콤함 (사무엘하 12장)

죄의 대가를 이해해야 성공한다 234
다윗의 집안에서 시작되는 재앙 (사무엘하 13:1-22)

다루어지지 않은 문제는 비극을 초래한다 244
복수와 반란 (사무엘하 13:23-15:12)

생의 바닥을 칠 때도 희망은 있다 256
고난의 정점에서 회복한 동사형 믿음 (사무엘하 15:12-37; 16:15-17:23)

PART 4. 완성
다윗의 심장으로 인생을 받아들이다

하나님의 길을 인정하라 — 270
영적 진실성(integrity)의 소중함
(사무엘하 16:5-14; 19:16-23, 열왕기상 2:8-9; 36-46)

주위의 도움에서 은혜를 경험하라 — 280
은혜를 경험하고 베풀며 사는 삶
(사무엘하 17:27-29; 19:31-39, 열왕기상 2:7)

때늦은 후회를 경계하라 — 290
회복되어야만 할 천륜(天倫)의 관계 (사무엘하 18:1-19:8)

인생의 끝을 잘 정리하라 — 302
잔꾀와 꼼수의 한계성 (사무엘하 19:9-15; 19:40-20:22)

인생을 감사로 완성하라 — 312
하나님을 향한 감사와 찬송으로 가득한 삶 (사무엘하 22:1-23:7)

유언을 생각하라 — 322
잘사는 것만큼 중요한 깔끔한 마무리 (열왕기상 1-2장)

PART1. 시련

다윗의 눈으로
고난을 바라보다

하나님이 뜻하시는 선택의 기준

하나님의 마음에 맞는 사람
(사무엘상 16:1-13)

    비록 사람에 따라 약간의 차이가 있으나 우리는 성장하면서 공통적인 경험을 한다. 그중의 하나는 '이야기를 들으며, 이야기를 통해 세상을 조금씩 알아간다.'는 것이다.

    나의 경우도 그러하다. 어린 시절 할머니가 들려주시던 권선징악의 교훈이 담긴 옛날이야기, 아버지가 간간이 들려 주셨던 6.25 때 피난 다니시며 겪은 고통스럽고 끔찍했던 전쟁 이야기, 친구들끼리 주고받았던 약간 과장된 무용담 … 성장하며 들었던 이야기들이 가끔 생각의 수면 위로 떠오른다. 성인이 되어서도 추상적인 내용은 관심을 갖고 노력할 때는 남지만, 이야기는 자연스레 마음에 새겨진다. 주일날 들은 설교 내용보다는 흥미를 위해 양념처럼 사용되는 예화가 오히려 생생하게 떠오르는 것처럼 이야기의 힘은 세다.

    확실히, 이야기에는 놀라운 전달의 힘이 있다. 그러므로 요즘 스토리텔링(storytelling)의 중요성이 부각되는 것은 당연하다. 심지어 소비자 트렌드를 논하며 역사(history)가 중요한 것이 아니라 이야기(story or narrative)가 중요한 시대라고 한다. 소비자들의 마음을 '지금' 사로잡을 이야기가 없다면, 자랑할 만한 역사가 있을지라도 더 이상 그 자리에 남아 있을 수 없다는 말이다.

성경은 이러한 인간들의 성향을 너무나 잘 이해한 듯 우리에게 다가오기에 시대를 초월하여 베스트셀러 중에 베스트셀러가 될 자격이 충분하다. 다양한 문학적 장르가 포함된 성경은 변하는 시대에 따라 달라지는 인간들의 '취향'에 관계없이 구성되어 있다. 특별히 이야기라는 측면에서 구약은 더욱더 그러하다. 잘 짜인 이야기의 특징을 빈틈없이 보여 준다. 시작과 끝, 플롯, 등장인물, 갈등과 함께 그 갈등의 해소가 짜임새 있게 담긴 이야기로 가득하다. 삶을 논하며 사랑과 진리, 죄와 구원, 속죄와 거룩함 등을 추상적 개념 그대로 드러내지 않는다. 오히려 이야기라는 장치를 통해 삶의 진리들을 유기적, 개인적, 구체적 현실로 보여 준다.

이야기가 전개되며 하나님은 두 가지 모습으로 인도하신다.

첫째, 전면에서 이끌어 가시는 '직접적 간섭(direct intervention)'이다. 이를 우리는 기적이라 부른다.

둘째, '간접적 간섭(indirect intervention)'이다. 하나님은 인간의 삶 뒤편에 잠잠히 계신 채 이야기가 펼쳐진다. 이 경우에도 겉으로 드러나지 않았을 뿐 여전히 하나님의 간섭과 감독 아래 모든 것이 진행된다. 로마서 8장 28절 말씀이 바로 그러하다.

"하나님을 사랑하는 자 곧 그의 뜻대로 부르심을 입은 자들에게는 모든 것이 합력하여 선을 이루느니라."

우리가 다루는 본문에는 역사적으로 중요한 인물이 이야기를 통해 등장한다. 성경에서 신구약을 연결하는 가장 중요한 사람이라고 평가할 만한 다윗이 역사의 무대에 처음으로 소개된다. **그의 삶을 통해서 우리와 함께하시며 모든 것을 주관하시는 하나님과의 동행이, 곧 온전하고 충만한 삶이라는 사실을 발견하게 된다. 그의 전 생애는 한마디로 하나님과의 지속적인 대면이었기에 그렇다.**

구약의 다른 인물과 다윗이 구별되는 특이한 점은 그의 이야기에는 소위 말하는 '기적'이라 불리는 사건이 하나도 없다는 것이다. 그럼에도 불구하고 하나님께서는 의심할 여지없이 이야기의 중심부에 계신다. 다윗이 등장하는 모든 세세한 사건 속에 언제나 함께하시나 침묵하시고, 숨어 계시나 그와 함께하신 하나님을 우리에게 보여 준다.

이러한 구성이 다윗 이야기를 친근하게 여기게 하는 점이다. 특별히 21세기를 살아가는 우리에게 더욱 그러하다. 성령의 세기라는 표현을 잘못 이해하여, 어떻게 보면 어느 때보다도 눈에 보이는 기적을 구하며 살아가는 경향이 있기 때문이다. 이러한 사실을 염두에 두며 위대한 인물 다윗의 등장부터 하나씩 살펴보기로 하자.

하나님은 리더를 지속적으로 찾으신다

다윗이라는 인물을 이해하려면 함께 등장하는 사울을 주목할 필요가 있다. 다윗이라는 인물을 이해하는 데 있어 사울은 매우 중요한 역할을 하기 때문이다. 다윗이 실제로 왕이 되는 그 순간까지, 사울은 다윗과의 대비를 극대화시키는 악역을 담당한다. 조연이라고 말한다면 주연급 조연인 셈이다.

사울은 하나님께서 이스라엘에 최초의 왕으로 세우셨던 사람이다. 처음에는 꽤 괜찮은 사람이었다. 인간을 평가하는 데 언급되는 소위 PQ(physical quotient, 외모지수) 면에서 특출났다. 단순히 '준수한 사람'이라는 표현을 뛰어넘는 인물이었다. "이스라엘 자손 중에 그보다 더 준수한 자가 없고 키는 모든 백성보다 어깨 위만큼 더 컸더라"(삼상 9:2)는 소개 속에 그의 매력 포인트가 드러난다.

하나님도 그를 처음에는 좋게 보셨다. 사무엘로 하여금 그의 머리에 기름을 부으시어 백성의 지도자로 삼으셨으니 말이다(삼상 10:1). 그뿐 아니라 하나님께서 그에게 새 마음을 주시고 '하나님의 영'이 그에게 크게 임하시어 예언하는 선지자의 역할까지 하도록 만드신다(삼상 10:10-11). 하나님께서 택하셨다는 사실을 보여 주는 분명한 증거였다.

하지만 사무엘이 백성들을 모아 이러한 사실을 공표하려 할 때, 사울은 짐 보따리들 사이에 숨는다(삼상 10:22). 전혀 예상치 못한 사울의 모습이다. 그의 겸손함을 보여 주는 것일까? 아니면 그의 마음 깊은 곳에 있는 두려움과 소심함이 드러난 것일까? 성경은 무엇인지 정확하게 말하고 있지는 않다. 그도 처음에는 괜찮은 모습이었다는 것은 분명하다. 자신을 겸손하게 낮출 수 있었기에 자신을 향한 비난까지도 간과할 수 있었다.

"어떤 불량배는 이르되 이 사람이 어떻게 우리를 구원하겠느냐

하고 멸시하며 예물을 바치지 아니하였으나 그는 잠잠하였더라"
(삼상 10:27).

훗날 불량배를 징벌하고 복수할 기회가 있었을 때조차 사울은 그들과 상대하기를 거부한다.

"백성이 사무엘에게 이르되 사울이 어찌 우리를 다스리겠느냐 한 자가 누구니이까 그들을 끌어내소서 우리가 죽이겠나이다 사울이 이르되 이 날에는 사람을 죽이지 못하리니 여호와께서 오늘 이스라엘 중에 구원을 베푸셨음이니라"(삼상 11:12-13).

오히려 사울은 여호와의 구원하심에 초점을 맞출 뿐 아니라, '새로운 나라 건설'이라는 비전을 기대하게 만드는 멋진 리더의 모습을 보여 주었다.

"사무엘이 백성에게 이르되 오라 우리가 길갈로 가서 나라를 새롭게 하자 모든 백성이 길갈로 가서 거기서 여호와 앞에서 사울을 왕으로 삼고 길갈에서 여호와 앞에 화목제를 드리고 사울과 이스라엘 모든 사람이 거기서 크게 기뻐하니라"(삼상 11:14-15).

그렇게 멋진 사울의 모습은 시간이 지남에 따라 변질되기 시작한다. 멋진 모습은 점차 사라지면서 그의 리더십은 마치 침몰하는 배처럼 무너져 내린다. 겸손함, 용서, 침착함 등의 장점들이 부정적인 요소로 변해간다.

특히 블레셋과 대치하는 상황에서 두려움에 떨고 있는 백성들 앞에서 그의 리더십은 한순간에 무너져 버린다. 백성들이 혹시나 흩어져 도망쳐 버리지 않을까 두려워 그는 자신이 하지 말아야 할 일을 저지른다.

"사무엘이 이르되 왕이 행하신 것이 무엇이냐 하니 사울이 이르되 백성이 내게서 흩어지고 당신은 정한 날 안에 오지 아니하고 블레셋 사람은 믹마스에 모였음을 내가 보았으므로 이에 내가 이르기를 블레셋 사람들이 나를 치러 길갈로 내려오겠거늘 내가 여호와께 은혜를 간구하지 못하였다 하고 부득이하여 번제를 드렸나이다 하니라"(삼상 13:11-12).

제사장인 사무엘이 하나님께 드려야 하는 번제를 사울이 임의로 드렸다. 이로써 사울은 첫 번째 중요한 리더십 테스트에서 완전히 실패했다.

사무엘의 표현을 따르면 사울과 그의 집안은 이스라엘의 영원한 왕의 계보를 이을 수도 있었다.

"사무엘이 사울에게 이르되 왕이 망령되이 행하였도다 왕이 왕의 하나님 여호와께서 왕에게 내리신 명령을 지키지 아니하였도다 그리하였더라면 여호와께서 이스라엘 위에 왕의 나라를 영원히 세우셨을 것이거늘"(삼상 13:13).

그의 치명적인 실수로 '하나님의 마음에 맞는 다른 사람'을 구할 수밖에 없는 결론에 이르게 된다. "지금은 왕의 나라가 길지 못할 것이라 여호와께서 왕에게 명령하신 바를 왕이 지키지 아니하였으므로 여호와께서 그의 마음에 맞는 사람을 구하여 여호와께서 그를 그의 백성의 지도자로 삼으셨느니라 하고"(삼상 13:14).

이러한 치명적 실패는 추락의 시작에 불과했다. 사무엘상 14장을 보면 그는 피곤하고 지친 백성에게 자신의 명령에 맹세하도록 했다. "내가 내 원수에게 보복하는 때까지 아무 음식물이든지 먹는 사람은 저주를 받을 것"(삼상 14:24)이라는 지극히 비상식적이며 비이성적인 결정이었다. 심지어 그의 아들 요나단까지도 "내 아버지께서 이 땅을 곤란하게 하셨도다"(삼상 14:29)라고 생각할 정도였다. 그래서 요나단은 떨어진 기운을 차리기 위해 벌집의 꿀을 찍어 먹어 버렸다.

사울의 명령은 스스로에게 올무가 되었다. 결국 명령을 지키지 않은 자신의 아들 요나단을 죽음의 지경으로 몰아넣는 안타까운 상황으로 전개된다(삼상 14:36-44). 백성들조차 억지를 부리는 사울보다는 그의 명령을 어긴 요나단의 편에 설 수밖에 없었다.

"백성이 사울에게 말하되 이스라엘에 이 큰 구원을 이룬 요나단이 죽겠나이까 결단코 그렇지 아니하니이다 여호와의 살아 계심을 두고 맹세하옵나니 그의 머리털 하나도 땅에 떨어지지 아니할 것은 그가 오늘 하나님과 동역하였음이니이다 하여 백성이 요나단을 구원하여 죽지 않게 하니라"(삼상 14:45).

사울의 추락한 리더십을 극명하게 보여 주는 장면이다.

그뿐이 아니었다. 15장을 보면 사울은 아말렉 사람과의 전쟁에서 심지어 그들의 소유를 하나도 남기지 말고 모두 죽이라는 명령을 받았다. 하지만 명령을 무시한 채 자신이 보기에 쓸 만한 것은 남기고 가치 없고 하찮은 것만 진멸했다.

"사울과 백성이 아각과 그의 양과 소의 가장 좋은 것 또는 기름진 것과 어린 양과 모든 좋은 것을 남기고 진멸하기를 즐겨 아니하고 가치 없고 하찮은 것은 진멸하니라"(삼상 15:9).

사울의 불순종으로 몹시 실망하신 하나님은 사울을 왕으로 세운 것을 후회하셨다.

"내가 사울을 왕으로 세운 것을 후회하노니 그가 돌이켜서 나를 따르지 아니하며 내 명령을 행하지 아니하였음이니라 하신지라 사무엘이 근심하여 온 밤을 여호와께 부르짖으니라"(삼상 15:11).

실망을 나타내는 그 이상의 표현 방법이 있을까. 다른 리더를 세워야 하는 긴급성과 필요성이 완전히 수면 위로 드러나는 순간이다. 재론의 여지가 없어진 것이다. 그렇다면 과연 다음 리더는 누구일까.

인간의 관점으로 판단하지 말라

사울왕에 대한 하나님의 실망은 사무엘에게는 큰 슬픔이었다. 지금이나 그때나 적절한 리더가 없다는 것은 백성들에겐 불행 중의 불행이다. 21세기의 대한민국을 보아도 리더에 대해 실망할 때 얼마나 가슴이 아프며 걱정스러운지 알기에 사무엘의 모습에 공감하게 된다.

하지만 하나님께서는 이스라엘 백성들을 그 상태로 버려두지 않으신다. 사무엘에게 베들레헴 사람 이새의 아들 중에서 다음 왕을 보았다고 말씀하신다(16:1).

법적으로 왕인 사울을 자극하지 않기 위해 모든 것은 은밀하고도 조심스레 추진된다. 사무엘은 제사를 지내기 위해 베들레헴에 왔다고 하며 이새 집안의 아들들을 만나 면접을 시작한다.

"사무엘이 이르되 내가 어찌 갈 수 있으리이까 사울이 들으면 나를 죽이리이다 하니 여호와께서 이르시되 너는 암송아지를 끌고 가서 말하기를 내가 여호와께 제사를 드리러 왔다 하고 이새를 제사에 청하라 내가 네게 행할 일을 가르치니 내가 네게 알게 하는 자에게 나를 위하여 기름을 부을지니라"(16:2-3).

면접시험을 보는 장면이 어땠을까 상상해 본다. 현직 국가 원로가 한 촌을 방문해 어느 가정에 들어가 아들들을 한 사람씩 차례로 면담하는 모습 말이다. 중앙에는 사무엘이 마치 재판관처럼 위엄을 갖춘 채 앉아 있고 이새의 아들들이 차례대로 들어온다.

첫 아들 엘리압은 우람한 체격에 다부지게 생겼다. 외적 카리스마도 있었다. 사무엘이 그를 향해 "여호와의 기름 부으실 자가 과연 주님 앞에 있도다"(16:6)라고 생각할 정도였다. 그러나 하나님의 판단은 사무엘의 느낌과는 달랐다. 엘리압에게는 왕이 될 만한 자질이 전혀 없었다. 선택받는 데 유리한 맏아들이란 조건에 외적 요소마저 갖춘 엘리압을 향해 하나님께서는 사무엘과는 다른 평가를 내리신 것이다. 이런 불일치가 성경에서 다음과 같은 유명한 말씀이 나오게 되는 배경이 된다.

"내가 보는 것은 사람과 같이 아니하니 사람은 외모를 보거니와 나 여호와는 중심을 보느니라"(16:7).

이 말씀은 '하기야 외모만 보자면 사울이 엘리압보다 더 뛰어났었지.'라고 생각하며 고개를 끄덕이게 만든다.

둘째인 아비나답과 셋째인 삼마도 하나님이 보시기에 적합한 인물이 아니었다. 그들에게는 공통적으로 "이도 여호와께서 택하지 아니하셨느니라"는 평가가 더해진다. 왕이 되는 데 있어 둘 다 모두 함량 미달이라는 점에서 동일했다. 네 번째 아들부터는 이름조차 밝히지 않는다. 한 사람 한 사람 차례로 불합격될 때마다 긴장의 분위기는 점점 더 고조되었을 것이다. 한 사람씩 탈락되어가며 '다음 아들인가? 아니네. 그럼 이 아들인가?'하는 생각이 사무엘의 마음속에 오갔을 것이다. 마지막 일곱째 아들의 순서가 되었을 때 사무엘은 마음속으로 분명 이 아들일 수밖에 없다고 생각했을 것이다. 그러나 결국에는 아무도 뽑히지 않았다. 일곱 아들 모두가 다 예외 없이 탈락했다. 면접에서 낙방해 버린 셈이다.

사무엘은 마음속으로 '그럼 과연 왜 하나님께서 이곳으로 보내셨을까?'라고 반문하였을 것이다. 그럼 도대체 누가 다음 리더일까. 쓸 만하게 보이는 이들이 다 탈락했다는 사실이 긴장과 갈등을 증폭시킨다. 그러나 끝이 아니었다. 하나님은 한 사람을 리더로 준비시키고 계셨다.

하나님의 마음과 주파수가 맞는 사람을 찾으라

사무엘이 당황한 모습을 상상해 볼 수 있다.

'하나님의 메시지에서 놓친 것이 없는가? 나의 통찰력과 영적 능력이 쇠한 것이 아닌가? 분명히 베들레헴 사람 이새의 아들 중에 하나라고 말씀하셨는데….' 염려와 갈등으로 사무엘은 몹시 혼란스웠으리라. 그때 마치 영화 <쿵푸 팬더>에서 전혀 예상치 않았던 '뚱뚱한 팬더'가 전사로 뽑히듯 한 인물이 등장한다.

나중에 밝혀진 일이고 또 지금은 온 세상이 다 알고 있듯이 이새에게 일곱 아들 말고도 또 다른 아들이 있었다. 그는 이름도 밝혀지지 않은 채 등장한다. 단순히 막내라고 불리며 말이다. 여덟 형제 중 막내라면 집에서 어린아이 이상으로 특별한 대우를 받을 만한 존재가 아니었으리라 쉽게 상상할 수 있다.

막내는 히브리어로 '하카톤'이다. 하찮고 그다지 중요하지 않은 사람이라는 뉘앙스가 담긴 표현이다. 그러기에 중요한 자리에는 나서지 말고 빠져야 할 인물이다. 하카톤이라는 단어는 가장 어릴 뿐만 아니라 '가장 작다'는 암시 또한 들어 있다. 그가 작다는 것은 키가 컸다고 묘사된 사울과 첫째인 엘리압과 의도적으로 대조를 드러낸 듯하다.

막내인 그를 얕잡아 본다는 사실은, 중요한 손님이 왔음에도 불구하고 잔심부름에 가까운 일을 하고 있음에도 드러난다. 양치기 일은 힘이 덜 들면서 동시에 잘하지 못해도 별 해를 끼치지 않는다. 막내는 집안의 중대사가 진행되는 동안 사고 칠 가능성이 없는 하찮은 일을 하고 있는 중이었다.

사무엘은 그를 데려오라고 한다. "그의 빛이 붉고 눈이 빼어나며 얼굴이 아름답더라"(16:12) 하는 표현이 막내인 다윗에 대한 첫인상이었다.

그에게 기름을 부으라는 하나님의 말씀을 들은 사무엘은 순종한다. 실제로 왕이 되기까지는 시간이 걸리지만 다음 왕이 탄생되는 순간이다.

그러나 앞으로 이야기의 전개를 좇다 보면 특이한 점이 눈길을 끈다. 누구도 이렇게 기름 부음을 받은 것에 큰 의미를 주지 않는 것이다. 실제 일어난 일과 사람들의 기대가 너무 달랐기 때문일까, 그날 베들레헴 사람들 중 누구도 이 사건을 주목하지 않았다.

무시당하고 초대받지 못한 인물이었던 한 목동이 예언자와 성령에 의해 기름 부음을 받은 후 마침내 이름을 불리게 되었으니, 그가 바로 다윗이다.

이야기는 여기서부터 시작된다. 끝에 가서 비로소 역사 속으로 들어온 그의 이름은 머리말에서 언급했듯이 구약에서 800번 이상, 신약에선 60번 정도 반복해 등장한다. 그것도 신약의 시작인 마태복음에서 예수님의 족보를 논하며 아브라함보다 다윗의 이름을 먼저 언급하며 말이다.* 다윗과 언약의 성취인 예수 그리스도를 소개하는 신구약을 연결시키는 중요한 인물이 역사의 무대에 주연으로 등장하는 순

---

*신약성경의 시작이며 예수 그리스도의 족보의 시작인 마태복음 1장 1절은 개역개정을 포함하여 여러 한글성경에서 아브라함을 다윗보다 먼저 언급하고 있다. 대부분의 영어 성경이 헬라어 원본을 좇아 다윗의 이름을 아브라함보다 먼저 나열하는 것과 차이를 보인다. 이유는 정확히 알 수 없으나 다윗을 강조하려는 저자의 의도를 간과하고 있거나 파악하지 못한 결과라 본다. 저자가 순서를 바꿨을 때는 의도가 있었을 것이기 때문이다. 또한 족보의 가장 마지막 부분인 17절의 요약에서조차 다윗을 강조하고 있다.

14대씩 세 부분으로 나누어서 요약된 것도 흥미롭다. 아브라함부터 다윗까지의 기간은 약 1,000년으로, 다음 두 개의 부분의 합에 가깝다. 의도적으로 다윗을 중심으로 14대를 나눈 것이라고 보는 것이 자연스럽다. 특별히 리스트 전체가(14×3이기에) 42인이 언급되어야 함에도 불구하고 41인이라는 사실도 독자들을 의아하게 만든다. 그러다 보니 '억지로(?)' 여고냐(마 1:12)를 반복해서 세고 있다고 설명할 정도다. 핵심은 14라는 숫자에 있다. 다윗의 히브리 이름을 숫자로 하면 14이기 때문이다(다윗은 히브리어로 דוד인데 그 세 자음은 숫자로 나타내기도 한다. 그러기에 그의 이름은 ד[4]+ו[6]+ד[4]=14가 된다).

이것은 게마트리아라고 하는 것으로 그 당시 유대인들이 자주 쓰는 표현이었다. 이러한 해석은 마태복음이 유대인들을 염두에 두고 썼다는 성경학자들의 의견과도 상통한다. 저자는 처음부터 다윗이라는 이름을 반복함으로 예수 그리스도가 '다윗의 자손'임을 독자들에게 분명히 전하고자 한 것이다.

간이다.

우리는 이 시점에서 중요한 가르침을 다시 한번 짚고 넘어가야 한다. '하나님이 왜 다윗을 택하셨는가?'라는 이유다. 그 이유가 성경에는 '중심을 보신다'(16:7)로 되어 있다. '중심을 보신다'에서 중심이라는

단어는 히브리어로 '속사람(레바브)'이라는 문자적 의미를 가지고 있다. 겉보다는 속을 더 중하게 여기신다는 것이 분명하다. 사도행전 13장 22절의 말씀은 이러한 표현에 대한 우리의 이해를 더욱더 깊게 만든다.

"내가 이새의 아들 다윗을 만나니 내 마음에 맞는 사람이라 내 뜻을 다 이루리라."

하나님의 마음에 맞는 사람("a man after my own heart" NLT), **즉 하나님의 마음과 같은 주파수와 파장을 지닌 사람이라는 것이다. 결국 하나님이 찾고 쓰시는 사람에 대한 가장 중요한 핵심은 이것이다. "하나님의 뜻을 좇으며 살아가는가?"**

다윗의 선택을 보면서 우리와 연결해 보아야 한다. '하카톤'이라 묘사된 다윗은 비록 겉으로 보기에 또는 세상의 잣대로 보기에는 보잘것없고 양이나 지켜야 하는 무명의 신세일지 모른다. 그러나, 그럼에도 가장 중요한 사실은 '너는 선택된 사람'이라는 하나님의 말씀이다. 하나님이 더 잘나 보이는 이새의 다른 아들들을 제치고 다윗을 선택하셨듯이 말이다. 그로 인해 고린도전서 1장 26-29절에서 사도 바울이 말하듯 아무것도 아닌 존재(nobody)가 하나님의 은혜로 인해 특별한 존재(somebody)가 되는 것이다.

성경에는 우리의 정체성을 밝혀 주는 수많은 표현들이 있다. '하나님의 자녀, 거룩한 백성, 왕 같은 제사장, 하나님의 사람' 등은 우리가 반드시 기억하며 살아가야 할 우리에게 부여된 특권이다. 예수 그리스도를 통해 부여된 우리의 새로운 정체성이다.

마치 초라하게 등장한 다윗이 마침내 왕이 되어 이스라엘을 굳건하게 세웠듯이, 비록 우리의 등장이 세상적 기준으로 초라할지라도 하나님께서 우리를 통해 이루실 놀라운 역사를 기대하게 만드는 이유와 근거가 된다. 그러기에 예수님은 "너희는 먼저 그의 나라와 그의 의를 구하라 그리하면 이 모든 것을 너희에게 더하시리라"(마 6:33)고 말씀하신다. 우리의 마음과 뜻을 점검하라는 것이다. 삶의 우선순위를 논하며, 궁극적 관심을 하나님께 주파수를 맞추며 살아가라는 말씀이다. 다윗을 선택하여 그를 인도하시며 이스라엘 왕국을 세우셨던 하나님께서 우리를 선택하셔서 이루실 놀라운 일을 기대한다.

하나님이 보시는 리더십의 조건

다윗 리더십의 비밀병기
(사무엘상 16:14-23)

급변하는 세상에서 우리가 나아갈 방향을 잃어버려서인지 요즘 어느 때보다 리더십이 중요한 화두다. 조직의 미래는 어떤 리더가 세워지느냐에 달려 있다. 회사와 연관하여 'CEO 리스크'라는 말이 나오는 이유이기도 하다. 일개 회사 조직도 그럴진대 한 나라의 운명이 달려 있는 최고 지도자의 중요성은 아무리 강조해도 지나치지 않을 것이다. 전 세계의 유일한 분단국가인 우리의 경우에도 대통령이 진보냐 보수냐에 따라 다양한 영역에서 부침을 겪는다. 어떤 정책을 쓰느냐에 따라 나라 전체의 운명이 달라진다.

현재 세계 어느 곳을 보아도 만만치 않은 상황이 펼쳐지고 있다. 특별히 새롭게 부상하고 있는 G2라 불리는 중국을 견제하기 위한 미국의 경제 및 외교적 대응책으로 인해 전 세계가 몸살을 앓고 있다. 파리드 자카리아(Fareed Zakaria)라는 저널리스트가 『흔들리는 세계의 축

(The Post-American World)』이라는 책에서 지적하듯 EU와 미국이라는 양대 축에 또 다른 하나의 축이 더해지는 과정인 듯하다. 이런 상황 속에서 어떤 리더가 세워지느냐에 따라 국제 정치, 외교, 경제의 영역 등에서 엄청난 변화를 경험할 수 있다. 그로 인해 변화의 동반자인 불안이 시대의 조류가 될 수 밖에 없다. 모든 것의 중심부에 리더와 리더십이 있다는 중요한 사실을 다시금 절감한다.

우리 모두에게 동일하게 적용할 원리가 있다. 배움을 향한 자세로, 세상에는 세 부류의 사람이 있다는 것이다.

첫째는 꼭 경험을 하고 나서만 배우는 사람이다. 이런 사람들을 우리는 '그저 그런 사람'이라고 부른다. 왜냐하면 많은 이들이 이 부류에 속하기 때문이다. 이들에게 적절한 질문은 왜 이미 존재하는 '바퀴를 또 발명하려 드느냐'일 것이다.

둘째는 경험하고 난 이후에도 배우지 못하는 사람이다. 즉 자신을 스스로 돌아보는 것을 등한시하는 사람들이다. 그러다 보니 늘 같은 잘못을 반복하는 사람들이 이 부류에 속한다. 역사가인 아놀드 토인비가 지적하듯 '역사를 통해 배우지 못하는 인간'의 유형이다. 아무리 가르쳐 주어도 배우지 않고, 배우려 하지 않는 사람이기도 하다. 이런 사람을 '어리석은 사람'이라고 한다.

마지막으로 자신이 직접 경험하지 않았더라도 남의 경험을 통해 배우는 사람들이 있다. 이들을 우리는 '지혜로운 사람'이라고 부른다. 이와 관련된 두 가지 중요한 고사 성어가 있다. '반면교사(反面教師)'와 '타산지석(他山之石)'이다. 전자는 '따르거나 되풀이해서는 안 될 나쁜 본보기'라는 의미이고, 후자는 '하찮은 남의 언행일지라도 자신을 수양하는 데 도움이 된다.'고 여기는 것이다.

여기서 우리가 스스로에게 던져야 하는 질문은 '나는 과연 어떤 부류에 속하길 원하느냐'다. 본문에서는 하나님께서 쓰시기를 선택하심으로 '부상하는' 다윗과 하나님이 포기하셔서 '추락하는' 사울왕의 첫 만남이 기록되어 있다. 서로 다른 운명을 가진 두 사람의 첫 만남, 그 순간을 둘러싼 사건의 기록부터 리더십에 관한 중요한 원리를 발견하게 된다. 우리 모두가 이러한 원리를 배워 '지혜로운 사람'으로 성장하기를 소원한다.

모든 것이 정치이나 정치가 모든 것은 아니다

본문은 "여호와의 영이 사울에게서 떠나고"라는 '충격적인' 표현으로 시작한다. 이 표현은 사울의 리더십에 대한 사망 선고적 평가 그 이상 또는 그 이하도 아니다. 도대체 어떤 잘못을 했기에 이런 엄청난 결과를 초래했을까 생각하게 만드는 부분이다. 앞장에서는 이 구절까지 사울에 대한 기록으로 그의 부족함을 전반적으로 살펴보았다.

요약해 보자면 사무엘상에서 그의 처음 등장을 보면 한마디로 그는 '훈남'이었다. 많은 이스라엘 처녀들의 마음을 들뜨게 만드는 훈남 중의 훈남이었다(삼상 9:2). 멋진 묘사만으로 상상해 볼 때 자신만만할 것 같은 사울은 기대와는 달리 약간은 내성적이며 소극적인 모습이었다. 무엇인가 불길한 예감이 담겨 있는 것처럼 보이기도 했다.

하지만 그를 향한 초기 평가는 기대 만점이었다. "주께서 뽑으신이 사람을 보라 온 백성 가운데 이만한 인물이 없다"(삼상 10:24)는 사무엘의 평가에 백성은 "임금님 만세!"라는 열광적인 함성으로 동의했다. 사무엘상 8장에 그려져 있듯이 백성들은 다른 모든 이방 나라처럼 자신들을 지도할 왕이 세워지기를 원했기에 이러한 반응은 당연하고도 자연스웠으리라. 최소한 그때까지는 '기대해도 좋다.'는 분위기가 가득했음을 보여 준다.

"밭에서 소를 몰고 오다가"(삼상 11:5)라는 표현처럼 겸손함이 담겨 있었다. 사울은 왕의 자리를 특권으로 여기기보다 겸손함으로 받아들였다. 백성들도 그를 적극적으로 따랐다. 군사 원정을 통해 길르앗 야베스를 구하자고 소리를 높였을 때, 백성들은 한 사람도 우물쭈물하지 않고 일사불란하게 그의 요청에 응하며(삼상 11:7), 전쟁에서도 대성공을 이뤘다(삼상 11:11). 사울은 성공적 리더십으로 그의 능력을 증명해 보였다. 실제로 그는 어떤 적과 싸우든지 그들보다 우월했고 연승을 거두었다.

"사울이 이스라엘 왕위에 오른 후에 사방에 있는 모든 대적 곧 모압과 암몬 자손과 에돔과 소바의 왕들과 블레셋 사람들을 쳤는데 향하는 곳마다 이겼고 용감하게 아말렉 사람들을 치고 이스라엘을 그 약탈하는 자들의 손에서 건졌더라"(삼상 14:47-48).

하지만 모든 것이 그렇게 좋지만은 않음을 암시하는 징후들이 서서히 나타나기 시작했다. 그리고는 마침내 여호와의 영이 떠난다(16:14).

이러한 징후는 잔인한 블레셋 족속과 야비한 아말렉 족속과의 전투에서 드러난다. 겉으로 보기에 괜찮은 듯하던 사울의 무너짐은 그의 불순종에서 시작된다. 둘 다 모두 군사 전략적인 사고에서 비롯된 것들이며, 둘 다 모두 예배와 관련되어 있다는 공통점을 지닌다.

전자의 경우 그는 사람들을 단결시키고 전투를 준비시킬 목적으로 하나님께 예배를 드렸다. 후자는 아말렉과 그 모든 소유물을 완전히 파괴하라는 하나님의 명령을 받았음에도 불구하고 하나님께 예배드릴 때 쓰겠다는 명목으로 가장 좋은 짐승들은 죽이지 않고 남겨 두었다. 물론 자신의 행동을 정당화하는 핑계였지만 말이다. 성경에 의하면, 두 사건 모두 사울의 우선적인 관심이 하나님보다 사람이었음을 드러내는 행동이었다.

사울은 하나님께 순종하기보다 흔들리는 백성들을 붙잡으려는 데 다급했다. 자신의 개인적 욕심을 하나님의 명령보다 위에 둔 것이다. 결국 사울의 눈에는 하나님보다 사람이 더 크게 보였다. 자신의 유익을 위한 존재로 하나님을 전락시켜 버린 것이다.

사울은 일을 '잘 하려고' 노력했다. 그러나 일을 잘 하고 좋은 왕이 되려고 하는 개인적 야심에 하나님을 끌어들이는, 본말이 전도된 행동을 보였다.

우리는 사울을 통해 다시금 확인할 수 있다. 결국 모든 문제의 근본은 영적인 문제다.

리더십이라는 주제를 생각하며 잊지 말아야 하는 중요한 가르침이 있다. 한마디로 말해 "모든 것이 정치이나, 정치가 모든 것은 아니다(Everything is politics, but politics isn't everything)."라는 것이다. 각자에게 맡겨진 역할을 감당하면서 경험할 수 있는 갈등에 대한 답이다.

사울의 경우 백성들을 다스리는 정치 논리에만 빠져 있었던 것이다. 백성들의 마음을 붙잡아야 하였기에 그랬고, 더 나아가 '자기 합리화 논리'에서 벗어나지 못했다. 그로 인해 하나님께서 기대하시는 예언자로서의 사명을 완전히 망각하기에 이르렀다. **모든 리더는 예외 없이 하나님의 주관 아래 있음을 기억해야 한다.**

"각 사람은 위에 있는 권세들에게 복종하라 권세는 하나님으로부터 나지 않음이 없나니 모든 권세는 하나님께서 정하신 바라"(롬 13:1).

궁극적으로 모든 것을 주관하고 계시는 하나님의 눈 밖에 나버렸을 때는 더 이상의 해결책이 없다. 그러기에 스스로의 직분에 적합한 중요한 원칙 하나를 명심하며 살아야 한다. 그 원칙은 바로 절대로 타협할 수 없는 영역을 분명히 설정하라는 것이다. 직분을 행하는 데 있어 타협이 가능한 부분은 협상과 양보를 통해 진행할 수 있지만 말이다.

사도행전을 보면 베드로와 요한에게 그들의 설교를 금하라고 하는 유대인들의 공회를 향해 "하나님 앞에서 너희의 말을 듣는 것이 하나님의 말씀을 듣는 것보다 옳은가 판단하라 우리는 보고 들은 것을 말하지 아니할 수 없다"(행 4:19-20)고 말한다. 사도 바울도 구원을 얻는 데 있어 율법 준수를 요구하는 '다른 복음'을 향해 분명히 말한다. "이제 내가 사람들에게 좋게 하랴 하나님께 좋게 하랴 사람들에게 기쁨을 구하랴 내가 지금까지 사람들의 기쁨을 구하였다면 그리스도의 종이 아니니라"(갈 1:10). 이들과는 달리 사울은 타협해서는 결코 안 되는 영역까지 타협해 버린 것을 볼 수 있다. 그의 잘못은 리더십 위치에 있는 이들이 쉽게 빠질 수 있는 함정이기에 반면교사로 삼을 만하다.

성공적 리더십의 핵심은 통치와 섬김이다

본문 중에서 가장 눈에 띄는 다윗의 자격은 여호와가 그와 함께하신다는 사실이다(16:18). 바로 몇 구절 앞에서 말하고 있듯이 "하나님의 신이 떠나 버린"(16:14) 사울에 대한 평가와는 극과 극의 대조를 이룬다. 그런데 그 표현을 한 이가 다름 아닌 사울의 신하 중 하나다. 다윗은 수금을 잘 타는 것은 물론이고, 용기도 있고, 전쟁도 잘하며, 구변과 판단력도 뛰어나다. 당장 사울에게 필요한 음악 연주자의 능력을 넘어서서 미래의 왕이 될 후보로서 그의 자질을 암시하는 표현이다.

사울은 다윗이 그런 인물이라면 자기 옆에 두면 좋겠다고 생각한다. 14-15절에서 지적하듯이 심리적으로 불안한 그를 보좌하는 데 딱 맞는 사람이라고 여긴다. 기름 부음을 받은 후, 가장 먼저 한 일로 다윗은 궁정에 들어가 사울의 심복이 된다. 사울은 다윗이 마음에 들어 자신의 무기를 드는 자로 삼는다(16:21). '무기를 든 자'는 왕의 옆에서 신뢰를 받는 자에게만 허락되는 자리다. 절대적인 충성을 요구하는 자리였기에 아무한테나 맡길 수 없다. 이 둘의 특별한 관계는 14장 1, 6절이나 31장 4-6절을 통해 확인할 수 있다. 무기를 든 자는 항상 상전의 옆에 붙어 있어야 하며, 절대적인 순종과 충성을 해야 하는 관계임을 보여 준다.

이 둘의 만남을 보며 독자들은 한 가지 사실에 의문을 갖게 된다. 둘 사이에 존재하는 극과 극의 대조 속에서 과연 '온전한 왕위 계승이 어떻게 이루어질까?'하는 것이다. 사울은 왕으로서 기름 부음을 받았지만, 기름 부음에 걸맞은 일을 하지 않아 추락한 리더다. 심지어 하나님이 후회했다는 표현까지 등장할 정도로 모든 것을 엉망으로 만들어 놓았다(삼상 15:11). 다윗은 그 일을 바로잡으라는 임무를 부여 받은 듯하다.

여기에 담겨 있는 두 가지의 아이러니를 발견할 수 있다.

하나는 차기 왕으로 기름 부음을 받은 다윗의 첫 번째 임무가 '나쁜 왕을 섬기는 일'이라는 것이다. 종으로서 섬기는 일 그 자체가 이미 왕으로서 통치의 일부라는 생각이 든다. 좋은 리더가 되기 위해선 좋은 팔로어가 되어야 한다. 왕이신 예수님도 인생의 대부분을 목수 일을 하며 보내셨다. 다르게 보자면 **모든 일에는 '섬김과 통치'라는 두 요소가 하나로 결합되어 있는 것이 아닐까 싶다. 통치가 내용이라면, 섬김은 그 일을 하는 방식이어야 하듯 말이다. 또한 섬기는 리더십이라는 표현에서 리더십은 내용이고, 섬김은 그것을 행하는 방법이듯.**

다윗은 수금 연주를 통해 혼돈에 빠진 사울의 정신과 감정에 다시 하나님의 질서를 세우는 사역을 했다. 혼돈 가운데 질서를 세우는 일이야말로 왕업의 기초라고 할 수 있다.

또 다른 하나는 다른 이가 아니라 사울 자신이 장차 라이벌이요 계승자가 될 사람을 자신의 궁전으로 데려왔다는 사실이다. 은혜와 축복을 베푸시는 하나님께서 예정하신 이의 삶을 어떻게 이끌어 나가실까 기대하게 만든다.

리더십의 본질은 겸손과 충성이다

성경에서 기름 부음을 받는다는 것은 하나님에게서 일거리를 받는다는 의미다. 하나님께 고용된다는 것이다. 모든 종류의 리더십에 다 해당되는 개념이다.

기름 부음을 통해 우리의 일은 하나님의 일과 연결된다. 이러한 개념이 비록 흔적이긴 하나 영어에 남아 있다. 바로 직업을 vocation이라고 부르기도 한다는 것이다. vocation은 라틴어에서 기인한 것으로 부름을 받았다는 의미인 소명(calling)이라는 단어와 연결되어 있다. 그 단어의 의미 자체가 담고 있듯이 누군가 부르신 분이 있다. **우리가 이 세상에서 하는 일은 그저 먹고 살기 위해 하는 것이 아니며, 우리의 개인적 욕심과 야망을 위한 것이 아니다. 거기에는 하나님의 부르심과 그 일을 위한 하나님의 기름 부음이 있다.** 하나님을 믿는 이들이라면 직업과 연결하여 늘 기억해야 하는 가장 중요한 사실이다.

하나님의 일이기에 하나님은 우리가 그 일을 감당할 능력까지도 부여하신다. 그러다 보니 리더십을 부여 받은 사람이 일을 잘하거나 좋은 일을 할 때 정말 신과 같은 존재가 되곤 한다. 마치 사도행전 14장의 기록처럼 루스드라에서 복음을 전할 때 앉은뱅이가 고침을 받자 사람들이 '바나바는 제우스라고 하고 바울은 헤르메스'라고 부르는 것처럼 말이다. 기름 부음을 받은 이들에게 이러한 일까지 일어나는 것 자체는 그리 놀라운 일이 아니다. 하나님의 지혜와 능력이 함께한 결과일 테니 말이다. 그러나 중요한 점은 두 사도처럼 모든 것의 원인을 하나님께 돌리며 '살아 계신 하나님께 돌아오게 하는' 겸손함이다.

다르게 표현하면 **성공적 리더십의 핵심은 겸손이다. 겸손함을 잃어 버릴 때 급기야 우리는 자신을 신이라고까지 생각하기 쉽기 때문이다.** 물론 처음부터 그러지는 않을 수 있다. 자신에게 역사하신 하나님을 간증하다가 그 놀라운 하나님께서 사용하신 '대단한 자신'을 자랑하는 단계로 전락하는 경우를 종종 발견하게 된다. 그러다 보면 으쓱해지고 교만해지며, 또한 자신의 위치를 유지하고자 사람들의 눈치를 보게 된다. 아니, 그들의 의견이 모든 판단과 결정의 전부가 되어 버릴 수 있다. 사울이 취했던 어리석은 행동과 같이.

겸손함에 더하여 '끝까지 충성함'이 중요하다. 사울에 대한 기록을 보며 느낀 점은, 시작은 기대로 가득했지만 시간이 지남에 따라 실망으로 이어졌다는 것이다. **결국 '맡은 자들이 구할 것은 충성'**(고전 4:2)**이다. 충성이라는 단어 속에는 지속적으로, 시간이 지나도 변하지 않는다는 뜻이 담겨 있다.** 즉흥적이며, 단시간에 열매를 거두는 것을 기대하며 사는 세상이기에 자신이 그러한 생각에 오염되어 있지는 않은가 평가해 보아야 한다.

사울왕과 같은 이름을 지닌 사도 바울은 "나는 선한 싸움을 다 싸우고 나의 달려갈 길을 마치고 믿음을 지켰으니"(딤후 4:7)라고 고백한다. 유명한 등산가가 말했듯이 "산은 잘 오르는 것도 중요하지만, 잘 내려오는 것은 더 중요하다."는 의미를 기억해야 한다. 주어진 일을 잘 마무리하는 것의 중요성을 지적하는 말이다.

하나님께서는 우리 모두를 향해 다양한 곳에서 다양한 모습으로 섬기도록 기름 부으신다. 하나님의 백성에게는 어느 누구도 예외 없이 그분이 기대하는 역할이 있다. 맡겨진 사역의 다양성에는 동일한 목적이 있다. 다윗의 사명과 연결하여 표현해 보자. 다윗은 사울의 망가진 마음에 질서를 되찾도록 도울 뿐 아니라 그가 망쳐 버린 세상에 하나님의 질서를 세워야 했다. 우리 모두도 보냄을 받은 영역이나 분야에서 죄로 인해 잃어버린 '샬롬'을 세워가야 한다. **하나님의 질서를 바로**

세우는 일에 부름을 받은 자임을 기억해야 한다.

요즘 '마음 챙김(mindfulness)'이라는 표현을 자주 듣게 된다. 현재에 대한 주의 집중과 알아차림, 깨어 있음 등의 의미를 내포하고 있다. 우리 믿는 이들에게는 '믿음 챙김(faithfulness)'이 더욱 적절한 표현이 아닐까 생각해 본다. **하나님을 신뢰하며(faith), 하나님께 충성하는(faithful) 삶을 살기 위해 깨어 살아가는 것이 '믿음 챙김'**이다. 이를 통해서 우리의 삶이 리듬과 조화를 이룬다면 어떤 사역을 하든지 콧노래를 부르며 즐겁게 감당할 수 있을 것이다.

자신의 강점에 집중하라

자신이 잘하는 게임을 발견하기
(사무엘상 17:1-18:5)

"인생이란 무엇일까?"

이 질문에는 많은 철학적 사고와 고민이 담겨 있다. 물론 모든 인간이 가지고 있는 궁금증은 아니다. 특히, 이 시대에는 이러한 질문 자체가 흥밋거리가 아닌 것처럼 보인다. 그러나 외면하거나 가벼이 여길 수 없는 문제다. 모든 철학과 종교는 궁극적으로 이 질문에 답을 주고자 하기 때문이다.

'인생은 고통의 연속'이라는 관점의 불교적 접근이 우리에겐 익숙하다. 솔직히 말해, 고통이라는 측면을 지나치게 침소봉대(針小棒大)하고 있다는 생각이 든다. 탱화의 한 장면에 담긴 인생은 그야말로 끔찍하다. 절벽에서 밧줄을 잡고 있는 인간이 있고, 절벽 아래는 악어가 입을 벌린 채 인간이 떨어질 것을 기다리고 있다. 가까스로 붙잡은 밧줄을 생쥐가 조금씩 갉아먹고 있고, 그런 상황에서 인간은 벌집에서 한 방울씩 떨어지는 꿀을 받아먹기 위해 안간힘을 쓰고 있다. 참 암담하다.

물론 특정한 종교를 폄하하려는 의도는 없다. 왜냐하면 전도서에도 유사한 표현이 나오기 때문이다.

"내가 사는 것을 미워하였노니 이는 해 아래에서 하는 일이 내게 괴로움이요 모두 다 헛되어 바람을 잡으려는 것이기 때문이다"(전 2:17).

고통만이 전부라면 불교에서 가르치듯이 삶이라는 '윤회의 사이클'에서 벗어나는 길을 지향하는 것이 당연하다. 하지만 그게 아니라면 결론은 달라진다.

먼저 왜 인생은 고통이라는 생각을 하게 되었을까 생각해 보자. 시편에 "우리의 연수가 칠십이요 강건하면 팔십이라도 그 연수의 자랑은 수고와 슬픔뿐이요 신속히 가니 우리가 날아가나이다"(시 90:10)라는 표현이 나온다. 또 "우리에게 우리 날 계수함을 가르치사 지혜로운 마음을 얻게 하소서"(시 90:12)라는 구절도 있다.

성경은 위의 구절을 통해 분명히 가르쳐 주고 있다. 인생은 수고와 슬픔이 가득하며, 길지 않기에 순간순간 헛되이 살지 말아야 한다. 사도 바울의 "세월을 아끼라 때가 악하니라"(엡 5:16)는 말씀과 같은 맥락이다. 사실 인생에는 즐겁고 행복한 순간도 적지 않다. 그러나 수고와 슬픔이 더욱 부각되는 것은 그것이 인간 심리의 특성이기 때문일 것이다. 이익을 얻는 것보다 손해 보는 것을 피하고자 하는 것이 인간의 실상이다.

우리는 하나님의 특별한 목적과 계획으로 지음을 받았기에 우리 모두에게는 이 세상에서의 역할이 있다. 다르게 표현하자면 모두에게 사명과 소명이 있다는 것이다. **우리를 창조하시고, 이곳으로 보내시며, 부르신 이가 있다면 그분께서 우리를 도우실 것이라는 당연한 결론적 명제가 있다. 그리고 그 다음 삶에 대한 약속 또한 분명히 존재한다.**

인생에서 어려움과 난관을 경험하는 것은 당연하다. 그러나 중요한 것은 그것을 경험하느냐, 하지 않느냐가 아니다. 어떤 태도로 그것을 대하느냐 하는 것이다. 우리는 말씀을 통해 어떠한 어려움과 도전에도 승리할 수 있는 비결을 배울 수 있다.

성경에 익숙하지 않은 사람들조차 잘 알고 있는 두 사람이 본문에 등장한다. 전력의 차이가 많은 두 팀이 경기를 벌일 때 이들의 이름을 빌어 '다윗과 골리앗의 싸움'이라고 표현할 정도다.

성경은 이들의 대결보다 그 대결에 이르는 과정에 더욱 초점을 맞추며 이야기를 풀어가고 있다. 우리는 사건의 전개를 살펴보며 우리에게 적용할 수 있는 교훈들을 발견하게 된다.

보이는 것이 전부가 아니다

제일 먼저 강조한 요소 중의 하나는 다윗의 나이가 상당히 어렸다는 사실이다.

형들이 일곱 명이나 있었지만 그 중 첫째부터 셋째까지만 전쟁에 나간 것을 보면(17:13) 그의 나이는 일반적으로 군대에 가는 나이인 20세보다 한참 아래였을 것이라고 추측할 수 있다. 어린 나이였기에 블레셋과의 전장에도 나가지 않고 '양이나 쳐야 하는 처지'였다. 그런데 전투가 벌어지는 에베스담밈의 엘라 골짜기(17:1-2)에 등장한다. 아버지의 심부름으로 형들에게 먹을 것을 가져다주려고 그곳에 가게 되었던 것이다(17:17-18).

골짜기를 중심으로 북쪽에는 덩치가 크나 '멍청한' 거인 골리앗과 블레셋 사람들이, 남쪽에는 하나님의 기름 부음을 받았으나 스스로 무너지는 '한심한' 사울왕과 이스라엘 군사들이 대치 중이었다.

다윗이 도착했을 때 그곳의 분위기는 두려움으로 가득했다. 무시무시한 골리앗이라는 존재에 주눅이 들어 패배주의에 빠져 있었다. 3m에 가까운 키에 최소한 10kg(창날만 해도 거의 7kg)이나 되는 창을 가볍게 휘두르며 호통 치는 골리앗을 보고 이스라엘 군사들은 오금이 저려 어쩔 줄 몰랐다. 거대한 체구뿐만 아니라 말투에 담긴 야만성과 잔인성에 질려 있는 상황이었다.

결론부터 말하자면, 우리가 이미 알다시피 다윗이 거인 골리앗과의 대결에서 승리한다. 다윗은 다른 사람들과 극명하게 다른 '프레임'을 가지고 있었다. 모든 것은 어떻게 보느냐에 달려 있다. 우리는 '믿음의 프레임'으로 매사를 볼 때 결과가 다름을 배울 수 있다.

다윗이 제일 먼저 발견한 사실은 모든 사람들이 '낙담해 있었다(lose heart).'는 것이다(17:32). 사기가 충천해도 이기는 것이 쉽지 않은데, 오히려 그들의 사기는 바닥으로 추락해 있었다. 영어 표현에 나와 있듯이 마음을 잃어버린 상태였다. 동시에 '이미 졌다'는 생각이 가득했다는 것이다.

우리말에 '간이 콩알 만해지고 오금이 저리다.'는 말이 있다. 조사해 보면 깜짝 놀라거나 겁을 먹었을 때 실제로 뇌까지 수축된다고 한다. 해마 부분이 수축되면 과거의 경험이나 훈련 등으로 준비했던 계획마저 끌어내지 못하는 상황에 처하게 된다. 평소에 하던 생각조차 할 수 없게 되는 것이다. '호랑이에게 물려 가도 정신만 차리면 산다.'는 옛말과는 반대로 이스라엘 진영은 혼이 빠져 있는 상황이었다.

믿음의 프레임으로 매사를 보아야 길이 보인다. 물론 평상시 자신이 갈고 닦은 장점과 쌓아온 내공이 전제되어야 한다. 항상 미래를 준비하며 사는 것은 기본적인 태도다. 미래에 대한 준비는 기회로 연결된다. 다윗이 물맷돌 실력 연마로 기회를 만났듯이 말이다. 하지만 **다윗이 아무리 뛰어난 실력을 가졌어도 '믿음의 프레임'이 없었다면 골리앗을 상대로 싸워 볼 시도조차 하지 못했을 것이다.**

세상은 빠르게 변하고 있다. 변화란 개선뿐 아니라 개악도 포함한다. 도덕성이, 신앙의 삶이 약화되기도 한다. 그러나 하나님은 변함없이 세상을 향해 말씀하시고 자신의 뜻을 계시하시며 세상을 이끌 리더를 세워 가신다. 살아 계신 하나님을 향한 믿음에 근거하여 믿음의 프레임으로 도전하는 다윗의 모습은 우리에게 도전을 준다. 그는 건강하고 거룩한 신앙적 삶을 회복시키기 위해 선택되었던 것이다.

위에서 보듯이 골리앗과 맞서는 다윗의 진면목을 알아보는 자는 없었다. 그는 주변 인물로 등장했지만 엄청난 일을 해낸다. 이런 다윗의 모습은 영적 현실이 무시당하는 세상에서 '보이지 않는 것을 볼 수 있게' 하는, 하나님이 주신 '상상력'의 위대함을 보여 준다.

생떽쥐페리의 『어린왕자』에 나오는 대사가 있다.

"중요한 것은 눈에 보이지 않는다. 지금 우리가 보고 있는 것은 단지 껍데기에 불과하다. 중요한 것은 눈에 보이지 않는다. 사람이 어떤 것을 정확하게 볼 수 있는 건 오직 마음으로 볼 때다."

그렇다. 보이는 것에 의해 좌지우지되는 세상을 살아가며 그 물결에 떠다니지 말아야겠다. 히브리서 11장 3절의 "보이는 것은 나타난 것으로 말미암아 된 것이 아니니라."는 말씀을 기억해야 한다. 믿음 장의 핵심이 되는 말씀이다.

믿음의 프레임으로 우리의 사고와 행동 방식을 무장하고 함께 도전할 때다.

선입견과 편견을 뛰어 넘으라

새로운 것을 대할 때 사람들의 일반적인 반응이 있다고 한다. 과거의 경험이나 이미 형성된 선입견과 편견으로 새로운 것을 분석하거나 평가하려는 것이다. 어찌 보면 당연하다고 할 수 있다. 매번 모든 것을 분석하는 데 엄청난 에너지와 수고가 필요하기 때문일 것이다. 그러나 모든 것을 습관적으로 대응한다면 우리에게 발전이나 성장은 없다. 특별히 절체절명의 위기에서 그런 일반적 대응을 한다면 보나 마나 뻔한 결과를 초래할 것이다.

이 이야기에서 다윗과 대조를 이루는 엘리압과 사울은 전형적이며 기대 이하의 반응을 보여 준다. 하나님이 이들을 쓰실 수 없는 이유가 분명히 드러난 셈이다.

다윗을 먼저 발견하는 이는 이새의 첫 아들이며 다윗의 맏형인 엘리압이다. 16장에서 이미 보았듯이 그는 겉보기에는 매력적인 훈남이었지만, 골리앗 앞에서 혼이 빠져 질 수밖에 없다는 생각으로 가득했다. 아버지의 심부름으로 먹을 것을 들고 나타난 동생의 우애조차 느끼지 못할 정도다. 다윗에게 오히려 핀잔을 준다.

"큰형 엘리압이 다윗이 사람들에게 하는 말을 들은지라 그가 다윗에게 노를 발하여 이르되 네가 어찌하여 이리로 내려왔느냐 들에 있는 양들을 누구에게 맡겼느냐 나는 네 교만과 네 마음의 완악함을 아노니 네가 전쟁을 구경하러 왔도다"(17:28).

엘리압이 화를 내는 것은 정당하지도 않다. 동생이 형들을 위해 전쟁터까지 왔음에도 불구하고 무슨 일로 왔는지 알려고 하지도 않았다. 자신이 치던 양들을 다른 이에게 맡기고 온 '착실한' 동생을(17:20) 근거 없이 힐난하고 있다. 왜 하나님께서 엘리압을 "이미 버렸노라"(삼상 16:7)고 사무엘에게 말씀하셨는지 수긍이 간다. 거기에 더하여 '사무엘 선지자가 다윗에게 기름을 부은 것을 지켜 본 자의 태도가 이 정도밖에 안 될까?' 하는 의문을 갖게 만든다.

다음으로 다윗은 사울왕을 만난다. 성경에 그려진 사울은 골리앗과 같은 거인은 아니었으나 다른 이들보다 몸집이 상당히 큰 사람이었다. 다른 사람보다 어깨 위나 더 컸다고 기록되어 있으니 말이다(삼상 9:2). 골리앗이라는 거인을 만나기 전까지는 지속적으로 승승장구했음을 알 수 있다(삼상 14:47). 그랬던 사울조차 여느 이스라엘 사람들같이 골리앗의 덩치에 기가 질려 버린다. "사울과 온 이스라엘이… 놀라 크게 두려워하니라"(17:11).

PART1. 시련 : 다윗의 눈으로 고난을 바라보다

사울은 더 이상 싸울 수 없는 겁쟁이로 전락한다. 자신이 싸우기보다는 오히려 골리앗을 제거한 자에게 '통 큰' 상급을 내리겠다고 말한다. 큰 재물과 자신의 딸과 전 가족에게 주는 세금 면제라는 특혜까지 제시하며 말이다. 그때 등장한 인물이 다윗이라는 소년이다. 사울은 다윗을 자신의 선입견과 편견으로 대한다.

"네가 가서 저 블레셋 사람과 싸울 수 없으리니 너는 소년이요 그는 어려서부터 용사임이니라"(17:33).

그러나 다윗은 사울에게 당당히 말한다.

"주의 종이 아버지의 양을 지킬 때에 사자나 곰이 와서 양 떼에서 새끼를 물어 가면 내가 따라가서 그것을 치고 그 입에서 새끼를 건져내었고 그것이 일어나 나를 해하고자 하면 내가 그 수염을 잡고 그것을 쳐 죽였나이다"(17:34-35), "여호와께서 나를 사자의 발톱과 곰의 발톱에서 건져내었은즉 나를 이 블레셋 사람의 손에서도 건져내시리이다"(17:37).

결국 다윗 외에 어느 누구도 골리앗과 대결을 벌일 사람이 없는지라 사울은 할 수 없이 보내기로 결정한다. 하지만 사울왕의 선입견은 여기서 끝난 것이 아니다. 사울왕은 다윗에게 자신의 갑옷을 입히려 한다. 전투에 나가려면 갑옷은 꼭 필요하며, 지금까지 싸울 때 자신을 지켜 준 '운 좋은' 갑옷이라고 말했을 수도 있다.

성경에 나와 있지는 않으나 사울의 마음속에는 다윗을 향한 안쓰러움도 얼마쯤 있었으리라. 한편 계산된 속셈을 앞세워 허락했을지도 모른다. '너같이 조그만 것이 어떻게? 밑져야 본전이지 뭐', '어린 소년이 장렬하게 죽었을 때 자극을 받은 이스라엘 군대들이 용기를 낼 수 있지 않을까?' 생각했을 수도 있다. 분명한 점은 그는 다윗에 대한 기대가 없었다는 것이다.

여기서 한 가지 짚어 볼 것이 있다. 바로 사울과 다윗의 덩치다.

어린 다윗의 덩치가 사울보다 작았으리라는 점은 쉽게 상상할 수 있다. 그런데 사울은 갑옷을 걸치고 움직여 보는 다윗의 모습을 보며 무엇이 문제인지 전혀 알아채지 못하는 듯하다. 오히려 다윗은 사울의 제의를 '예의 바르게 시도하는 척하다가'(17:39) 투구를 벗고 칼을 풀고 갑옷을 벗어 버린다. 사울과 같은 전쟁 전문가의 도움을 거절한다는 것은 결코 쉬운 일이 아니었을 것이다.

하지만 궁극적으로 다윗에게 맞는 무기가 아니었다. 그의 무기는 돌 다섯 개와 물매였다.

물매는 돌을 던질 수 있도록 가죽이나 천 조각에 끈이 달린 구조의 공격용 무기였다. 거기에 성인들의 주먹만한 크기의 돌을 달아 돌리다 놓으면 엄청난 속도로 날아가 과녁에 충격을 줄 수 있었다. 중요한 것은 정확도였다. 물매가 생각보다 훨씬 정확한 조준이 가능했다는 것은 기록을 통해 알 수 있다. 사사기 20장 16절에서 "이 모든 백성 중에서 택한 칠백 명은 다 왼손잡이라 물매로 돌을 던지면 조금도 틀림이 없는 자들이더라."고 하듯 말이다. 훈련을 잘하면 뛰어난 '저격수'도 될 수 있는 무기였다.

다윗은 형 엘리압이나 사울과는 달리 위기 상황에서도 마음을 잃지 않았고, 일반인들의 선입견과 편견에 사로잡히지도 않았다. 오히려 자신이 준비해 왔고 잘할 수 있다는 가능성을 발견했다. 처절한 절망의 순간에도 이순신 장군은 "우리에게는 배가 아직 열두 척이 남아 있다."고 하지 않았는가? 애플의 스티브 잡스는 "세상을 바꿀 수 있다고 믿는 미친 사람들만이 세상을 바꿀 수 있다."고 말했다.

큰일을 이룬 사람은 마음의 자세부터가 다르다. **다윗은 골리앗에게 사로잡힌 상상력이 아닌, 하나님께 사로잡힌 상상력을 가지고 나아갔다. 물론 철저히 준비된 상황에서 나오는 상상력이었다.**

모든 것을 하나님과 연결해 생각해야 한다

드디어 다윗은 골리앗을 만난다.

골리앗은 두려움에 떨고 있는 이스라엘 군사들로 인해 의기양양한 모습이다. 매사에 자신감은 중요하나 무엇이든 과유불급(過猶不及)이듯 자신감은 자칫하면 오만함과 방심으로 이어질 수 있다. **오만함은 상대를 너무 쉽게 여기고 기존의 방식을 고수하게 한다. 자신의 부족함이 무엇인지 돌아보지 못하게 만든다.** 그래서 최고의 칼잡이는 둘째 가는 칼잡이에게 죽음을 당하지 않는다. 오히려 애송이한테 당한다. 오만함은 방심을 낳는다.

골리앗은 먼저 다윗의 외모를 조롱한다(17:43). 전혀 전사같이 생기지 않은 미소년이 막대기를 하나 들고 나타났다는 사실을 비웃는다. 더 나아가 자신의 신의 이름으로 저주까지 한다. 그런데 여기서 골리앗은 중요한 한 가지를 잊고 있었다. 이미 5장에 나와 있듯이 그들의 신인 다곤은 살아 있는 하나님 앞에서는 죽어 버린 무력한 존재였다는 사실이다.

"블레셋 사람들이 하나님의 궤를 가지고 다곤의 신전에 들어가서 다곤 곁에 두었더니 아스돗 사람들이 이튿날 일찍이 일어나 본즉 다곤이 여호와의 궤 앞에서 엎드려져 그 얼굴이 땅에 닿았느니라 그들이 다곤을 일으켜 다시 그 자리에 세웠더니 그 이튿날 아침에 그들이 일찍이 일어나 본즉 다곤이 여호와의 궤 앞에 또다시 엎드려져 얼굴이 땅에 닿았고 그 머리와 두 손목은 끊어져 문지방에 있고 다곤의 몸뚱이만 남았더라"(삼상 5:2-4).

골리앗이 자신의 신을 부르는 것은 믿음이라기보다는 그저 무의미한 중얼거림일 뿐이다. 이름이 언급되지 않은 신을 동원해 퍼부은 저주는 어떤 역할도 하지 못한다. 그의 신은 살아 있는 신이 아니기 때문이다.

다윗의 대응과 답변에서 골리앗과 다른 한 가지 특징이 반복적으로 나타난다. 골리앗의 상대는 '이스라엘 군대'일 뿐이었다. 그러나 다윗은 '살아 계시는 하나님의 군대'(17:26)라고 표현한다. 아니, 그 이상이다. 모든 것을 하나님과 연관시켜 표현한다. 골리앗의 조롱을 향하여 '살아 계시는 하나님의 군대를 모욕하였다'고 말한다(17:36). 무용한 신의 이름으로 자신을 저주하는(17:43) 골리앗에게 다윗은 살아계시는 하나님의 이름으로 화답한다.

"너는 칼과 창과 단창으로 내게 나아오거니와 나는 만군의 여호와의 이름 곧 네가 모욕하는 이스라엘 군대의 하나님의 이름으로 네게 나아가노라 오늘 여호와께서 너를 내 손에 넘기시리니 내가 너를 쳐서 네 목을 베고 블레셋 군대의 시체를 오늘 공중의 새와 땅의 들짐승에게 주어 온 땅으로 이스라엘에 하나님이 계신 줄 알게 하겠고 또 여호와의 구원하심이 칼과 창에 있지 아니함을 이 무리 에게 알게 하리라 전쟁은 여호와께 속한 것인즉 그가 너희를 우리 손에 넘기시리라"(17:45-47).

다윗은 전쟁의 전략, 전술, 결과, 목적 모두가 하나님과 연관되어 있음을 분명하게 밝히고 있다.

다윗과 골리앗의 이야기는 녹록하지 않은 세상을 살아가는 우리에게 소중한 교훈을 준다. 무엇보다 먼저 기억해야 할 사실이 있다. '환경은 내가 바꿀 수 없지만, 지금까지 살아온 내 사고방식은 바꿀 수 있다.'는 것이다.

어려운 현실을 만날 때 일반적으로 나오는 반응은 불평과 불만이다. 그러한 태도는 좌절감으로 이어질 수 있다. 엘리압과 사울이 가졌던 마음의 프레임으로는 결코 골리앗을 이길 수 없다. 다윗의 프레임은 그들과 달랐다. 그에게는 살아계신 하나님에 대한 확신이 있었다.

믿음의 눈으로 보지 않았을 때 골리앗은 그저 무시무시한 거인이었다. 그러나 믿음의 눈으로 보았을 때 다윗이 양을 치며 물리쳤던 곰과 다를 바가 없었다. 그에게 골리앗은 단순히 큰 곰이었다. 또한 움직이는 데 느려 터진 '큰 과녁'일 뿐이었다. 그는 거의 정지된 거대한 과녁을 향해 물맷돌 하나를 던져 골리앗을 쓰러뜨려 버린다. 오만함으로 방심하던 거인이 쓰러졌다.

다윗의 이야기를 보면 하나님의 간섭이 최소화되어 있다는 사실을 발견하게 된다. 어떤 이들은 기적이 감추어져 있다고 한다. 물론 기적을 어떻게 정의하느냐에 달려 있긴 하나 모세나 여호수아가 경험한 종류의 기적은 없었다. 기적보다는 오히려 그의 삶에서의 단련과 준비가 강조되어 있다. 다윗의 물매 솜씨도 평소 준비되었던 것이 주어진 기회에 드러난 것이다. **성공과 행복은 하나님께서 기적처럼 주시는 것이 아니라, 그럴 수 있는 기회로 다가온다는 사실을 볼 수 있다.**

인도 선교사였던 애미 윌슨 카마이클의 기도문이 있다.

"하나님, 내 자아와 싸우는 나를 강하게 하소서. 나는 애처로운 목소리를 가진 겁쟁이, 편안함과 안식과 기쁨을 갈망하는 자입니다. 내 자아는 나 자신에게 가장 큰 반역자, 나의 가장 속 빈 친구, 나의 가장 무서운 적, 내가 가는 모든 길을 가로막는 나의 장애물입니다."

결국 인생은 자신과의 싸움이다. 믿음에 근거하여 자신의 생각과 관점과 태도를 바꾸어가는 노력이 필요하다. 사도 바울도 그러한 삶을 살았다.

"내가 내 몸을 쳐 복종하게 함은 내가 남에게 전파한 후에 자신이 도리어 버림을 당할까 두려워함이로다"(고전 9:27).

또한 기억해야 하는 하나님의 약속이 있다.

"사람이 감당할 시험밖에는 너희가 당한 것이 없나니 오직 하나님은 미쁘사 너희가 감당하지 못할 시험 당함을 허락하지 아니하시고 시험당할 즈음에 또한 피할 길을 내사 너희로 능히 감당하게 하시느니라"(고전 10:13).

그분께서 도우신다. 믿음이 이긴다. 겉으로 보기에 힘든 어려움과 난관에 직면할지라도 살아계시는 하나님의 역사를 믿으며 도전하는 삶을 살기를 소원한다.

관계도 영성이다

진실한 우정은 영성의 일부
(사무엘상 18-20장)

"인생에서 가장 중요한 것은 바로 다른 사람들과의 관계다."

하버드 대학교의 인생성장연구소 소장인 조지 베일런트 교수가 800명이 넘는 사람들을 70년 이상 조사한 데이터를 분석해 얻은 결론이다.

어떤 부모를 만나느냐에 의해 인생의 출발선이 결정되고, 어떤 배우자를 만나느냐에 따라 나머지 삶의 행복과 불행이 갈라지기도 한다. 이에 더해 살아가면서 어떠한 사람들을 만나느냐에 따라 인생의 방향까지도 결정된다. 죽으면서도 남아 있는 관계로 인해 눈을 편하게 감지 못하는 경우를 보며 위의 결론에 고개가 끄덕여진다.

그의 흥미로운 연구 결과 중 하나는 "47세 즈음까지 형성된 인간관계는 방어기제를 제외한 어떤 다른 변수들보다 훨씬 더 이후의 인생을 예견하는 데 중요한 지수가 된다."는 것이다. 인간 수명을 생각해 볼 때 인생의 전반전과 후반전을 가르는 전환점 즈음에, 전반부를 통해 형성된 관계가 후반부에 결정적 역할을 한다는 뜻이다. 그렇다면 인생의 전반부에 맺어지는 관계에 좀 더 신중하고 세심하게 관심을 기울여야 할 것이다.

모든 관계 중에서도 특별히 좋은 친구와의 만남의 중요성은 아무리 강조해도 지나치지 않다. 그러나 좋은 친구를 얻는다는 것은 말같이 그리 쉽지 않다. 그 어려움을 중국 속담은 이렇게 전한다.

"황금은 값을 따질 수 있지만 사람은 값을 매길 수 없고, 천금으로는 집을 사지만 만금을 주고는 이웃을 살 수 없다. 천금은 쉽게 얻을 수 있지만 마음을 알아주는 친구는 얻기 어렵다."

그래서 좋은 친구, 진정한 우정은 시대를 뛰어넘어 칭송의 대상이 된다. 중국에서는 관중(管仲)과 포숙아(鮑叔牙)의 우정을 표현하는 '관포지교(管鮑之交)'라는 사자성어가 전해진다. 한국에서는 서울의 비밀 정원이라 불리는 종로구 부암동에 있는 백사실 계곡의 주인공인 백사(白沙) 이항복(李恒福)과 한음(漢陰) 이덕형(李德馨)을 '오성과 한음'이라 부르며 그들 간의 두터운 우정을 기린다. 그만큼 멋진 우정이 그리 흔하지 않기 때문일 것이다. 생떽쥐페리의 『어린왕자』에서도 이런 얘기가 나온다.

"세상에서 가장 어려운 일이 뭔지 아니?"

"흠… 글쎄요, 돈 버는 일? 밥 먹는 일?"

"세상에서 가장 어려운 일은, 사람이 사람의 마음을 얻는 일이란다. 각각의 얼굴만큼 다양한 각양각색의 마음은 순간에도 수만 가지의 생각이 떠오르는데, 그 바람 같은 마음이 머물게 한다는 건… 정말 어려운 일이다. 다른 사람에게 결코 열어주지 않는 문을 너에게 열어 주는 사람이 있다면 너는 진정한 친구를 얻었다고 할 수 있는 거란다."

서로를 향해 마음을 열어주는 친구를 얻었다면 그 사람은 행복한 사람일 것이다.

하나님의 기름 부음을 받은 다윗도 수많은 사람을 만났다. 다윗에게는 하나님으로부터 버림받아 당장 다윗에게 왕권을 넘겨야 하는 사울이라는 사람과의 피할 수 없는 만남이 있었다. 또한 역설적이라 할 만큼 그를 전혀 닮지 않은 그의 아들인 요나단도 함께 만났다.

다윗의 영혼의 친구(soul mate)인 요나단과의 만남은 특별했다.

이들의 우정은 위에서 언급한 관포지교나 오성과 한음보다 더하면 더했지 결코 못하지 않았다. 집안 출신도 다를 뿐 아니라 나이 차이도 많이 나는 두 사람 간에 형성된 우정이기에 더욱더 특별한 경우라고 할 수 있었다.** 요나단이 사울의 아들이기보다 다윗의 친구이기를 선택함으로 이루어진 우정이었다. 흔히 쓰는 표현인 '피는 물보다 진하다.'는 말과 달리 '물이 피보다 진한' 경우였다. 잠언 18장 24절에서 말

** 요나단의 나이는 성경에 나와 있지 않다. 그러나 다양한 구절을 통해 다윗과 요나단의 나이 차이를 추측해 볼 수 있다. 다윗은 삼십세에 왕위에 올라 헤브론에서 7년 6개월을 다스렸다 (삼하 5:4-5). 사울의 아들 이스보셋이 사십세부터 2년 동안 이스라엘의 왕이었다가 42세에 죽은 후(삼하 2:10; 4:7), 다윗은 통일왕국의 왕이 된다. 다윗이 사울의 죽음 이후 헤브론에서 왕이 되었으니, 사울이 죽었을 때 이스보셋의 나이는 삼십오세였다는 것을 알 수 있다. 그런데 이스보셋(=에스바알)은 사울의 막내아들이며(대상 9:39), 요나단은 사울의 장남으로 그 밑에 최소한 두 명의 다른 동생이 있었다. 이 사실을 통해 요나단이 죽었을 때의 나이가 최소한 사십세 정도였을 것이라고 추정할 수 있다. 다윗이 삼십세에 왕이 되었다는 사실과 연결해 보면 다윗과 요나단의 나이 차이는 최소한 열 살이 될 것이다. 어떤 이는 이 둘의 나이 차이를 스무 살 정도로 보기도 한다. 이러한 나이의 차이를 생각해 보면 그들의 깊은 우정이 더욱 특별하게 다가온다.

하는 '형제보다 친밀'한 친구 사이였다. 다윗은 아버지와 아들 모두와 엮이어 극적으로 대조되는 경험을 하게 된다.

인생은 큰 틀에서 보면 결국 선이 악을 이긴다

사무엘상 18장부터 20장에 기록된 내용을 한마디로 하면 '점점 더 정도가 심해지는 사울의 광기'다. 다윗을 향한 사울의 마음이 단순한 두려움에서(18:12), 위압감으로(18:15), 마침내 큰 두려움으로(18:29) 상승하고 있음을 잘 표현해 준다.

사울이 능력 있는 다윗에게 자신의 자리를 뺏길지도 모른다는 생각에 사로잡힌 것에서 비롯되었다. 그러다 보니 처음에는 대견하게 여겼던 다윗을 시간이 지날수록 두려워하기 시작했다. '저렇게 인기가 좋으니… 이제 남은 것은 저 녀석이 내 자리에 오르는 것뿐이야.'라는 생각으로 발전했다. 선호의 대상에서 혐오의 대상으로 바뀌어 버린 것이다.

사울의 적대감은 다윗을 죽이려는 시도로 나타난다. 실제로 18-20장까지 보면 다윗을 죽이고자 하는 시도가 여섯 번이나 기록되어 있다.

처음 두 번의 시도는 다윗이 악기를 연주하고 있을 때였다(18:11).

사울이 다윗에게 끌린 것은 연주 실력이었다. 다윗의 음악은 사울에게 치유 효과가 있었다. 그런데 어느 날 치유가 아닌 증오심을 불러일으키는 것으로 돌변해 버렸다. 사울의 불같고 비이성적이며 난폭한 광기는 점점 치밀하게 계산된 살인 음모로까지 발전한다.

사울의 세 번째 시도는 다윗이 전쟁에서 수훈을 세우고 돌아오면 딸 메랍(사울의 장녀)과 결혼하게 해주겠다는 약속이었다. 사실은 위험한 전쟁터로 내몰아 블레셋인들의 손에 죽게 할 속셈이었다. 그런데 다윗이 살아 돌아오자 사울은 성급히 메랍을 다른 사람과 결혼시켜 버렸다(18:19). 장녀와의 결혼을 허락하면 추측하건대 왕의 자리를 내어줄 가능성이 높았기에 그랬을 것이다.

네 번째로는 또 다른 딸 미갈이 다윗을 사랑한다는 사실을 알고 이를 이용했다. 미갈을 아내로 줄 테니 블레셋 사람 포피(foreskin) 백 개를 가져오라고 한다. 그 당시 이스라엘에서는 신랑이 그 여자의 아버지에게 '신부 값'을 지불해야 했다. 자신의 딸 미갈을 다윗에게 주는 대가로 사울이 제시한 포피 자체는 그가 어떤 인간인지 잘 보여 준다. 동시에 천박한 인상을 지울 수 없게 만든다. '포피를 얻기 위해 다윗이 백 번을 시도하면 그중에 한 번은 그들에게 당하겠지.' 하는 생각이 사울에게 있었을 것이다. 그러나 다윗은 100명이 아니라 200명을 죽이고 그들의 포피를 베어 사울에게 가져간다. 그러자 이번에는 차마 그의 요청을 거절할 수 없어 다윗이 아내로 맞이할 미갈을 데려가도록 허락한다. 사울은 주께서 다윗과 함께하신다는 것을 확인한다. 사울은 자기 딸 미갈마저 다윗을 사랑한다는 사실을 알고 다윗을 향한 두려움과 함께 증오심까지 더욱더 커져만 간다.

다섯 번째는 전쟁에서 승리하고 돌아와 다윗이 수금을 탈 때 단창으로 그를 다시 살해하려 한다. 이제 다윗은 선택의 여지가 없었다. 마침내 다윗은 궁정에서 달아나 광야의 도망자 신세가 된다. 하지만 사울은 다윗을 그대로 내버려두지 않는다. 암살단까지 보내어 그를 죽이려 하나 그마저 허무하게 실패해 버린다. 여섯 번의 시도가 실패하자, 대대적으로 병력을 동원해 다윗을 없애고자 한다.

사울에게 다윗은 이용할 가치가 있었으나 두려움의 대상이 되자, 사울은 다윗을 소모품으로 전락시켜 버렸다. 사울은 점점 두려움과 증오로 채색된 안경을 통해 다윗을 바라보게 되었다. 유일한 해결책은 그를 죽이는 길밖에 없었으나 사울에게 고통스러운 딜레마일 뿐이었다. 그의 질투심과 사악함이 커질수록 다윗은 더욱 성공을 거두었기 때문이다. 싸움을 벌일 때마다 사울왕은 더 약해지고 걷잡을 수 없는 미움의 소용돌이 속으로 들어간다. 이와 달리 다윗은 싸움을 겪을 때마다 더 강해지고 있었다.

그리고 마치 TV 드라마 같은 사건이 일어난다. 다윗의 곁에 어느 누구와도 바꿀 수 없는 친구 요나단이 등장하기 때문이다. 바로 다윗을 죽이고자 혈안이 된 사울의 아들이기에 스토리의 진행에 한층 흥미를 더한다.

우정은 영성의 중요한 부분이다

다윗과 요나단의 우정은 사울왕의 다윗을 향한 살해 시도 속에서 분명하게 드러난다. 마치 옛날 교과서에 등장하는 죽은 돼지를 부대에 들쳐 메고 사람을 죽인 듯 가장하여 친구의 마음을 확인하려 했다는 이야기가 떠오른다. 요즘 유행하는 표현을 사용하자면 '레알' 친구가 누구인가를 알아내려는 시도였다. 물론 친구의 범죄를 덮어 주는 것이 우정이라는 말은 아니다. 오히려 친구에 대한 신뢰가 다른 모든 것보다 우선하는가에 대한 질문이었을 것이다. 다윗을 향한 사울왕의 악랄한 살인 음모가 펼쳐지는 가운데 다윗과 요나단의 비범한 이야기도 함께 섞여서 이들의 우정은 더욱더 부각된다.

요나단은 자신의 아버지가 어떤 사람인지를 분명히 알았다. 과거에는 비합리적 생각으로 자신까지 죽이려 했던 아버지였다(삼상 14장). 이젠 자신의 가장 소중한 친구 다윗을 죽이려고 한다. 마침내 드러내 놓고 죽이려 하는 사울을 본 요나단은 그냥 있을 수 없었다(19:1). 다윗에게 정보를 알려주고 피하도록 도와준다(19:2). 그리고 아무 잘못 없는 다윗을 죽이는 것이 부당하다고 아버지에게 말한다(19:4-5). 그의 요청이 참으로 간절하여 사울의 마음을 움직였나 보다. 사울이 하나님의 이름까지 들먹이며 죽이지 않겠다고 맹세하였기에 말이다.

다윗이 안심하고 궁전으로 돌아온 후, 그러나 사울은 예전 모습 그대로 돌아간다(19:9). 다윗은 다시 도망칠 수밖에 없었다. 그런 기가 막힌 상황에서 다윗은 요나단에게 억울함을 토로한다.

"내가 무엇을 하였으며 내 죄악이 무엇이며 네 아버지 앞에서 내 죄가 무엇이기에 그가 내 생명을 찾느냐"(20:1).

다윗의 하소연에 요나단은 "네가 죽지 아니하리라"(20:2) 고 하며 자신이 할 수 있는 최선의 역할을 하겠다고 말한다. 둘의 우정이 얼마나 깊은 신뢰와 사랑을 바탕으로 하고 있는지 잘 보여 주는 장면이다.

그 이후에도 다윗과 요나단은 어떻게 해서든지 사울왕을 섬기려고 노력했다. 그러나 날이 갈수록 사울의 분노와 질투심이 심해져 좀 더 계획적인 행동으로 나타나기 시작했다. 그럼에도 두 친구는 어떻게든 사울을 좋게 생각하려 애쓰면서 부정적인 시각으로 보지 않으려고 했다. 결국 더 이상 의심할 여지가 없는 지경에까지 이른다.

마침내 "요나단이 자기 아버지가 다윗을 죽이려고 단단히 벼르고 있다는 것을 알아차렸고"(20:33) 다윗이 멀리 도망가도록 돕는다. 다윗에 대한 요나단의 깊은 우정이 사울의 거듭된 살해 시도를 막았던 것이다.

이들의 우정을 잘 드러내는 단어가 '언약'이다. 요나단은 마치 제 목숨을 아끼듯, 다윗을 아끼는 마음이 생겼다. 그를 자기 생명같이 사랑했다고 표현되어 있다(18:1). 그러한 마음은 굳은 언약으로 이어진다.

"요나단은 다윗을 자기 생명같이 사랑하여 더불어 언약을 맺었으며"(18:3).

우정의 언약은 다윗이 멀리 떠나며 나눈 요나단과의 마지막 대화에서 절정을 이룬다. 더 이상 보지 못하게 될 것을 알고 있는 듯하다.

"평안히 가라… 여호와께서 영원히 나와 너 사이에 계시고 내 자손과 네 자손 사이에 계시니라…"(20:42).

아버지 사울과는 너무도 달랐던 요나단은 다윗 안에 함께하시는 하나님을 알아보았다. 요나단은 기름 부음 받은 자로서 다윗이 처한 위험과 어려움을 이해했으며, 그와 우정의 언약을 맺었던 것이다. 요나단의 우정은 다윗의 영혼을 점령했다고 말할 수 있다. 사울의 증오심이 결코 점령하지 못했던 바로 그것 말이다. 이들의 아름다운 우정이 악을 막아냈다.

오늘날 우정은 영성에서 매우 과소평가 받는 측면이 있다. 다윗과 요나단의 이야기를 통해 우정이 영성이라는 측면에서 기도나 금식과 다를 바 없이 중요하다는 생각이 든다. 물론 다윗과의 우정으로 인해 요나단은 커다란 대가를 지불해야 했다. 그러나 **요나단의 우정이 없었더라면 다윗은 아마 사울에 대한 충성을 끝까지 지키지 못했을 것이다. 요나단의 우정은 결국 악을 저지했을 뿐더러 확산을 방지했던 것이다.**

사도 바울의 고백에서도 유사한 경우를 발견할 수 있다. 특별히 그의 마지막 편지인 디모데후서 4장에는 죽음을 앞둔 상황에서 다양한 친구들을 향한 사도 바울의 마음이 담겨 있다. 그중에 부각되는 인물로서 바울의 영원한 친구라 부를 수 있는 브리스길라와 아굴라가 있다. 이 부부는 고린도에서(행 18:2) 만난 이후로 어디를 가든 변함없이 사도 바울의 동역자이자 후견인으로서 끝까지 함께하는 귀한 사람들이다.

반면에 그들과 대조되는 인물이 함께 등장한다. 사도 바울이 소위 잘 나갈 때는 함께하다가 사형 집행을 기다리는 처지가 되자 '세상을 사랑하여' 그를 버리고 자신의 고향으로 돌아가 버린 '배반자' 데마라는 거짓 친구가 바로 그 사람이다(딤후 4:10). 데마로 인해 사도 바울의 마음이 얼마나 상했을까 상상해 본다.

사도 바울과 이들과의 관계를 통해 진실한 우정을 영성과 연결하는 것이 얼마나 자연스러운지 느낄 수 있다.

우리는 요나단이 필요하며, 누군가의 요나단이 될 수 있다

인간관계를 에너지라는 측면에서 나누어 보면 크게 세 가지로 나눌 수 있다. 우리의 에너지를 뺏어가는(draining) 관계, 어떤 영향도 주고받지 않는 중립(neutral) 관계, 마지막으로 에너지를 더해 주는 재충전(replenishing) 관계다.

첫 번째 관계는 세상을 살아가며 적지 않게 경험한다. 솔직히, 어떤 위치에 있든지 죄로 물든 세상에서 피할 수 없는 것이라 말할 수 있다. 그중에서도 가장 힘이 드는 상황은 다윗이 사울에게서 느꼈던 그런 종류일 것이다. 바로 우리가 잘못하지 않았음에도 공격을 당하는 순간 느끼는 억울함 말이다. 크리스천들이 신앙을 좇아 살아가려 할 때 경험하는 부당한 대접도 이러한 부류에 속할 것이다.

사람들의 심리 가운데 공통적인 요소 하나가 있다. 우리는 모두 자신을 좋아하길 바란다는 것이다. 그러기에 누군가 자신을 좋아하지 않는다는 사실을 확인하면 충격을 받는다. 사람은 인정과 칭찬을 먹고 자란다는 말도 이러한 심리를 잘 반영하고 있다. 하지만 현실에서 우리는 오히려 자주 적대감을 경험하는 상황에 처한다. 비판, 조롱, 무시, 공격, 비난, 버림, 욕, 저주, 박해, 타박, 중상모략, 동네북 취급, 칭찬을 가장한 조소 등이 그러하다.

물론 우리가 언제나 이러한 취급을 받는 것도, 또 한결같이 경험하는 것도 아니다. 그러나 정도의 차이가 있을 뿐이다. 모든 사람이 우리를 하나님처럼 잘 대해 주지는 않는다는 사실을 충분히 겪어 알고 있다. 피할 수 없는 첫 번째 관계는 이 땅에 사는 한 어쩔 수 없이 우리와 함께한다.

두 번째 관계는 특별한 언급이 필요 없다. 어차피 이 관계는 서로 간에 영향을 주는 것이 미미하기에 그렇다. 그중에는 관계가 발전하여 첫 번째나 세 번째로 변화할 여지가 있기에 신경을 쓰긴 해야 된다.

가장 중요하며 발전시켜야 할 관계가 바로 세 번째 관계다. 앞에서 언급한 첫 번째 관계를 상쇄할 수 있으며 보완시켜 주기 때문이다. 다윗과 요나단의 관계가 가장 모범으로 꼽을 만한 사례다. 만약 요나단이 없었다면, 다윗은 자신의 소명을 포기하고 단순한 목동 생활로 돌아갔을 수 있다. 아니면 자신의 선의를 짓밟은 자에게 복수의 칼을 겨누는 지경에 처했을지도 모른다. 하지만 요나단과의 우정 덕분에 오히려 다윗은 선택받았다는 사실과 자신의 소명을 굳게 다질 수 있었다.

바로 이런 관계가 재충전시키는 관계다. 요나단과 같은 이를 갖는다는 것을 축복일 것이다. 그런 사람은 행복한 사람이다.

이쯤에서 생각을 전환시켜 보자. 그런 사람을 갖는 쪽보다는 오히려 우리 스스로가 그런 사람이 되는 것은 어떤지를 생각해 보자는 것이다. **우리가 누군가를 위해 할 수 있는 가장 위대한 일은, 그 사람의 깊은 내면에 깃든 것을 굳게 다져 주는 것이다. 즉 시간을 들여서 상대의 깊은 내면에 있는 가장 그 사람다운 것이 무엇인지를 찬찬히 알아보고, 인정과 격려로 그것을 굳게 다져 주는 것이다.** 요나단이 있었기에 다윗이 될 수 있었듯이 우리가 요나단이 될 때 또 다른 다윗들이 주위에 세워질 것이다.

요즈음 친구들간의 우정, 속한 조직을 향한 충성심 등이 과거의 어느 때보다 약화되었다. 그렇게 된 데는 다양한 이유를 들 수 있을 것이다. 그러나 그 이유야 어떠하든 우리는 '사울의 궁정' 곧 사랑의 언약을 지키기 어렵게 만드는 결혼과 가정, 직장, 문화 환경에서 우정과 충성의 언약을 지켜야 한다. '전천후 언약 지킴이'들이 되어야 한다. 그것이 세상 속에서 빛과 소금의 역할을 제대로 감당하는 모습일 것이다. 요나단이 되는 일은 위대한 일이다.

예수님이 제자들을 친구라고 부르시며 하신 말씀이 생각난다.

"사람이 친구를 위해 자기 목숨을 버리면 이보다 더 큰 사랑이 없나니 너희는 내가 명하는 대로 행하면 곧 나의 친구라"(요 15:13-14).

예수님의 이 말씀이 우리가 '21세기 요나단'으로 살도록 도전하는 좌표가 되기 바란다.

고난은 성장의 통로

아둘람을 뛰어넘어
(사무엘상 21-22장)

다윗왕의 이야기를 보면 인생에 대해 많은 생각이 떠오른다. 독자들은 결과를 알고 있겠지만 그 당시 이 엄청난 사건들을 직접 겪었을 다윗의 마음이 어땠을까를 생각해 보기 바란다.

찰리 채플린은 '인생은 가까이서 보면 비극이지만 멀리서 보면 희극이다.'라고 말했다. 원래는 코믹 연기를 할 때 카메라를 배우의 표정에 가까이 해서 촬영하면 괴로운 표정이 나오지만 멀리서 찍으면 웃긴 장면이 나온다는 의미로 한 말이었다고 한다. 그런데 어쩌다 보니 인생에 대한 깊은 통찰로 사람들에게 받아들여지고 있다. 이 표현을 다윗의 삶에 적용해 보면, 그가 겪은 어려움은 나중에 다가올 해피 엔딩을 위한 거름과 영양소 역할을 했다고 할 수 있다.

인생은 다양한 경험과 그 경험에 대한 반응인 감정의 굴곡으로 이루어져 있다. 거의 4천 장 분량의 대하소설 『장 크리스토프』를 쓴 작가 로맹 롤랑은 인생에 대해 다음과 같이 말한다.

"인생은 고난의 연속이다. 평범하고 세속적인 삶을 달가워하지 않는 자에게 인생은 밤낮없이 이어지는 비참한 전쟁이다. 빛도 없고 행복도 없고 고독과 고요 속에서 벌이는 사투일 뿐이다. 이 세상에서 가장 비참한 것은 자신이 하고 싶은 일을 하지 못하는 것, 이미 계획을 세워놓은 일에 감히 손대지 못하는 것, 어떤 목표로 나아가는 도중에 되돌아 나오거나 중도하차 해야 하는 것이다."

이 소설에서 특별히 '인생은 고난의 연속이다.'라는 말이 인상 깊게 다가온다. 평범함을 뛰어넘고자 하는 이에게는 더욱더 그렇다는 말 역시 공감된다. 하지만 '고난'을 어떻게 대하느냐 하는 것은 각자에게 달려 있다.

본문을 보면 다윗은 '사망의 골짜기'라고 부를 수 있는 고난의 터널을 지나간다. 그러한 어두운 순간을 보내며 대응하는 다윗의 모습을 통해, 우리도 각자 힘든 상황에서 어떤 자세로 살아가야 하는지를 배운다. 인생이라는 경기도 최후의 휘슬이 울릴 때까지는 끝이 아니다. **어떤 경우라도 가치 있는 삶을 살아가려면 포기하지 않고 견뎌 낼 뿐 아니라, 오히려 고난을 성장과 성숙의 계기로 만들어야 한다**는 교훈을 얻게 된다.

어려울수록 하나님을 더욱 간절히 찾으라

사울의 증오심은 마침내 다윗의 목에 현상금까지 거는 상황으로 전개된다. 다윗은 살기가 등등한 사울을 피해 놉(Nob)으로 달려간다.

그곳은 성소와 아히멜렉이라는 제사장이 있던 곳이다.

왜 하필 놉이었을까? 단순히 목숨을 부지하기 위해 찾아갔을까? 물론 그러한 요소도 있었겠지만, 그 이상의 무엇이 더 필요했으리라. 하나님을 주목하는 삶을 지속하며 하나님께서 그의 안에서 일으키신 기름 부음과 섬김과 기도의 삶을 끝까지 영위하기 위해 도움을 받을 필요가 있었을 거라고 추측해 본다.

숨을 헐떡거리며 성소에 나타난 다윗을 보며 아히멜렉은 당황했고 동요했다. 아히멜렉은 떨면서 다윗을 영접한다. 불안해하는 아히멜렉을 향해 다윗은 거짓말로 안심시킨다. 왕의 심부름 중이라 말하며 "떡 다섯 덩이나 무엇이나 있는 대로 내 손에 주소서"라고 부탁한다(21:1-3).

'떡 다섯 덩이'라는 표현을 생각해 본다. 양으로 보자면 참 애매한 분량으로, 한 사람 몫으로는 너무 많고 대원들 전체의 몫으로는 너무 적은 양이다. 아마도 그 숫자는 그저 입에서 흘러나온 대략적인 개수였을 것이다.

제사장을 향해 뻔뻔하게 거짓말을 해대는 다윗의 행동을 어떻게 이해하며 받아들여야 할까. 답은 자명하다. 이 이야기의 목적은 우리가 따라야 할 도덕적 모범을 제시하기 위해 쓰인 것은 아니다. 다윗은 때로 우리처럼, 혹은 우리보다 더 나쁜 잘못을 저지른다. 그러나 이야기의 흐름 속에서 놓치지 말아야 할 분명한 한 가지가 있다. 다윗은 잘못을 저지르는 가운데서도 결코 하나님을 떠나지 않으려고 노력하는 사람이었다는 것이다.

떡을 요청한 다윗을 향해 아히멜렉은 떡을 제공한다. 보통 떡이 아니라 제단에 올리는 떡, 곧 거룩한 떡(진설병이라고 불림)을 내어 놓는다. 당시 매주 하나님께 드리는 제물로서 제단에 올려놓았던 떡이었다. 안

식일마다 밀로 떡 열두 덩어리를 만들어 제단에 열을 지어 차려 놓았다가 한 주가 지나면 새 떡을 갖다 놓아야 했다. 남은 떡은 오직 제사장들만이 먹을 수 있었다. 결론적으로 일반인들은 먹을 수 없던 그 떡을 내어 놓았던 셈이다.

그 당시 상황으로 봤을 때 당연히 규정 위반이었다. 그러나 아히멜렉의 이러한 행동은 종교 규정의 문자가 아니라 그 정신을 간파할 줄 안 것으로 예수님으로부터 인정받았다. 예수님은 이 사건을 언급하시면서, 율법의 문자에 얽매이지 않고 그 정신을 따른 아히멜렉을 간접적으로 칭찬하셨다.

"다윗이 자기와 그 함께한 자들이 시장할 때에 한 일을 읽지 못하였느냐 그가 하나님의 전에 들어가서 제사장 외에는 자기나 그 함께한 자들이 먹어서는 안 되는 진설병을 먹지 아니하였느냐"(마 12:3-4).

다윗은 결코 평범하지 않은 빵을 낚아채듯 받아 들고는 굶주린 거지처럼 게걸스럽게 먹었을 것이다. 그리고는 제사장에게 무기를 내어 달라고 요청한다. 너무 급하게 오느라 아무것도 가져오지 못했다는 또 다른 거짓말을 하면서 말이다. 전리품이자 기념품이었던 골리앗의 칼을 받게 된다. 성소에 정성껏 보관되어 방문하는 자들에게 하나님을 향한 자신들의 믿음과 신뢰를 새롭게 하는 대상이었던 칼 말이다.

성소라는 곳에서 받은 두 가지가 '빵과 칼'이라니… 성소라는 거룩한 곳에서 취하는 이 둘의 조합은 무언가 어울리시 않아 보인다. 마치 약할 때 하나님을 찾는 것이 얼마나 중요한지 우리 모두에게 가르쳐 주기 위해 일어난 일이 아닐까 싶다. 하나님을 찾을 때 전혀 예상하지 못한 일까지 일어날 수 있다는 것을 우리에게 말해 주고 있는 듯하다.

한편 천 년 후에 예수님의 칭찬을 받은 아히멜렉이라는 인물과는 대조가 되는 또 다른 인물이 함께 등장하는데, 바로 에돔 사람 도엑이다.

도엑은 '사울의 신하이며 목자장'(21:7)이었다. 이미 그의 소개 자체에 뭔가 불길함이 담겨 있는 것 같다. 곧 있을 잔혹사의 주인공이 되는 사람이다. 그가 성소에 왜 왔는지 자세히는 알 수 없다. 중요한 종교 활동 때문이었을 것이라는 추측을 해 볼 뿐이다. 그러나 서서히 밝혀지듯 그는 하나님에 대해 전혀 관심이 없었다. 머리끝부터 발끝까지 정치적이며 이기적인 사람이었다.

하나님께서 계신다는 성소는 그에게 자신의 출세를 위해 필요한 장소였을 뿐이다. 철두철미하게 정치적 기회주의자였던 도엑은 사울의 비위를 맞출 수 있는 기회를 발견하자 냉혹하며 잔인한 모습을 드러낸다. 다른 부하들이 제사장들을 죽이라는 사울의 명령을 거부하자, 도엑은 무방비 상태의 제사장 85명을 살육하고, 더 나아가 그 마을 사람 전체를 학살한다.

"제사장들의 성읍 놉의 남녀와 아이들과 젖 먹는 자들과 소와 나귀와 양을 칼로 쳤더라"(22:19).

칼빈이 지적하듯 그는 '최고의 악한'이었다. 극한 범죄를 저지르고도 조금도 양심의 가책을 받지 않는 반사회적 인물 그 자체였다.

에돔 사람 도엑에 의해 학살이 벌어진 후, 아히멜렉의 아들 중 하나인 아비아달은 도피 중이던 다윗에게로 도망친다. 다윗은 도엑이 자신에게 좋지 않은 일을 꾸미고 있다는 사실을 알고 있었다고 시인한다. 이러한 모든 학살에 관해 문맥에서 진정한 범인이 사울과 에돔 사람 도엑이라는 것을 알려준다. 그러나 다윗은 겸손히 자신의 행동이 제사장들을 죽음으로 몰아갔다고 실토한다(22:22). 다윗의 위대함을 다시금 발견하는 부분이다. 어떠한 경우에도 겸손히 자신을 돌아보며 하나님을 찾는 사람의 귀한 모습이다.

절망하기보다는 적극적으로 길을 찾아야 한다

사울의 살기등등함에 혼이 빠졌던 것일까? 인간은 목숨의 위협을 받으면 누구나 판단력이 흐려져 오직 살기 위한 길을 찾게 되는 것일까? 다윗은 도망하여 가드 왕 아기스에게로 간다. 수배 현상금까지 걸린 다윗이 적국을 찾아가는 것을 보면 다른 선택의 여지가 없었을 것이라고 이해가 되기도 한다.

다윗은 그곳에서 아기스의 신하가 되어서 살겠다고 생각했는지도 모른다. 그러나 자신의 기대와는 전혀 다르게 상황이 전개된다. 왕에게 보고하는 신하들의 말을 엿듣게 되었던 것이다.

"아기스의 신하들이 아기스에게 말하되 이는 그 땅의 왕 다윗이 아니나이까 무리가 춤추며 이 사람의 일을 노래하여 이르되 사울이 죽인 자는 천천이요 다윗은 만만이로다 하지 아니하였나이까 한지라"(21:11).

그들의 부정적 평가는 당연했다. 다윗이 도움을 얻고자 찾아간 그곳은 다름 아닌 자신이 죽인 골리앗의 출신 동네였다. 그들은 다윗을 보자마자 자신들의 영웅이었던 거인 용사 골리앗을 죽인 치욕을 떠올렸고, 골리앗의 원수를 갚을 절호의 기회로 여겼을 것이다. 다윗에게는 또 다른 죽음의 위기였다. '늑대를 피하다가 호랑이를 만난 격'이 되어 버렸다.

절체절명의 위기와 연관하여 예로부터 전해 내려오는 격언이 있다. 바로 '호랑이에 물려가도 정신만 차리면 산다.'는 말이다. 우리의 뇌는 두려움에 사로잡히면 '편도체 납치'라는 현상이 일어난다고 한다. 이성을 전혀 발휘할 수 없는 상태가 되는 것이다. 다윗은 두려움에 처한 상황에서 오히려 정신을 차린다. 그리고 그는 미친 척하는 방법을 택한다. 침을 흘리고 게거품까지 입에 무는 등 뛰어난 연기를 한 것이다.

아기스는 "저런 미친놈을 왜 이곳까지 데려왔는가?"라고 반문했을 것이다. 시쳇말로 '재수 없게 이게 뭐냐.'는 반응이다. 이 소리를 듣는 순간 다윗은 속으로 안도의 한숨을 쉬었을 것이다. 죽음을 모면하게 되었다는 생각과 동시에, 세상에서는 진정 의지할 데가 없다는 지극히 평범한 진리를 떠올리며 말이다.

물론 27장에 보면 다윗은 아기스의 신하가 된다(삼상27:1-28:2). 돋보이는 다윗의 임기응변 능력뿐 아니라 지혜로움으로 인해 아기스는 마침내 다윗을 신하로 받아들였다. 그뿐 아니라 다윗은 시글락에 대한 통치권을 부여받고 더 나아가 아기스를 경호할 임무까지 받는다.

이런 모습이 되기까지 다윗의 삶은 쉽지 않았다. 미친 행동을 함으로써 아기스와 합류하려던 첫 번째 시도가 실패로 끝난 이후, 사울로 인해 적대적 행동을 많이 직면하게 되었기 때문이다. 그리고 개인적으로도 하나님과의 깊은 만남의 시간을 가진 후, 그는 다른 선택의 여지가 없었기에 결국 아기스와 손을 잡게 되었던 것이다.

사무엘상의 흐름에서 이 사건은, 다윗이 아히멜렉과 벌인 행위들에 대해 도엑이 사울에게 보고할 시간을 제공하고 있다. 다윗의 시편으로 알려진 시편 34편의 표제는 아기스 앞에서 미친 체했던 자신의 모습을, 그리고 시편 56편은 블레셋 족속이 가드에서 다윗을 체포했던 때와 관련된 것을 보여 준다.

"내가 두려워하는 날에는 내가 주를 의지하리이다 내가 하나님을 의지하고 그 말씀을 찬송하올지라 내가 하나님을 의지하였은즉 두려워하지 아니하리니 혈육을 가진 사람이 내게 어찌하리이까"(시 56:3-4).

어떤 상황에서도 하나님과의 친밀한 관계를 쉬지 않았던 다윗의 모습을 엿보게 된다. 그는 하나님에 대한 철저한 신뢰가 바로 희망의 끈이며 해결의 실마리임을 발견했던 것이다.

하나님과의 긴밀한 시간이 우리가 성장할 때다

계속되는 죽음의 위기 속에 다윗이 선택한 곳은 아둘람 동굴이었다. 머리 둘 곳 없는 처지로 다시 이스라엘 땅으로 돌아온 다윗이 선택한 것은 동굴에서의 은닉 생활이었다. 성경에서는 짤막하게 어느 정도의 시간을 요약하여 전해 준다.

"그러므로 다윗이 그곳을 떠나 아둘람 굴로 도망하매 그의 형제와 아버지의 온 집이 듣고 그리로 내려가서 그에게 이르렀고 환난당한 모든 자와 빚진 모든 자와 마음이 원통한 자가 다 그에게로 모였고 그는 그들의 우두머리가 되었는데 그와 함께한 자가 사백 명 가량이었더라"(22:1-2).

지금같이 SNS도, 다른 소문을 전달할 매체도 없었던 그때, 다윗은 그의 가족들뿐 아니라 사울의 통치하에서 삶에 불평불만을 품은 자들에게 알려 그 동굴에 모이기까지 어느 정도 시간이 필요했을 것이다. 사백 명 가량 모일 동안 다윗에게 어떤 일이 일어났을까 상상해 보는 것은 그리 어렵지 않다. 아마도 **하나님과 다윗만의 조용한 시간을 가졌으리라. 그 시간은 다윗을 깊이 성장하게 하는 하나님의 역사의 시간이었을 것이다.**

시편 142편은 그때 다윗의 형편과 심정을 우리에게 전달하고 있다.

"오른쪽을 살펴보소서 나를 아는 이도 없고 나의 피난처도 없고 내 영혼을 돌보는 이도 없나이다 여호와여 내가 주께 부르짖어 말하기를 주는 나의 피난처시요 살아 있는 사람들의 땅에서 나의 분깃이시라 하였나이다"(시 142:4-5).

그가 원통함을 하나님께 아뢰며 기도의 응답과 위로를 받는 시간이었다. (한국 CCC 창립자이신 고 김준곤 목사님에게도 일본 순사들을 피해 동굴에서 1년간 숨어 지내던 시절이 있었다. 그 1년간은 김준곤 목사님이 하나님을 깊이 만났을 뿐 아니라 동굴 속에 숨겨져 있던 많은 책들을 섭렵하는 시간이 되었다. 동굴에서의 경험은 뛰어난 문학적 감각으로 깊은 철학적 사상과 성경적 가르침이 농축된 그의 설교와 글의 바탕이 되었다.)

아둘람 동굴을 찾아온 이들은 다윗과 의기투합하여 무언가 일을 터뜨리기 위해 온, 요즘 유행하는 표현을 빌리자면 '다사모(다윗을 사랑하는 사람들의 모임)'라고 부를 수 있는, 마치 팬클럽처럼 그를 지지하는 이들이었다. 그러나 한편으로는 온갖 불평불만을 품고 있었다. 사람들과 원만한 관계를 맺기 힘든 야생마에 비유할 수 있는, 마음에 상처투성이인 사람들이었다. 이들은 아둘람 동굴에서 다윗과 함께 머물며 치유와 회복을 경험하며 다른 이들로 변한다.

시편 57편 7절은 다윗뿐 아니라 이들의 마음의 변화를 잘 묘사해 주고 있는 듯하다.

"하나님이여 내 마음이 확정되었고 내 마음이 확정되었사오니 내가 노래하고 내가 찬송하리이다."

다윗에게 일어난 변화들이 다른 이들에게도 유사하게 일어났을 것이다. 아둘람 동굴에서 이들에게 상처의 치유뿐만 아니라 불평 모드에서 감사 모드로의 변화가 일어난다. 상처가 분노로 발전하여 로빈 후드나 임꺽정처럼 되기보다는 왕으로서의 다윗과 함께할 이들로 변화된 것이다.

다윗이 받은 핍박은 그가 더 크게 쓰임받기 위함이었다. 쓰임받는 리더가 되기 위해선 모함을 당하며 억울한 일을 당할지라도 복수를 품고 상처를 마음에 간직하기보다는, 용서를 배우며 성숙하게 되는 훈련 장소가 필요하다. 다윗에게는 그곳이 바로 아둘람 동굴이었다.

우리는 기억해야 한다. **핍박은 우리를 약하게 할 것 같으나 더욱 강하게 하고, 우리를 죽이려고까지 하는 원수들을 사랑할 수 있는 바다보다 넓은 마음을 가진 사람으로 만들기도 한다.** 역설적으로 들릴 수 있는, 그러나 분명한 역사적 결과인 '순교가 교회 성장의 배경'이 되었던 사실과 비견할 수 있다.

아둘람 동굴은 다윗과 400명의 다사모를 위한 신앙 훈련의 장이며 센터였다. 하나님의 치유와 회복을 위한 은혜의 용광로 같은 곳이 되었던 것이다.

어떠한 어려움에 처할지라도 우리가 기억해야 하는 것은 하나님과의 깊은 만남이 있는 시간의 중요성이다. "인간의 절망이 가장 깊은 곳이 하나님 역사의 시작점이 된다."는 C.S. 루이스의 말이 유난히도 와 닿는 이유다.

광야 학교를 피하지 말라

다윗 리더십을 키운 광야학교
(사무엘상 23-24장)

지금은 감동이 담긴 스토리가 사람들의 마음을 움직이는 '스토리텔링의 시대'다. 그러기에 광고 분야뿐 아니라 다양한 분야에서 그러한 '특별한' 스토리를 찾으려고 노력하고 있다. 그중에서도 시련을 이겨내고 성공을 이룬 사람들의 스토리는 많은 사람들의 관심을 모은다. 그들의 이야기 속에 거의 공통적으로 등장하는 '한 가지 특별한' 요소가 있다. 바로 '광야'라고 부를 수 있는 '어렵고 힘든 시절'이다. 어떠한 광야의 시간이었는가, 또한 그것을 어떻게 견디며 극복해 냈는가를 들을 때 사람들은 감동을 받는다. 어려움과 힘들었던 정도가 클수록 주는 감동의 크기와 깊이는 더 커진다. 그때는 죽을 것같이 힘들었지만 그 경험이 결국 모든 것을 이루이내는 원동력이 되었다는 이야기를 통해, 듣는 이들이 희망과 용기를 얻을 뿐 아니라 누구나 경험할 수 있는 광야에 대한 관점을 새롭게 갖게 되기도 한다.

다윗왕의 스토리는 다른 어떤 스토리와도 비교할 수 없다. 그가 경험한 광야의 삶의 원인과 힘겨움의 정도, 그리고 마침내 얻은 결과 등을 생각해 볼 때 그 이야기만이 지닌 차별성이 있다. 단순히 죄 없이 당하는 고난의 '원형(archetype)'이기 때문이 아닙니다. 이미 다음 왕으로 기름 부음을 받았음에도 불구하고 왕이 되기까지 장장 10년 이상 살해의 위협과 박해와 고난을 받았다는 사실이 특별하다. 그런 고통과 고난을 경험한 이후에야 비로소 왕으로서의 다윗의 모습이나, 메시아가 탄생하는 가문의 축복 등이 가능해진다.

다윗이라는 그다지 눈에 띄지 않았던 인물이 우리가 존경하는 다윗왕이 된 데에는 광야에서의 삶이 큰 몫을 담당했다. "난세에 영웅이 난다."는 표현이 있다. 다윗의 삶과 연결하여 다시 생각해 보면 난세가 영웅을 만드는 것이 아닐까 싶다. **"얼마나 어려운 경험을 해왔는가?"보다 더 중요한 것은 "그것을 겪으며 어떻게 대응해 왔는가?"하는 것이다.** 다윗의 삶에 새로운 막이 열리는 광야학교 스토리를 통해 그 의미를 만날 수 있기를 바란다.

지는 별이 뜨는 별을 추격하다

사무엘상 23장은 세상 끝까지라도 다윗을 추격하여 그의 목을 베겠다는 사울과 그를 피해 도망치는 다윗의 모습을 보여 주고 있다. 쫓고 쫓기는 두 사람의 관계 속에서 다윗이 사울에게서 아슬아슬하게 두 번씩이나 탈출하는 이야기가 담겨 있다. 그리고 그 사이에 다윗의 영혼의 친구인 요나단과의 만남도 있다.

그렇다고 해서 다윗이 무작정 사울을 피해 도망만 다니는 것은 결코 아니다. 시작 부분에 나타나 있듯이 다윗은 그의 백성들이 블레셋의 공격을 받는다는 소식을 듣는다. 도피 행각을 하고 있는 다윗으로선 안타깝지만 자신이 할 수 있는 것이 없다고 정당화하며 무시해 버릴 만한 상황이었다. 그러나 다윗은 강 건너 불구경하듯 무시하지 않는다. 오히려 하나님에게 어떻게 할 것인가를 묻는다. 한 번으로 그치지 않는다. 자신과 함께한 이들에게 확신을 주고자 두 번이나 주님의 뜻을 묻는다. 이를 통해 확신을 얻을 뿐 아니라 함께한 이들의 마음을 하나로 모은다. 다윗은 '거룩한 전쟁'에서 하나님이 개입하실 때 말씀하시는 "네 손에 넘기리라"(23:4)는 답을 얻은 후 블레셋과의 전쟁에서 승리한다.

다윗의 승리 소식을 들은 사울은 어떤 생각이 들었을까? 사울은 비록 다윗이 자신의 경쟁자라 할지라도 그일라 전투에서 공동의 적인 블레셋을 이긴 사실로 인해 기뻐하며, 최소한 그에게 조금이라도 감사하는 것이 당연하지 않겠는가? 그러나 그런 모습은 눈을 씻고 보아도 찾을 수 없다. 오히려 사울은 그일라로 간 다윗의 여정에서 그의 전략적 실수를 찾아내어 포위된 성읍 안에 있는 그를 체포할 생각을 했다. 다윗을 향한 미움과 질시로 인해 판단력이 어느 정도까지 흐려져 있는지를 볼 수 있다. 그를 죽이겠다는 욕심이 그의 눈을 멀게 만든 것이다.

다윗은 다시 한번 하나님에게 묻는다. 자신을 '주의 종'(23:10-11)이라 지칭하며 말이다. 항상 하나님의 종이라는 의식이 그의 정체성의 가장 중심부에 있음을 보여 준다. 겸손함뿐 아니라 자신이 누구인지 정체성에 대해 분명하게 이해하는 다윗의 모습은 사울의 비이성적 태도와 대조를 보인다. 하나님은 다윗의 질문에 다시 답을 주시며, 그가 피신할 수 있도록 도우신다.

사울은 다윗을 놓치지만, 마온 광야(23:25-26)에서 또다시 다윗을 잡을 수 있는 기회가 찾아온다. 하지만 절호의 기회를 맞은 상황에서 블레셋 사람들이 공격해 왔다는 소식을 듣고 돌아갈 수밖에 없었다. 이렇듯이 모든 것은 하나님의 손에 달려 있다. "…사울이 매일 찾되 하나님이 그[다윗]를 그[사울]의 손에 넘기지 아니하시니라"(23:14). 도망자 다윗은 모든 일이 잘 풀리는 반면 사울에겐 모든 것이 꼬이는 듯이 보이는 이유다.

하나님이 함께하시며 그러한 하나님을 철저히 신뢰하는 이들에게 일어나는 일은 뭔가 다르다. 도망자 신세에도 자신의 본분을 정확히 알 뿐 아니라 하나님과 지속적으로 대화하며 진행하는 다윗에게 하나님의 도움이 함께하는 것은 당연하다. 그의 신실함은 요나단과 잠깐 재회할 때 '여호와 앞에서 언약'하는 장면 속에 담겨 있다.

"곧 요나단이 그에게 이르기를 두려워하지 말라 내 아버지 사울의 손이 네게 미치지 못할 것이요 너는 이스라엘 왕이 되고 나는 네 다음이 될 것을 내 아버지 사울도 안다 하니라 두 사람이 여호와 앞에서 언약하고 다윗은 수풀에 머물고 요나단은 자기 집으로 돌아가니라"(23:17-18).

광야의 시간을 보낼지라도 하나님의 백성으로서의 신실함과 믿음이 얼마나 중요한지 알 수 있다.

이 장은 다윗이 사해에 위치한 엔게디 요새로 이동하는 것으로 마무리된다. 이 지역은 주후 66-70년과 132-135년에 있었던 두 번의 유대 반란 때 유대 게릴라 대원들을 위한 은신처 역할을 했던 곳이기도 하다. 유대인들이 끝까지 저항하다가 로마 군에 항복하기보다는 함께 자살을 택한 역사적인 저항지인 마사다가 바로 이곳 남쪽에 위치해 있다. 모든 면에서 열악하나 도망자가 숨기에는 딱 좋은 장소로 다윗이 이동한 것이다.

자신이 할 일과 하나님께 맡길 일을 구분하라

엔게디 지형은 높이가 600m 이상인 깎아지른 듯한 절벽과 그 위에 펼쳐진 넓은 고원이 특징이다. 심한 침식으로 골이 파여서, 복잡한 협곡과 동굴들이 형성되어 있는 곳이다. 지구상에서 가장 험한 황무지 중에 하나라고 평해도 과언이 아닌 지역이다.

이런 황량한 광야에 다윗이 쫓겨 들어간 것이다. 그것도 아무 죄도 없는 자신을 끝없이 죽이려 하는 사울왕을 피해서 말이다. 그러나 거기서 광야가 그의 인생에 있어 특별한 장소라는 사실을 몸소 배우게 된다.

다윗이 경험하는 광야를 논하며 그것과 연관된 또 다른 이야기를 나눠 보자.

성경에는 유명한 두 가지 광야 이야기가 있다. 하나는 모세가 이스라엘 백성을 이끌고 40년 동안 지나간 시내 광야이고, 다른 하나는 예수님이 40일간 금식한 유대 광야다. 이 두 광야 이야기에는 공통적으로 유혹과 시험이란 주제가 담겨 있다. 시내 광야에서, 이스라엘 백성은 우상과 살아 계신 하나님을 분간하는 법을 훈련 받았고, 하나님을 경배하는 법을 배웠다. 유대 광야에서, 예수님은 마귀의 시험을 이기며 새로운 '예수 족속'의 시작을 알리셨다.

광야 체험은 하나님 앞에서 온전히 사는 삶을 준비하게 하며, 궁극적으로 하나님과 대면하게 만든다. 물론 이 대면은 시험이요 유혹을 통해서 이루어진다. 그러기에 전통적인 영성에서 광야가 그토록 중요한 위치를 차지하는 이유일 것이다. 광야에서 경험하는 고독과 불안정한 삶 가운데에서 자신의 진정한 모습이라 할 수 있는 '벌거벗은' 참모습을 발견할 뿐 아니라, 그것을 둘러싸고 있던 모든 불필요한 요소들이 정리될 수 있기 때문이다.

광야는 꼭 지리적인 면만 의미하는 것은 아니다. 완전히 문명화된 곳에 살고 있다 하더라도, 갑자기 광야로 내던져질 때가 있다. 우리가 때로 경험하게 되는 '상황적인 광야'다. 엔게디 광야에서 다윗이 경험한 성찰과 성숙을 우리 또한 21세기에 경험할 수 있는 것이다. 이곳에서 다윗은 생명의 고귀함을 배운다. 오늘날에도 많은 이들이 어려움을 겪으면서 그 자체도 감사하고, 사선을 넘은 사람들이 죽음을 두려워하지 않듯이 다윗은 그곳에서 새로운 깨달음을 얻는다.

그렇다고 해서 누구나 긍정적인 교훈을 얻거나 배우는 것은 아니다. 광야 자체는 무대에 불과하기 때문이다.

사울과 다윗, 두 사람은 다 동일한 광야에 있었다. 하지만 그들은 극과 극의 선택을 한다. 사울은 오로지 다윗을 살해할 생각에 사로잡혀 달려간다. 반면에 다윗은 하나님을 피난처로 삼는 기도를 하며, 한결같은 사랑으로 '약속을 지키시는 신실하신 하나님'에 대해 알고 준비한다. 동일한 상황일지라도 너무나 다르게 대응한 것이다.

다윗의 이러한 성숙한 성품은 무방비 상태로 자신 앞에 나타난 사울을 해치지 않음에서 드러난다. 하필 그 많은 동굴 중에서 다윗이 숨어 있던 바로 그 동굴에 사울왕이 생리적 욕구를 해결하려 들어왔다. 작렬하는 사막에 내리쬐는 눈부신 태양 빛을 받다가 갑자기 어두운 동굴로 들어선 사울은 다윗과 그의 부하들을 못 본채 등지고 앉았다. 무기도 없고, 수행원도 없었다. 허리띠마저 풀고 쪼그리고 앉아 있는 사울은 죽은 목숨이나 다를 바 없는 처지였다. 다윗과 함께한 이들이 그를 죽이려는 행동을 취하는 것은 어찌 보면 당연한 반응이었다. 부당하게 다윗을 죽이려는 사울을 제거할 절호의 기회가 온 것이다.

그러나 다윗은 조용히 그들을 저지한다. 대신 그는 동굴 벽을 따라 조심조심 사울의 옷이 놓여 있는 곳으로 가서, 몰래 그 겉옷 자락을 조금 잘라낸 뒤 다시 제자리로 돌아온다. 우리가 눈여겨보아야 할 사실은, 다윗이 사울을 '여호와의 기름부음 받은 자'라고 부르고 있다는 것이다.

"오늘 여호와께서 굴에서 왕을 내 손에 넘기신 것을 왕이 아셨을 것이니이다 어떤 사람이 나를 권하여 왕을 죽이라 하였으나 내가 왕을 아껴 말하기를 나는 내 손을 들어 내 주를 해치지 아니하리니 그는 여호와의 기름 부음을 받은 자이기 때문이라 하였나이다"(24:10).

다윗은 광야생활에서 성숙된 하나님과의 관계가 있기에 이러한 판단을 할 수 있었다. 얼마 후 십(Ziph)에 있는 하길라 산에서 비슷한 상황이 또 한번 연출된다. 그러나

다윗은 여기서도 같은 이유로 그 기회를 취하지 않는다.

"다윗이 아비새에게 이르되 죽이지 말라 누구든지 손을 들어 여호와의 기름부음 받은 자를 치면 죄가 없겠느냐 하고"(삼상 26:9).

두 번씩이나 맞이한 절호의 찬스를 지나쳐 버렸다. 그에게 기름을 부으셨던 분이 하나님이기에 그분이 처리해야 할 일이라 여기며 자신의 손으로 처리하지 않은 것이다.

사울이 굴에서 나간 후, 절벽 위에서 사울에게 소리쳤다.

"내 손에 왕의 옷자락이 있는데 왕을 죽일 수 있었지만 내 손으로 왕을 해치지 않겠나이다"(24:11).

그는 자신의 의사를 분명히 밝혔다. 이 소리를 듣고 사울이 소리 높여 울며 다윗의 선함과 의로움을 인정하였다. 그리고 자신의 잘못을 뉘우치고 철군했다. 그러나 사울에게 또다시 악신이 들리면 다윗을 죽이려 했다. 결국 블레셋과의 전쟁 중 길보아 산에서 사울은 그의 세 아들과 전사함으로 종말을 맞았다.

인생은 수많은 선택으로 이루어지는데, 어떤 상황에서도 올바른 선택을 할 수 있어야 한다. **무엇보다 하나님의 일을 하는 데 있어 자신이 해야 할 일과 하지 말아야 할 일을 분명히 아는 것이 얼마나 중요한지 모른다. 결국은 하나님의 보이지 않은 손이 모든 것을 주관하시기에 그렇다.**

성경은 역사가 하나님의 손에 달려 있다는 사실을 분명히 한다.

"여호와의 말씀이니라 이스라엘 족속아 이 토기장이가 하는 것 같이 내가 능히 너희에게 행하지 못하겠느냐 이스라엘 족속아 진흙이 토기장이의 손에 있음같이 너희가 내 손에 있느니라"(렘 18:6;

참조, 사 64:8).

나라의 운명만 그럴까? 아니다. 우리의 인생을 포함해 모든 것이 그분의 손에 달려 있다. 그분은 모든 것을 창조하시고 주관하시는 분이라는 사실을 기억하며 그분을 철저히 의지하며 살아가야 한다.

하나님은 우리의 피난처요, 합력해 선을 이루시는 분

인간은 모든 일의 결과를 보아야 왜 그렇게 했는지 이해할 수 있는 존재다. 그러다 보니 종종 과정 속에서 잘못된 행동이나 결정을 후회하곤 한다. 우리의 후회를 단적으로 드러내주는 표현이 있다. 바로 "했어야 하는데(should have done), 할 수 있었는데(could have done), 했을 수도 있었는데(might have done)"라는 것들이다.

우리의 인생을 돌아볼 때 그러한 순간들이 적지 않다. 하나님을 향해서도 예외가 아니다. 특히 우리는 어려움을 겪는 과정 속에 원망과 불평을 쏟아놓으며 잘못된 결정을 하기도 한다. 물론 로마서 8장 28절을 외우며 "모든 것이 합력하여 선을 이룬다."는 것을 이성적으로 알고 있다고 말하면서도 말이다.

시편 57편은 다윗이 사울을 피해 굴에 있던 때에 지었다고 전해진다. 험난하고 황량한 광야에서, 불편한 동굴 생활 속에서 다윗이 하나님을 향해 어떤 태도를 가졌는가를 엿보게 만드는 시다. 그는 하나님을 원수들의 시도를 막으시며 스스로 판 웅덩이에 빠지게 하시는(시 57:4,6) 구원의 하나님이라고 부른다. 상황을 뛰어넘어 믿음에 근거한 찬양과 찬송으로 가득한 시편이다.

다윗은 다른 시편에서도 여호와 하나님을 부르며 '피난처'라는 단어를 유난히도 많이 사용한다. 한 통계에 의하면 그는 피난처라는 단어를 최소한 37번을 썼다고 한다. 광야에서의 삶을 통해 거룩하신 하나님과의 관계 속에서 거룩함이 무엇인가를 깨닫고, 동시에 진정한 피난처를 발견한 것이다.

다윗은 하나님을 피난처로 생각했을 뿐 아니라 하나님이 모든 것을 주관하신다는 것을 철저히 믿었다. **그의 믿음은 추상적인 신학적 지식이 아니었다. 실제적인 경험을 통해서 개인적으로 확인한 사실 그 자체였다.** 사울의 군대가 다윗을 열 번도 더 잡을 수 있었을 텐데 그렇게도 못 잡은 것은 결코 우연이 아니었다. 하나님이 피할 길을 주시고 승리하게 하시며, 모든 것을 주관하신다는 사실을 분명히 해준다. 우리 모두도 이 세상을 살아가며 하나님께 모든 것을 맡기는 일이 얼마나 중요한지 분명히 보아야 한다.

하나님을 철저히 신뢰한 다윗이었기에 사울을 살려 준 후 그의 입을 통해 나오는 사울을 향한 표현은 특별하다.

'나의 주, 여호와의 기름 부음 받은 자'(24:6)라는 표현에 더해 '내 주 왕'(24:8), '나의 주'(24:10), '나의 아버지'(24:11), '이스라엘의 왕'(24:14) 등은 다윗의 마음을 잘 드러내 준다. 사울도 궁극적으로 다윗을 '아들'로 호칭한다(24:16). 다윗의 아버지라는 표현은 '존경심과 사울의 직무를 상속할 다윗의 권리'를 동시에 암시한다. 이 말을 듣고 사울이 다윗을 향해 '내 아들'이라 했을지라도 사울의 마음이 온전하게 돌아선 것은 아니었다. 여기에 예언적인 의미가 담겨 있듯이 사건은 그의 추락으로 이어진다. 그리고 빠른 속도로 다윗의 왕권 계승 이야기로 흘러간다. 이 또한 하나님이 모든 것을 주관한다는 사실을 입증하듯 말이다.

다윗 이야기는 영어로 '역사(history)'가 '그분의 이야기(His story)'라는 사실을 실감하게 만든다.

결과를 통해 과정을 재해석할 때 비로소 깨닫는 우리의 한계를 기억해야 한다. 과정 속에서 어떠한 것을 경험할지라도 '무조건 감사'가 필요한 이유다. **하나님이 역사의 감독자다. 그분은 우리 인생의 감독자이기도 하다. 그러기에 우리는 감독자의 지휘에 맞추어 최선을 다해 우리의 역할을 감당해 나가야 한다.**

상황이 힘들더라도 광야에서 성장하며 성숙한 다윗을 기억하자. 하박국 3장에 나오는 하박국 선지자의 상황을 뛰어넘는 찬양과 감사가 있어야겠다.

"비록 무화가나무가 무성하지 못하며 포도나무에 열매가 없으며 감람나무에 소출이 없으며 밭에 먹을 것이 없으며 우리에 양이 없으며 외양간에 소가 없을지라도 나는 여호와로 말미암아 즐거워하며 나의 구원의 하나님으로 말미암아 기뻐하리로다"(합 3:17-18).

모든 것을 주관하셔서 궁극적으로 우리를 넉넉히 이기는 자로 만드실 하나님, 그분께 감사하며 찬양하길 원한다.

PART2. 성숙

다윗의 가슴으로 위기를 뛰어넘다

위기의 순간에 필요한 자세

지혜의 목소리에 귀를 기울이는가?
(사무엘상 25장)

본문은 사무엘의 죽음과 장사 후 다윗이 바란 광야로 이동했다는 이야기로 시작한다. 사무엘은 다윗에게는 자신이 하나님의 기름 부음을 받은 자라는 사실을 알려준 특별한 인물이었고, 이스라엘의 관점에서는 민족의 영적 리더였다.

다윗이 슬퍼하며 찾은 곳은 그가 '특별한 훈련'을 받고 있는 광야였다. 광야는 지형의 특성상 치외법권적인 요소가 다분한 곳이다. 공권력이 미치기 힘든 곳이기에 범죄 발생률도 대단히 높다.

21세기에도 거의 무정부 상태인 소말리아라는 나라의 해적에 의해 피랍된 화물선에 관한 소식을 간혹 듣는다. 우리나라 선박인 삼호 주얼리 호도 그런 일을 당했다. 피랍 과정 중에 용감하고 지혜롭게 행동하여 '아덴만의 영웅'이라 불리는 석해균 선장과 총상을 심하게 당한 석 선장을 치료한 이국종이라는 외과의사가 국민의 관심이 되기도 했다. 무질서가 난무하며 국제 치안과 경찰력이 부재한 곳은 그곳만이 아니다. 싱가포르라는 선진국 가까이에 있는 말레이시아의 말라카 해협 등에서도 해적이 출몰한다.

요즘에도 이러할진대 3,000년 전에 '이스라엘의 바란 광야는 얼마나 심각했을까?' 상상해 보는 일은 그리 어렵지 않을 것이다.

다윗은 무정부 상태의 광야에 일종의 법과 질서를 들여놓는 역할을 한다. 자신을 따르는 무리들과 함께 그곳을 지켜 주는 일종의 '민병대'를 조직한다. 비공식적인 지역 경비대를 조직한 다윗은 그곳에 안정과 질서를 정착시킨 것이다. 무질서와 폭력이 만연하던 곳에 긍정적 변화를 일으킨 점은 장차 왕으로서 이스라엘을 통치할 때 어떤 일이 일어날 것인가에 대한 기대를 높인다.

다윗은 그곳에서 한 부부를 만난다. 나발이라는 이름을 가진 부유하지만 어리석은 목축업자와, 남편과 닮은 점이라고는 찾아 볼 수 없는 부인 아비가일이다. 다윗을 포함하여 이 세 인물 간에 일어나는 사건을 통해 각각의 인물에 대한 평가와 함께 그것을 통해 배워야 할 교훈이 드러난다.

어리석은 자 나발의 오만과 편견

다윗의 민병대가 있기 전까지는 나발의 가축을 돌보던 목자들은 광야의 무법자들과 가축 도둑들에게 특히 많은 해를 당하고 있었다. 다윗의 사람들은 이들을 최소한 한 계절 동안 보호해 주었다. 하인들의 평가를 통해 이러한 사실을 확인할 수 있다.

"우리가 들에 있어 그들과 상종할 동안에 그 사람들이 우리를 매우 선대하였으므로 우리가 다치거나 잃은 것이 없었으니 우리가 양을 지키는 동안에 그들이 우리와 함께 있어 밤낮 우리에게 담이 되었음이라"(25:15-16).

이런 보살핌으로 양들이 건강하게 자라 양털을 깎는 시기가 다가온다. 이 시기는 농부들에게 추수의 계절이 그러하듯 힘들지만 흥겨운 기간이다. 양털을 깎는 작업 후에는 술과 음식이 가득한 잔칫상이 차려진다. 요즘처럼 전기로 작동되는 털 깎는 기계도 없이 수작업을 해야 했으니 일꾼들은 고되었을 것이다.

양털 깎는 작업이 마치기를 기다린 다윗은 열 명의 사람을 보내 잔치 음식과 술을 요청한다. 자신들이 이들에게 베푼 보호 혜택이라는 배경에서 볼 때 이러한 요구는 지극히 정당했다. 게다가 광야에서 전혀 무리한 요구가 아닌 생존에 필요한 요청이기도 했다. 강요가 아니라, 부탁이었다. 심지어 자신을 '네 아들 다윗'(8절 NLT에서는 friend로 해석함)이라고 부르며 겸손하게 요청했다. 나발이라는 인물을 향한 존경과 예절이 담겨 있는 표현이었다.

그러나 나발은 마치 다윗에 관해 전혀 들은 바가 없는 듯 대응한다. 광야에 출몰하며 자신들을 괴롭혔던 강도들처럼 취급해 버린다. 그의 말을 들어보면 심지어 '반역한 노예의 요구 정도로 취급함'을 알 수 있다.

"다윗이 누구며 이새의 아들은 누구냐 요즈음에 각기 주인에게서 억지로 떠나는 종이 많도다"(25:10).

다윗은 나발의 모욕에 분노하며 피로 갚아 주겠다고 맹세한다.

"내가 이 자의 소유물을 광야에서 지켜 그 모든 것을 하나도 손실이 없게 한 것이 진실로 허사라 그가 악으로 나의 선을 갚는도다 내가 그에게 속한 모든 남자 가운데 한 사람이라도 아침까지 남겨 두면 하나님은 다윗에게 벌을 내리시고 또 내리시기를 원하노라"(25:21-22).

한마디로 나발은 그 이름의 문자적 의미대로 '어리석은 자'였다. 재미있는 것은 우리나라에도 "함부로 떠벌린다."는 의미의 '나발 분다.'는 표현이 있다. 음악에서는 '나팔'을 의미하나, '당치 않는 말 또는 그런 말을 하는 입'을 속되게 일컫는 말로 쓰인다.

그는 전형적인 미련한 자답게 우둔하게 행동한다. 미련한 자들은 미련한 것을 말하고, 악을 공모하며, 굶주리거나 목말라하는 자들을 무시한다.

"이는 어리석은 자는 어리석은 것을 말하며 그 마음에 불의를 품어 간사를 행하며 패역한 말로 여호와를 거스르며 주린 자의 속을 비게 하며 목마른 자에게 마실 것을 없어지게 함이며"(사 32:6).

그러한 생각과 행동의 근본은 하나님의 존재를 부정함에서 기인하는 것이다. 소위 말하는 '수퍼 갑질' 같은 안하무인적인 행동은 결국 하나님과의 관계라는 측면에서 평가될 수 있다. 같은 맥락으로 다음과 같은 말씀을 꼽을 수 있다.

"어리석은 자는 그의 마음에 이르기를 하나님이 없다 하는도다 그들은 부패하고 그 행실이 가증하니 선을 행하는 자가 없도다"(시 14:1).

"가난한 사람을 학대하는 자는 그를 지으신 이를 멸시하는 자요

궁핍한 사람을 불쌍히 여기는 자는 주를 공경하는 자니라"(잠 14:31).

나발은 그의 부인 아비가일이라는 지혜로운 여인 덕에 다윗으로부터 죽임을 면한다. 하지만 결국 하나님에게 죽임을 당한다.

"한 열흘 후에 여호와께서 나발을 치시매 그가 죽으니라"(삼상 15:38).

부유하다는 이유로 인해 가난한 이들을 무시하는 것이 얼마나 어리석은 일인가. 부를 자신만을 위해 쓰는 것이 얼마나 '나발과 같은 삶'인지 돌아보게 한다. 나발은 누가복음 12장에 나오는 '어리석은 부자'의 전형적인 예다. 그런 사람들에게 하나님께서는 말씀하신다.

"어리석은 자여 오늘 밤에 네 영혼을 도로 찾으리니 그러면 네 준비한 것이 누구의 것이 되겠느냐"(눅 12:20).

부유함은 하나님의 축복이다. 그러므로 부요함이 축복임을 인정하는 것은, 그것으로 다른 사람들을 섬기고 나누며 살아야 한다는 점을 기억하는 일이다.

아비가일의 분별력을 칭송한 다윗

나발은 어리석은 사람이지만, 부인은 잘 만났다는 것을 알 수 있다. 남편의 어리석은 거절에 대해 하나님의 섭리로 나발의 하인들 중의 하나가 아비가일에게 귀띔해 준다. 하인이 보기에도 나발이 다윗에게 취한 행동은 어리석었으리라. 나발은 세상을 몰라도 너무 몰랐다.

그 이야기를 들은 즉시, 아비가일은 남편에게 알리지 않은 채 다윗을 만나 사죄하려고 길을 떠난다. 그녀는 이미 남편의 어리석음을 간파하고 있었던 것이다. "미련한 자를 곡물과 함께 절구에 넣고 공이로

찧을지라도 그의 미련은 벗겨지지 아니하느니라"(잠 27:22)는 말씀대로 나발은 그녀의 말을 듣지 않을 것이 뻔했다.

아비가일과 다윗의 만남은 마치 영화처럼 다윗이 나발의 집에 도달하기 직전 완벽한 시간에 극적으로 이루어진다.

"아비가일이 다윗을 보고 급히 나귀에서 내려 다윗 앞에 엎드려 그의 얼굴을 땅에 대니라"(25:23).

나발의 경우가 그러하듯 그녀의 이름 또한 문자적으로 흥미롭다. "나의 하나님 아버지가 기뻐하신다."는 의미를 담고 있다. 지혜가 가득한 여인에게 적절한 이름이다. 다윗 앞에 엎드린 채 그녀가 전하는 말은 다윗의 분노를 누그러뜨리는 핵심을 담고 있다. 그녀는 핵심을 지적해 다윗으로 하여금 자신이 누구인지를 기억나게 한다. 하나님의 기름 부음, 하나님의 자비를 상기시키며 개인적 원한을 품어 미래의 왕으로서 흠이 생기지 않기를 원한다는 것이다.

"여호와께서 내 주에 대하여 하신 말씀대로 모든 선을 내 주에게 행하사 내 주를 이스라엘의 지도자로 세우실 때에 내 주께서 무죄한 피를 흘리셨다든지 내 주께서 친히 보복하셨다든지 함으로 말미암아 슬퍼하실 것도 없고 내 주의 마음에 걸리는 것도 없으시리니…"(25:30-31).

29절에서는 심지어 마치 미래를 예견하듯 "내 주의 원수들의 생명은 물매로 던지듯 여호와께서 그것을 던지시리라."고 말한다. 원수 갚는 일은 하나님께 속한 것임을 분명히 하고 있는 것이다.

그녀가 말하듯 나발은 이름 그대로 어리석은 자에 불과했다.

"그의 이름이 그에게 적당하니 그의 이름이 나발이라 그는 미련한 자니이다"(25:25).

그 어리석은 자 때문에 다윗까지 어리석은 자가 될 필요가 없으며 이 모든 사건에서 어리석은 자는 나발이라는 사람 하나로 족하다는 것이다.

그녀가 다윗을 찾아온 것은 단순히 남편을 구하기 위한 용감한 시도가 아니었다. 다윗 편에 합류하려는 기회주의적 시도는 더더욱 아니었다. 오히려 하나님의 계획의 일부였다고 볼 수 있다. 불필요한 죄를 범하려는 다윗을 보호하는 것 말이다.

다윗은 그녀의 분별력을 높게 칭송한다.

"네 지혜를 칭찬할지며 또 네게 복이 있을지로다 오늘 내가 피를 흘릴 것과 친히 복수하는 것을 네가 막았느니라"(25:33).

지혜로 충만한 아비가일과 대조를 이루는 여인의 모습은 잠언 11장 22절에 나온다.

"아름다운 여인이 삼가지 아니하는 것은 마치 돼지 코에 금 고리 같으니라."

물론 아름다움과 지혜 둘 다 있으면 좋겠지만, 둘 중에 하나를 선택해야 한다면 지혜를 선택해야 할 것이다.

아비가일은 마음과 외모 모두가 뛰어났다. 그녀의 아름다운 '외모'(25:3)는 그녀의 '지혜'(25:33)와 조화를 이루었던 것이다. 그녀는 다윗에게 말한다. 여호와께서 다윗을 후대할 때에 자신을 기억해 달라고 말이다.

"다만 여호와께서 내 주를 후대하실 때에 원하건대 내 주의 여종을 생각하소서"(25:31).

처음에 이 말을 읽으며 단순히 먼 미래에 일어날 것으로 생각하며 지나칠 수 있다. 그러나 나발이 죽은 후 다윗의 아내가 되는 장면에서(25:42) 그녀의 이 말이 다시 떠오른다.

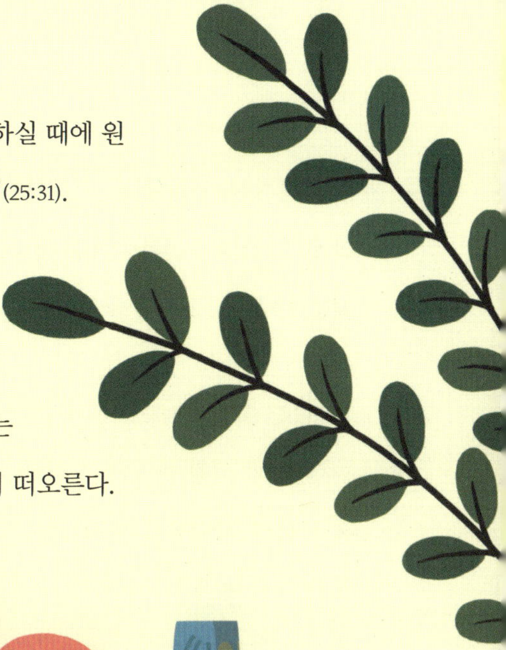

아비가일이라는 여인을 보며 지혜를 구하고 행하며 사는 것이 얼마나 중요한지 알 수 있다. **여호와를 경외하는 것이 모든 지혜의 근본이라 했다. 결국 그러한 지혜는 하나님으로부터 온다. 성경 말씀을 통해 주시는 하나님의 지혜를 좇아 살아야 한다.**

열린 마음과 열린 귀가 얼마나 귀한가

다윗의 입장에 서서 생각해 보면 나발에 대한 그의 분노는 이해할 만하다. 자신을 낮추며 겸손하게 접근했음에도 불구하고 수치스러움을 느낄 정도로 거절당했기에 그렇다. 나발의 야비함이 다윗의 자존심에 상처를 입혀 마음속 깊숙한 곳에 잠자고 있는 야성을 깨우기에 충분했다.

실제로 다윗은 이성뿐 아니라 하나님의 기름 부음 받은 자로서의 정체성 또한 잃어버린다. 광야에서 배운 아름다운 거룩함도 어디 갔는지 찾아보기 힘들 정도다. 사울의 생명을 취할 수 있음에도 불구하고 살려주던 모습은 사라져 버렸다. 25장은 그러한 다윗의 모습을 그려 주는 24장과 26장 사이에 나오기에 더욱더 이러한 요소가 부각되고 있다.

다윗이 순간의 분노를 이기지 못한 증거들이 말씀 속에 담겨 있다. 자신의 무리 600명 중에서 400명을 이끌고 그를 죽이려고 떠난다(25:13). 다윗의 그러한 결정 속에서 하나님의 존재는 찾아보기 어렵다. 오히려 인간의 자아로 가득한 모습이다.

그의 감정은 격하고 천한 언어로도 표현된다. 우리 성경에는 단순히 '남자'라고 되어 있으나, 다윗은 '서서 오줌 누는 자들'(25:22, 34 에서는 단순히 '남자'라 해석됨)이라는 표현까지 사용한다. 나발과 그에 속한 남자들을 향한 경멸이 담긴 표현을 통해 다윗의 인간적 분노를 잘 그려 준다.

만약에 다윗이 의도했던 대로 그들을 다 죽여 버렸다면 어떻게 되었을까. 그 자체가 범죄임은 말할 필요도 없을 것이다. 또한 나발의 어리석음이 도를 지나쳤을지라도 그에 속한 남자들 모두를 죽이는 일까지 정당화되긴 힘들었을 것이다. 결국 다윗과 그의 무리를 이스라엘 '야쿠자'나 '조폭' 수준으로 만드는 결과를 빚고 말았으리라. 그야말로 지역 상권을 보호해 준다는 명목으로 상인들을 괴롭히는 폭력배로 전락될 일촉즉발의 상황이었다.

때마침 등장한 아비가일이라는 지혜로운 여인은 다윗의 어리석은 행동을 막았다. 그녀의 입을 통해 나오는 지혜로운 말이 다윗에게 하나님과의 관계를 다시금 회복시켜 줬다.

여기서 중요한 점은 다윗이 아비가일의 말에 귀를 기울였다는 것이다. 분노하고 진노했을 때 그것을 억누르며 남의 조언을 듣는 것이 얼마나 어려운지 경험해 본 사람들을 알 것이다. 하지만 다윗은 그녀의 지혜로운 충고를 듣는다. 나발뿐 아니라 사울왕과도 대조를 보이는 다윗의 장점이다. 다윗은 결국 범죄의 유혹으로부터 자신을 지켜 냈던 것이다. 열린 마음과 열린 귀의 소중함을 일깨워 주는 부분이다.

살다 보면 이 세상에는 어리석은 자들이 많이 있다. 솔직히 살면서 그리 어렵지 않게 그러한 이들을 만날 수 있다. 그러한 이들은 공통적으로 우리를 몹시 화나게 만든다. 그러나 이들의 존재 자체가 문제가 아니다. 세상은 결국 어리석은 이들이 가득하기에 그렇고, 때로는 우리 스스로도 어떤 이에게 어리석은 존재가 될 수 있기에 그렇다. 무엇보다도 문제는 그들을 바로잡아 주겠다고 나서면서 우리 자신도 그들과 같은 어리석은 악독에 빠질 때가 있다는 점이다. 이 때문에 잠언 26장 4절에서 "미련한 자의 어리석은 것을 따라 대답하지 말라 두렵건대 너도 그와 같을까 하노라"라고 경고한다.

시편 14편은 나발 즉 '어리석은 자'에 대한 다윗의 평가를 담고 있다. 결국 어리석은 자를 상대로 싸우는 것은 영성이 아니라는 뜻이다. 왜냐하면 '하나님이 의인의 세대에 계시기' 때문이다(시 14:5). 어리석음을 좇기보다는 하나님의 말씀에 맞춰 지혜를 좇는 것이 진정한 경건이며 영성일 것이다.

세상을 살아가면서 나발과 같은 이를 만나는 일 자체를 피할 수는 없다. 하지만 **만남보다 그 만남을 어떻게 지혜롭게 바라보고 대처할 것인가를 깊이 생각해야 할 것이다.**

"모든 사람에게 후히 주시고 꾸짖지 아니하시는 하나님께"(약 1:5) 지혜로운 대응책을 구하며 살아가길 바란다.

PART2. 성숙 : 다윗의 가슴으로 위기를 뛰어넘다

위기를 바라보는 겸손의 시선

적진의 한가운데서 살아남기
(사무엘상 26:1-28:2)

인간은 어떤 상황에 처하든 적응하기에 달렸나 보다. 궁중에서 왕자로서 살던 모세가 광야에서 약 40년 동안 지내며 광야 전문가가 되었듯이, 한때는 골리앗을 죽인 후 국민 영웅으로 추앙 받았던 다윗이 현상금 붙은 지명 수배자의 삶을 살며 광야 전문가가 되어가고 있으니 말이다.

도망자였기에 치외법권 지역인 광야는 다윗에게 어쩔 수 없는 선택이었을 것이다. 십 광야(삼상 23:15), 마온 광야(삼상 23:25), 엔게디 광야(삼상 24:1), 또한 바란 광야(삼상 25:1) 등 다양한 이름의 광야들이 그의 이야기 속에 등장한다. 비록 각각 이름은 다를지라도 멀리서 보면 동일하게 황폐한 곳이다.

물도 귀하고 바짝 마른 가시덤불로 가득한 광야, 이런 곳에서 기름 부음을 받은 자였으나 날마다 목숨을 부지하기 위해 노력하며 살아가던 다윗을 그려 본다. 그러한 상상 속에서 시편 23편을 읽으면 다윗의 마음이 더욱더 실감나게 느껴진다.

"여호와는 나의 목자시니 내게 부족함이 없으리로다 그가 나를 푸른 풀밭에 누이시며 쉴 만한 물가로 인도하시는도다"(시 23:1-2).

어려운 상황 속에서도 생존을 도우실 뿐 아니라 인도하시는 하나님을 향한 그의 찬송이 감동으로 다가온다.

다윗이 광야에서 보낸 기간에 관해선 정확히 알 수 없다. 추측하기에 대략 10년 정도일 것이다. 결코 짧지 않은 기간을 광야에서 도망자 신세로 생존 자체를 걱정하며 살았다.

마침내 광야의 삶을 청산해야 할 시간이 다가온다. 연단이라면 연단이고 인생의 새로운 장이라 할 수 있는 변화를 경험하는 사건이 펼쳐지기 시작한다. '사막의 여우' 같은 삶을 끝내고 시글락에서 공동체의 삶으로 전환되는 부분이 본문에서 전개된다. 모든 것이 그러하듯 공동체가 이루어지는 데는 결정적인 계기가 있으며, 만들어지는 과정도 그리 순탄치 않다. 본문은 그 계기와 과정을 보여 주고 있다.

사울을 제거할 절호의 기회를 저버리다

다윗의 인생에 새로운 장이 시작되는 것은 아니러니하게도 모든 고난의 원인 제공자인 사울에 의해서였다.

24장 끝 부분에 기록된 사울의 고백은 더 이상 다윗을 해치지 않을 것 같았다. 사울이 생리 욕구를 해결하기 위해 동굴에 들어갔다가 다윗에게 죽을 뻔했으나, 그를 해하지 않은 다윗을 향한 반응이었다.

하지만 그것은 오래 가지 않는다. 다윗이 십 광야 하길라 산에 숨어 지낸다는 말을 듣고는, 사울은 군사 삼천 명을 끌고 다윗을 제거하러 다시 나타난다.

이곳에선 마치 사울의 변심을 질책이라도 하듯 다윗은 그의 부하인 아비새와 함께 사울의 진으로 몰래 잠입한다. 다시금 사울을 제거할 수 있는 기회를 맞이한 것이다. 아비새가 그를 제거하겠다고 말한다. 다윗의 손에 피를 묻히지 않아도 될 제의였다.

그러나 다윗은 '여호와의 기름부음 받은 자를 치는 죄를 범하지 않겠다'고 선언한다(26:9). 그리고 "여호와께서 그를 치시리니 혹은 죽을 날이 이르거나 또는 전장에 나가서 망하리라"(26:10)고 하며 하나님께 복수를 맡긴다. 그에 더해 곧 일어날 사울의 죽음을 예고한다. 영화에서 흔히 보듯이 복선을 까는 듯하다. 여기서도 역시 모든 일이 하나님의 손 안에 있다는 것을, 독자들은 분명히 볼 수 있다.

다윗은 그들의 진에 쉽게 잠입할 수 있었고, 창과 물병을 가지고 나올 수 있었던 이유를 분명히 말한다.

"여호와께서 그들을 깊이 잠들게 하셨으므로 그들이 다 잠들어 있었기 때문이었더라"(26:12).

'깊이 잠들다.'라는 표현은 여호와께서 남자의 갈비뼈 하나를 취해 여자를 창조하려고 어떻게 남자를 무의식에 빠뜨리셨는지를 묘사하기 위해(창 2:21) 쓰신 단어다. 그리고 여호와께서 잘려진 짐승들 사이를 지나가심으로써 아브라함과 언약을 맺을 당시, 아브라함이 경험한 무의식의 상태를 묘사할 때 사용된 단어이기도 하다(창 15:12). 단순한 수

면이 아닌, 하나님께서 개입하신 '깊은 잠'을 의미하고 있다.

다시금 죽일 수 있었던 기회를 사용하지 않은 다윗과 그 사실을 알게 된 사울과의 대화가 또 기록되어 있다. 24장의 대화와 비교하여 볼 때, 이곳에 기록된 그들 간의 대화에서 눈에 띄는 사실이 있다. 다윗이 사울을 아버지로 부르지 않고 단순히 그를 '왕'이라 부르는 반면, 사울은 자신의 발언에서 세 번이나 각각 다윗을 '내 아들아'라고 부른다는 것이다(26:17, 21, 25). 이 순간은 왕좌를 둘러싼 두 경쟁자의 만남이라는 측면에서 마지막이었다.

사울이 죽는 순간까지 이들은 더 이상 만나지 않았다. 비록 화해가 이루어지진 않았지만, 다윗에 대한 사울의 마지막 말은 축복이었다. 또한 그의 궁극적인 승리에 대한 예견으로 볼 수 있는 말이었다. 사울이 세 번에 걸쳐 '내 아들아'라고 부른 것은, 다윗이 사실상 그의 후계자가 될 것을 의미하고 있기에 그렇다. 25절의 축복인 "네가 큰 일을 행하겠고 반드시 승리를 얻으리라 하니라."는 예언적 발언이다. 마지막 만남에서 사울이 예언자의 모습을 잠깐이나마 보여 준 셈이다.

그렇다고 다윗이 사울을 믿지는 않는다. 과거에 늘 그랬듯이 언제든 변심할 수 있기 때문이다. 다윗은 새로운 곳으로 거주지를 옮긴다. 사울의 손에서 완전히 벗어나는 길은 사울의 통치 영토를 벗어나는 길밖에 없다고 생각했으리라.

다윗이 그의 부하들 600명과 가기로 선택한 곳은 가드의 아기스 왕의 영토였다. '아기스 왕은 과연 이들을 받아줄까?'

다윗이 가드의 아기스 왕과 새로운 관계를 맺다

자신들의 영웅이었던 골리앗을 죽인 두려운 원수인 다윗은 아기스 왕에게 부담이었을 것이다. 그전에 다윗이 왔을 때 제거하고자 했던 생각도 이해할 수 있다.

또다시 찾아온 다윗을 이번에는 받아들인다. 분명 어떤 정치적 계산이 있는 것 같다. 현대 시대의 개념을 빌려 설명하자면 아웃소싱의 중요성을 고려한 탓일까?

지난번과 다른 점이 있다면, 이번에는 혼자 온 것이 아니라 600명의 불만 세력들과 함께 망명을 요청한 것이다. 이 공동체는 가드의 아기스 왕과 고용 계약을 맺는다(27:2). 그 세기 내내 이스라엘의 앙숙이며 숙적이었던 블레셋과 동맹을 맺은 셈이다.

다윗이 자신의 영토를 떠나 블레셋으로 이동하였다는 말을 들은 후, 마침내 '사울이 다시는 그를 수색하지 아니하게' 된다(27:4).

이스라엘 백성들의 원수 블레셋에 가담한 다윗은 거기서 멈추지 않고 한술 더 떠서 그들을 철저히 거짓으로 농락한다. 조국을 저버린 배신자 행세를 하면서 매일같이 이스라엘 마을을 노략질하는 척한 것이다. 실제로는 이스라엘의 오랜 적인 남방 부족들을 습격하고 약탈하고 있었다(27:8-9).

약탈한 물건들을 아기스 왕에게 가져와 나눈다. 이스라엘에서 빼앗아 온 약탈품으로 착각한 아기스 왕은 용맹스럽고 충성스러운 군사 동료를 얻었다며 기뻐한다. 그가 보기에 호박이 넝쿨째로 굴러들어온 격이다. 너무 기쁜 나머지 다윗에게 시글락이라는 마을까지 하사한다.

다윗은 전투를 통해 자신의 군대와 스스로를 보충하고 있었다. 나중에 아말렉과의 전투 후에는 유대 동족에게 전리품을 제공하여 그들의 환심을 사기도 한다(삼상 30:26-31). 아기스는 자신의 남쪽 대적들을 정복하고 있다는 것에 기뻐했다. 다윗이 유다에서 전리품들을 개인적으로 착복했다고 상상조차 하지 못한다.

아기스와 다윗 사이의 신뢰 관계는 점점 더 깊게 형성되어갔다. 동족 사이에서 스스로를 매국노로 만드는 자는 그가 누구든, 비록 숙적인 이스라엘 사람일지언정 신뢰할 수 있었을 것이다. 아기스는 다윗에게서 이용 가치를 보았기에 그를 활용하고 있을 뿐이었다.

그러나 아기스가 '뛰는 자'라면 다윗은 '나는 자'에 비유할 수 있다. 얼마나 잘 속였는지 다윗이 영영 자기의 종이 될 것이라고 생각할 정도였다.

"아기스가 다윗을 믿고 말하기를 다윗이 자기 백성 이스라엘에게 심히 미움을 받게 되었으니 그는 영원히 내 부하가 되리라고 생각하니라"(27:12).

겉으로만 본다면 다윗은 친블레셋 인물이 된 것이다. 아기스는 다윗을 심복으로 여길 정도로 신뢰하게 된다. 그러나 다윗의 의도대로 순조롭게 전개되지는 않는다. 갑자기 꼬이게 되는 결정적 일이 발생한다. 아기스가 다윗을 자신의 동족과의 전쟁에 참여하라고 요청한 것이다.

"그때에 블레셋 사람들이 이스라엘과 싸우려고 군대를 모집한지라 아기스가 다윗에게 이르되 너는 밝히 알라 너와 네 사람들이 나와 함께 나가서 군대에 참가할 것이니라"(28:1).

만일 이스라엘과의 전투에 합류해 달라는 아기스의 요청을 다윗이 거절한다면 의심을 받을 수밖에 없는 상황이 벌어진 것이다. 다윗은 즉각적으로 수용하는 자세를 취한다.

"다윗이 아기스에게 이르되 그러면 당신의 종이 행할 바를 아시리이다 하니 아기스가 다윗에게 이르되 그러면 내가 너를 영원히 내 머리 지키는 자를 삼으리라 하니라"(28:2).

왜 다윗은 아기스에게 이런 답변을 했을까? 시간을 벌고자 하는 것이었을까? 과연 이야기가 어떻게 전개될까 기대하게 만든다.

다윗이 취한 일련의 결정과 행동을 보며 사람들은 그를 평가하고자 할 것이다. 일반적으로 제일 먼저 도덕적·영적 잣대를 들이대며 부정적으로 볼 수 있다. 영적으로 타락했다며 비난하며 힐난할 수 있다. "다윗은 이스라엘의 기름 부음 받은 자로서의 고귀한 소명을 저버렸는가?"하고 질문할 수 있다. '자신을 돌보아 주시는 하나님을 신뢰하지 못한 것이 아닌가?' 지금까지 그토록 수없이 자신을 돌보아 주신 하나님을 끝까지 신뢰하지 못한 실패자라고 말이다.

또는 세속적인 관점의 평가를 하는 이들도 있을 것이다. 믿기 힘든 행운과 영리한 꾀를 통해 성공적으로 권력을 얻게 되었다는 혐의에서 다윗은 자유로울 수는 없었다. 숙적인 아기스와 동맹을 맺음으로써 사울왕의 추격에서 벗어났고, 불안한 광야생활로 고생하는 두 아내와 함께한 이들에게 안정된 삶을 마련해 주었기 때문이다. 게다가 그는 자신의 목적을 위해 아기스를 철저히 속이고 이용했다. 비록 윤리적으로 칭찬받진 못할지라도, 대단한 지략의 소유자로 평가 받을 만하다.

이러한 평가를 어떻게 봐야 할까? 주어진 본문을 그 맥락 가운데서 읽고 그 이야기 속으로 들어가 스스로 해석하는 것이 필요하다. 그럴 때 우리는 앞의 평가들과는 상당히 거리가 있는 다른 무언가를 깨닫게 된다. 결국 하나님의 뜻이 실현되는 과정이라는 것이다. 표면과 내면적 차이라고 말할 수 있다. 월터 브리그만이라는 학자가 말하듯 "지금 우리는, 겉으로 드러나진 않지만 그 밑에 하나님의 다스리심이라는 주제가 면면히 흐르고 있는, 지극히 의도성이 강한 작품을 대하고 있다. 다윗이 어디에 있든 여호와는 그와 함께하신다."는 것이다.

성경 본문이 의도하는 것은 다윗의 저급한 도덕성이나 영리한 천재성이 아니라 바로 하나님의 구원이다.

물론 저자가 다윗의 행동을 칭찬하는 것은 아니다. 단순히 다윗이 그렇게 했다는 것을 전하고 있다. 하나님은 바로 그러한 상황 속에서도 자신의 뜻을 이루시고 계신다는 사실을 보아야 한다. 모든 것 뒤에는 반드시 하나님이 계신다. 특별히 그분이 택한 자들의 삶에는 더욱 더 분명히 함께 하신다.

하나님은 다윗과 함께하시며 그가 자신의 기름 부음에 충실하도록 그를 지키시며 구원을 이루어 가신다. 그러기에 **믿는 이들의 삶에서 가장 중요한 것은 우리가 하나님을 위해 무엇을 하느냐가 아니다. 오히려 하나님이 우리를 위해 무엇을 하고 계신가라는 질문이다.** 심지어 손가락 하나 까딱할 수 없는 상황 가운데서도 하나님은 우리의 삶 속에서 자신의 뜻을 완벽하게 이루신다는 사실을 신뢰해야 한다.

시글락 신앙 공동체의 성장

아기스가 다윗에게 속아 하사한 시글락은 다윗의 기지가 된다. 그뿐 아니라 가족과 병사들을 위한 다윗 공동체가 시글락에 만들어진다. 이곳에서 다윗뿐 아니라 모두가 '치유'를 경험한다. 다윗을 쫓아온 이들은 이스라엘 사회의 중심부에서 밀려난 변두리 인생들, 사회에서 성공하지 못한 자들, 거절당하고 실패하고 탈락한 사람들이었다. 인생에서 쓴맛을 본, 아픔과 상처가 가득한, 한마디로 말해 치유가 필요한 사람들이었다. 이곳에서 함께 머물며 그들 안에 변화가 일어났다. 시글락 공동체는 치유 공동체였으며, 신앙 공동체이기도 했다.

물론 성경에 신앙 공동체를 형성했다거나 치유를 경험했다는 내용이 나와 있는 것은 아니다. 그러나 이야기의 전개를 살펴볼 때 그랬으리라고 충분히 추측할 수 있다. 왜냐하면 그들은 당시 사회에 대한 불만으로 가득했으나, 역대상 12장에 정리된 개괄적인 기록을 보면 얼마나 사기충천한 집단으로 변해 있는가를 알 수 있기 때문이다. 그들이 인정한 다윗에 관한 특별한 표현이 있다.

"성령이 삼십 명의 우두머리 아마새를 감싸시니 이르되 다윗이여 우리가 당신에게 속하겠고 이새의 아들이여 우리가 당신과 함께 있으리니 원하건대 평안하소서 당신도 평안하고 당신을 돕는 자에게도 평안이 있을지니 이는 당신의 하나님이 당신을 도우심이니다"(대상 12:18).

다윗은 기도하는 리더였다. 그러기에 하나님께서는 그와 함께하셨고, 기도하는 리더 밑에서 사람들은 회복과 치유를 경험하게 된다.

사람들의 정체성에 대해서 생각해 보게 만드는 부분이다. **정체성은**

어디서 왔고 무엇을 했는지가 아니다. 하나님이 그들 안에서 또 그들을 위해 무엇을 하셨는가에 따라 정체성이 결정된다. 마치 '히브리'라는 단어가 인종학적 명칭이 아닌, 중동 문화권의 사회적 주변 계층, 즉 비천한 떠돌이들과 추방당한 자들을 가리키는 말이었다는 주장과 연결해 볼 수 있다. 그런 민족을 택하셔서 하나님의 백성으로 만드셨다. 우리 정체성의 근원 또한 어디에 있는지 다시금 돌아보게 만든다.

우리는 이 세상을 살아가면서 다양한 어려움을 만난다. 본문의 이야기는 어떤 역경과 어려운 상황 가운데서도 하나님은 늘 우리와 함께 하시며 지키신다는 확신을 가지고 살아가는 것이 얼마나 중요한지 되새기게 한다. 그분을 향해 우리의 생각과 영의 안테나를 쭉 뽑아 그분으로부터 오는 지혜와 인도하심을 기대하고 구하며 살아야 하는 이유다. 그럴 때 이사야서 40장 31절이 우리의 삶 속에서 역사하는 말씀이 된다.

"오직 여호와를 앙망하는 자는 새 힘을 얻으리니 독수리가 날개 치며 올라감 같을 것이요 달음박질하여도 곤비하지 아니하겠고 걸어가도 피곤하지 아니하리로다."

여기서 '앙망하다'는 히브리 단어 '카바'는 하나님을 향하여 "신뢰 속에 안식하고, 인내 속에 기다리며, 기대를 가지고 바라본다."는 의미를 지니고 있다. 그런 의미를 담아 하나님을 '앙망하며' 매 순간을 살아가야겠다.

위기에서 발휘되는 리더십

믿음과 치유의 시글락 공동체
(사무엘상 28-30장)

어떤 사람이든 진면목은 위기를 겪을 때 드러난다. 위기에 직면했을 때 평상시 쓰고 사는 가면을 더 이상 쓸 수 없는 상황이 벌어지는 것이다.

28장은 동족과 싸울 수도 있는 위기의 상황을 맞이한 다윗의 이야기를 소개만 하고, 마치 독자들의 호기심을 더 높이려는 의도인 듯 사울왕의 이야기로 바꿔 버린다. 사울이 경험하는 위기의 분위기가 펼쳐진다.

블레셋과의 전쟁 상황에서 하나님은 사울왕을 향해서 침묵으로 일관하신다.

"사울이 여호와께 묻자오되 여호와께서 꿈으로도, 우림으로도, 선지자로도 그에게 대답하지 아니하시므로"(28:6).

이에 당황한 사울은 다급한 마음으로 일찍이 금지시켰던 초혼술

(招魂術)의 도움을 얻고자 한다. 적군의 진영을 지나서 엔돌까지 찾아 간다.

"사무엘이 죽었으므로 온 이스라엘이 두고 슬피 울며 그의 고향 라마에 장사하였고 사울은 신접한 자와 박수를 그 땅에서 쫓아내었더라"(28:3).

사울은 자신이 잘못하는 것을 아는지 변장하고 밤에 무녀를 찾아간다. '밤'에 찾아갔다는 표현으로, 판단력뿐 아니라 영적 암흑 속에서 헤매고 있는 사울의 상태를 분명히 드러내주고 있는 듯하다.

"사울이 다른 옷을 입어 변장하고 두 사람과 함께 갈 새 그들이 밤에 그 여인에게 이르러서는 사울이 이르되 청하노니 나를 위하여 신접한 술법으로 내가 네게 말하는 사람을 불러올리라 하니"(28:8).

그러나 무녀에게 요청해 나타난 사무엘은 사울에게 위로의 말을 하지 않았다. 아니, 오히려 "하나님이 그를 떠나 그의 대적이 되셨다"(28:16)는 사형 선고와도 같은 말을 한다.

물론 일찍이 저자는 여호와께서 다윗과 함께하시지만 사울에게서는 떠나신 것을 분명히 했다(삼상 16:14, 18:12). 사울이 뒤늦게 그 사실을 인식했을 뿐이다. 선지자의 이 말로 인해, 블레셋에 대한 사울의 두려움은 다른 국면으로 증폭되어 버린다. 이제 사무엘상의 마지막 장에서 일어날 사울의 최후의 순간을 남겨두고 말이다. 위기를 당했을 때 드러나는 사울의 민낯은 실망 그 자체다.

리더십 또한 예외가 아니다. 세상이 어려울 때 어떤 리더가 어떠한 리더십을 발휘하느냐에 따라 그가 이끄는 공동체 심지어 국가의 미래까지 결정된다. 그러기에 미국 매릴랜드 주의 애나폴리스에 있는 해군 사관학교에는 "The best ship in times of crisis is leadership(위기의 때에 최고의 ship[배]은 리더십이다)."이라는 경구가 쓰여 있다고 한다. 또한 사람들을 티백(tea bag)에 비유하기도 한다. 티백이 얼마나 질긴지는 뜨거운 물속에 집어넣어 보아야 알기 때문이다. 어려운 상황이라는 터널을 지나며 리더십의 진면목이 확인될 수 있는 것이다.

급속하게 변화하는 시대, 리더와 리더십의 소중함을 다시금 생각해 보며 선택한 말씀 속에서 대조되는 두 리더를 발견한다. 침몰하는 사울의 리더십에 비해 다윗의 리더십은 질적으로 다르다. 다윗을 통해 보여 주는 훌륭한 리더십에 담긴 요소와 현상들을 살펴보자.

하나님의 주권과 섭리가 드러나는 리더십

시글락까지 얻어 문제 없이 잘 지내는 것 같은 다윗과 그의 무리들에게 위기가 닥친다. 블레셋 사람들과 이스라엘 사람들의 전쟁이 시작되어 다윗이 그 가운데 말려들 수 있는 상황이 벌어진 것이다. 영화로 치자면 또 하나의 고조된 긴장감이 펼쳐지며 흥미가 더해지는 부분이다.

일단 다윗은 아기스를 안심시키며 자신들이 얼마나 대단한지 보여 주겠다고 말한다(28:2). 마치 이스라엘 군대를 초토화시키겠다는 각오가 담긴 듯한 말이다. 그러나 그의 속셈은 '일단은 아기스의 환심을 사 놓도록 하자.'는 것이었으리라. 한 번도 자신의 동족을 공격한 적이 없는 다윗이었기에 그렇다.

그러나 아기스의 부하 장군들은 다윗과 그의 무리에 대해 의심을 지울 수가 없었다. 그런 눈으로 보니 전투 배치 자체부터 불안했다. 그들은 다윗과 그 부하들을 '히브리인'이라 부르며(29:3) 다윗의 부하들이 왜 자신들 뒤에 있는지 의문을 품었다. 여기서 말하는 '히브리인'은 타국인들이 이스라엘 사람들을 폄하하는 이름으로 사용하는 용어였다. '떠돌아다니는 뿌리 없는 무리들'이라는 투의, 그들을 무시하는 태도가 담겨 있는 표현이었다.

후미에 배치된 다윗과 그의 부하들이 혹시라도 앞의 적과 합하여 협공할 수도 있다는 가능성을 배제할 수 없기에, 그들은 뒤통수가 매우 가려운 전열에 대해 걱정한다. 불만과 염려가 들끓기 시작한다. 하는 수 없이 아기스는 다윗을 불러 전투에 참여할 수 없는 이유를 설명한다.

"아기스가 다윗을 불러 그에게 이르되 여호와께서 살아 계심을 두고 맹세하노니 네가 정직하여 내게 온 날부터 오늘까지 네게 악이 있음을 보지 못하였으니 나와 함께 진중에 출입하는 것이 내 생각에는 좋으나 수령들이 너를 좋아하지 아니하니"(29:6).

아기스의 표현을 보면 다윗이 얼마나 주도면밀하게 자신의 참모습을 감추어 왔는지 짐작할 수 있다. 동족과 싸울 수밖에 없는 상황이 벌어지면 어떻게 하나 고민 중이던 다윗에게 뜻밖의 방법으로 손쉽게 문제가 해결된다. 다시 한 번 주인공인 다윗은 위기를 벗어난다.

그런데 아기스의 설명에 다윗은 의외의 반응을 보인다. 못 이기는 척하며 태연히 받아 주어도 될 것을 오히려 매우 불공평하다는 듯 불만을 토로한다.

"다윗이 아기스에게 이르되 내가 무엇을 하였나이까 내가 당신 앞에 오늘까지 있는 동안에 당신이 종에게서 무엇을 보셨기에 내가 가서 내 주 왕의 원수와 싸우지 못하게 하시나이까"(29:8).

"도대체 내가 잘못한 게 뭡니까?" 하며 항의하는 듯한 모습을 보인다. 다윗의 치밀한 속셈에 넘어간 아기스는 예상했던 대로 '다윗은 충복이구나.' 하고 결론을 내린다. 그리고는 흐뭇한 미소를 지으며 다윗을 동정하며 떠나도록 명령한다.

다윗은 블레셋 편에서 보면 철저한 이중인격자이지만, 이스라엘 편에서 보면 철저한 애국자의 모습이다. 이와 같이 한 사람에 대한 평가는 이해관계에 따라 다르게 내릴 수 있다. 그러기에 다윗의 행위를 도덕적 자질과 연결시키는 것은 그 자체가 무의미할 수 있다. 이를테면 "문익점이 목화씨를 붓 뚜껑 속에 숨겨 온 것이 밀수냐, 애국이냐?"라는 질문처럼 말이다. 최근에 와서 그보다 훨씬 이전에 면직물이 존재했다는 증거가 발견되긴 했다. 그러나 일반적으로 우리가 교과서를 통해 배웠던 이야기와 연결해서 보면 관점의 차이가 다른 결과로 이끈 셈이다. 모든 것은 주어진 특수한 상황에서 취한 행위였지만, 어떤 행위든 결국 자기가 속한 편에 서는 쪽이 바른 결정이라고 할 수 있기에 그렇다.

이러한 얘기의 전개를 통해 저자는 두 가지를 동시에 분명하게 드러낸다. 다윗이 아기스의 종으로 묘사됨과 동시에 다윗의 '해외 체류'가 반역 행위가 아니라는 사실이다. 반복해서 다윗이 자신의 '주' 사울과 지속적인 관계가 드러나 있다. 블레셋 방백들의 입을 통해, 다윗 자신과 아기스의 입을 통해서까지 말이다(29:3, 10). 그뿐만 아니라. 어울리지 않게 이교도인 아기스의 입에서 여호와를 향한 서약까지 나온다(29:6). 다윗이 위기를 모면한 사실이 단순히 다윗에게 닥친 행운에 불과한 것이 아니라 하나님의 섭리였음을 보게 하는 것이다. 로마서 8장 28절 말씀이 다시금 떠오르게 하는 부분이다.

"우리가 알거니와 하나님을 사랑하는 자 곧 그의 뜻대로 부르심을 입은 자들에게는 모든 것이 합력하여 선을 이루느니라."

최악의 상황에서 최선을 이끌어내는 다윗의 리더십

위기를 모면한 다윗과 그의 무리들은 가족들이 기다리는 시글락으로 돌아온다. 그런데 이게 웬일인가? 그들이 발견한 것은 연기와 파편으로 가득한 마을의 모습뿐이었다. 그들이 시글락을 비운 사이 아말렉 사람들이 그곳을 쳐서 마을을 불사르고, 사랑하는 가족들을 다 포로로 끌고 가 버린 것이다.

그들은 충격과 비탄에 휩싸인다. 비탄이 종종 그렇듯 분노로 이어지고, 분노는 쏟아낼 대상을 찾는다. 분노의 대상은 다른 사람이 아닌 그들의 대장인 다윗이었다. 다윗만 믿고 자기들의 인생을 맡긴 셈이었는데, 다윗 때문에 완전 쪽박 차는 신세가 되어 버렸다는 것이다. 다윗을 향한 분노는 '돌로 쳐서' 죽이자는 데까지 고조된다.

"백성들이 자녀들 때문에 마음이 슬퍼서 다윗을 돌로 치자 하니 다윗이 크게 다급하였으나 그의 하나님 여호와를 힘입고 용기를 얻었더라"(30:6).

'어떻게 이들이 이렇게까지 할 수 있을까?' 하고 반문할 수 있을 것이다. 그것은 소위 다윗을 따르던 시글락 공동체의 구성원들이 보인 실상이었다. 위기를 만나면 그 사람의 참모습이 나온다고 했다. 원래 불만이 가득하여 자신이 있던 곳을 버리고 다윗에게로 온 '어중이떠중이들의 모임', 그 원래 모습이 그대로 드러난 것이다.

항상 그렇듯 큰 재앙은 사람을 최선으로 만들든지 아니면 최악으로 만든다. 시글락에 닥친 재앙은 우선 사람들을 최악으로 만들어 버린다. 그들에게 닥친 아말렉 재앙은 그들의 집과 가족뿐 아니라 그 동안 서서히 형성되어 온 그들의 신앙마저 초토화시키고 말았던 것이다. 28장에서 다급해진 사울왕이 결코 해서는 안 될 초혼술을 사용한 것 같이 위기 앞에 최악의 상태로 추락하는 모습이다.

그러나 다윗은 같은 재앙으로부터 오히려 최선을 끄집어낸다. 다윗은 어떻게 보면 말도 안 되는 일이 벌어지는 이런 상황에서 하나님 여호와를 힘입고 용기를 얻는다. 많은 이들이 선택할 수 있는 실망과 절망에서도 불평불만 가운데로 빠지기를 거부했던 것이다. 그를 죽이려고까지 한 군중들을 원망하지도 않는다. 그는 무엇보다 먼저 하나님을 신뢰하고 기도함으로 힘을 얻었다.

다윗은 영적 멘토인 아비아달을 찾아가 조언을 구한다. 온통 허물어져 내리는 외부 세계를 뒤로 한 채, 골방으로 들어가 자신의 영적 정체성과 기초를 회복하고 귀한 교훈을 얻는다. 기도와 영적 조언을 얻은 그는 빼앗긴 여자와 아이들을 되찾아오기 위해 길을 떠난다.

만일 우리가 잘못 돌아가고 있는 이 세상에 대해 무언가를 하려 한다면, 무리들이 선택한 분노가 아니라 영적 기초에서 일을 시작해야 한다.

스웨덴의 GDP와 상장 기업의 시가 총액 1/3을 차지하는 발렌베리(Wallenberg)라는 재벌이 있다. 이 스웨덴의 최대 재벌 가문의 3대 경영자인 마르쿠스 발렌베리는 "선장(船長)이 우선이고 배는 그 다음이다. 아무리 엉망인 기업도 CEO가 유능하면 살려낼 수 있다."는 유명한 말을 남긴다. 기업의 성패는 '경영자의 능력'에 달려 있다는 발렌베리 그룹이 고수하는 원칙인 것이다. 어느 영역이건 리더십이 얼마나 중요한가를 잘 보여 준다. 그 중에서도 **영적 리더십은 진정 '영적'일 때 빛을 발함을** 잊지 말아야 한다.

훌륭한 리더십은 자비함과 선함의 열매로 이어진다

끌려간 가족들을 찾아 떠나는 다윗의 사람 600명은 지칠 대로 지치고 사기가 바닥으로 떨어졌을 것이다. 얼마나 지쳐 있었던지 24km 정도를 이동한 지점인 브솔

시내에 그들이 도달했을 때, 3분의 1에 해당하는 200명은 완전히 탈진 상태에 빠졌다.

이들의 상태를 표현하는 '피곤했다'라고 번역된 동사는 30장에서 10절과 21절에 두 번 나온다. 같은 어근을 지닌 한 명사가 '시체'를 의미하는 것을 생각해 볼 때 이들의 상태가 어땠는지 가늠할 수 있다. 몸도 마음도 완전히 지쳐 초주검에 가까운 상태인 것이다. 더 이상 이동이 불가능한 이들을 그곳에 놔두고 나머지는 아말렉 군대를 찾기 위해 행군을 계속한다.

다윗의 사람 600명이 아말렉 군대를 찾아 황량한 사막지대로 들어가는 중이었다. 이때 길가에 반쯤 죽은 채 버려진 병든 이집트인 하나를 발견했다. 그는 아말렉 왕의 종이었지만 병들어 성가신 존재가 되자 무리에서 버림받은 자였다. 복수의 길을 가고 있는 이스라엘 군인들에게 달갑지 않은 존재였을 것이다. 이집트인도 지친 이스라엘 군인들에게 자비를 바라는 것은 상상도 할 수 없었을 것이다. 그러나 예상을 뒤엎고 다윗은 이 '애굽 소년'(30:13)을 그냥 지나치지 않는다. 오히려 3일 동안 아무 것도 먹지도 마시지도 못한 소년은 다윗의 보살핌을 받는다. 마치 신약의 '선한 사마리아인' 이야기를 구약 버전으로 읽는 듯하다. 자기를 이용하다가 버린 아말렉 왕과는 달리 은혜를 입은 소년은 아말렉을 '그 군대(원문을 보면 '강도 떼'라는 의미)'(30:15)라고 부르는 다윗에게 동조하여 강도 떼가 있는 곳으로 인도하겠나고 한다.

소년은 은혜에 보답하려는 마음으로 아말렉 군대의 거처를 알려 준다. 장소에 도착해 보니 땅거미가 내리는 시간이었고, 잔치는 최고

조에 달해 있었다. 아말렉 군대는 시글락을 포함한 여러 마을에서 노략해 온 음식과 음료로 잔치를 벌였다. 약탈한 곳에서 아주 멀리 떨어진 곳이었기에 안심이 되어선지 보초도 세워 두지 않은 상황이었다. 넋 놓고 마셔서 곤드레만드레 취한 그들을 치는 일은 식은 죽 먹기였을 것이다.

결국 다윗과 그 무리는 약탈당한 모든 것을 완벽하게 되찾았다. 그뿐 아니라 다른 마을에서 약탈해 왔던 많은 양떼와 소떼도 덤으로 얻는다. 이들은 이제 기쁨에 겨워, 모든 것을 다윗의 공로로 돌리며 큰소리로 '다윗의 전리품이다!'(30:20)라고 외친다. 얼마 전까지만 해도 다윗을 향해 살기등등했음에도 불구하고.

승리감에 도취하여 시글락으로 돌아가던 400명은 200명의 동료가 남아 있던 시내에 도착한다. 승리해서 돌아온 다윗은 그들과 함께 얼마나 기뻐했을까? 문제는 400명 중에 자신들의 몫이 더 커야 한다고 주장하는 무리들이 있었다는 것이다. 이들은 약한 동료들과 전리품을 나누어 갖자는 말에 반발한다.

"다윗과 함께 갔던 자들 가운데 악한 자와 불량배들이 다 이르되 그들이 우리와 함께 가지 아니하였은즉 우리가 도로 찾은 물건은 무엇이든지 그들에게 주지 말고 각자의 처자만 데리고 떠나가게 하라 하는지라"(30:22).

여기서 '공정한 분배'를 요구했던 이런 이들을 '악한 자와 불량배'라고 부르는 것이 눈에 띈다. 공동체 의식을 간과하며 이기적 욕심에 취한 그들에게 붙여진 적절한 표현이다.

그때 다윗이 나선다.

"형제들아 여호와께서 우리를 보호하시고 우리를 치러 온 그 군대를 우리 손에 넘기셨은즉 그가 우리에게 주신 것을 너희가 이같이 못하리라 이 일에 누가 너희에게 듣겠느냐 전장에 내려갔던 자의 분깃이나 소유물 곁에 머물렀던 자의 분깃이 동일할지니 같이 분배할 것이라"(30:23-24).

누가 전쟁에서 싸우시며 승리로 이끄시는가에 관해 다시금 기억나게 하는 다윗의 선언이다.

이러한 이야기는 다윗에 대한 이해를 더해 준다. 믿음의 사람임과 동시에 무엇보다 자신 앞에 놓인 것을 위해선 물불 가리지 않는 열정(passion)의 사람이라는 사실 말이다. 또한 관대함과 자비(compassion)가 풍성한 사람임을 보여 준다. 버려진 이집트의 종뿐 아니라 브솔 시내에서 지쳐서 남겨진 이들을 방어해 주는 그의 행동을 보면 알 수 있다. 더 나아가 다윗은 부수적으로 획득한 전리품을 자신이 취하기보다는 유다의 장로들과 거기 있던 동포들에게 보낸다. 나중에 다윗의 기름 부음으로 이어질 지역들이다(삼하 2:1-4; 삼하 5:3).

다윗의 이러한 행동을 보면서 예수 그리스도가 하신 말씀을 연결시켜 본다.

"나무는 각각 그 열매로 아나니 가시나무에서 무화과를, 또는 찔레에서 포도를 따지 못하느니라"(눅 6:44).

선한 리더는 선한 열매를 낳고, 그 선한 열매로 인하여 더욱더 큰 리더로 성장하게 되는 것이다.

전체적으로 하나님이 다윗에게 기름 부으셨기에 모든 전쟁의 결과까지 책임지신다는 것이 저자의 강조점이다. 그러기에 사무엘상의 가장 끝부분에 나오는 사울의 최후의 실패를 다루기 바로 직전에 다윗의 성공적인 군사 작전을 묘사하고 있는 것은 우연이 아니다. 다윗이야말로 하나님을 의지하며 나아가고 있는 왕에게 어울리는 특징과 행동을 지녔음이 분명하다. 우리 사회 속에서 선한 리더십을 발휘하는 모든 이들 위에 하나님의 은혜와 축복이 풍성하게 임할 것을 기대한다.

죽음이 가르쳐주는 삶의 지혜

의미 없는 죽음이란 없다
(사무엘상 31장-사무엘하 1장)

얼마 전까지 세계 최고 명문대 인기 강의들이 서적으로 판매되어 세간의 관심을 끌었다. '정의'나 '행복'과 같은 추상적인 개념의 책들뿐 아니라, '죽음'이라는 주제를 다룬 예일대학교의 셸리 케이건 교수의 책도 그 중에 하나다. 물론 그의 책에 담긴 주장은 기독교에서 말하는 죽음과는 견해 차이가 크다. 하지만 죽음이라는 주제에 사람들이 관심을 갖게 만든다는 점에서 의의가 있다고 생각한다. 인간은 어느 누구도 예외 없이 죽는 존재이기에 죽음을 어떻게 준비하는가에 따라 삶에 대한 평가가 달라질 수도 있기 때문이다.

일본의 여류 작가인 미우라 아야꼬는 젊을 때 요양원에서 투병생활 중 예수님을 만났고, 인생의 끝부분에서는 육신의 고통으로 남편의 대필로 생활을 했다. 죽음에 대해 자신에게 남겨진 '마지막 사명'이라고 말했다. 그녀의 고백은 깊은 울림을 준다. 어떤 이는 "죽음을 삶의 관점에서 보기보다는 죽음의 관점에서 삶을 보라."고 했다. 공감이 가는 말이다. 죽음에 대한 올바른 이해가 삶을 더욱더 의미 있고 풍요롭게 만들기 때문일 것이다.

이번 이야기는 다윗의 인생에서 새로운 장이 열리는 순간을 다루고 있다.

아무 죄도 없는 자신을 괴롭혀 온 사울왕이 죽는다. 사울의 아들이었으나 자신에게 영원한 '소울 메이트(soul mate)'인 요나단 또한 죽임을 당한다. 요나단의 죽음으로 다윗은 슬펐겠지만, 사울의 죽음은 홀가분했을 것 같다. 더 이상 사울로 인해 도망 다닐 필요도 없게 되었기 때문이다. 그리고 자신은 여호와의 기름 부음을 받은 자로서 드디어 왕이 될 수 있는 길이 열리는 순간이기 때문이다. 그러나 그 둘의 죽음을 대하는 다윗의 자세를 보며, 우리는 다른 이들의 죽음을 대하는 귀중한 교훈을 얻게 된다.

삶뿐 아니라 죽음도 남겨진 마지막 사명이다

사울은 한때 이스라엘 민족에게 영웅이었다. 그러나 다윗의 등장 이후 악역으로 전락해 버린 사울왕에게 최후의 순간이 다가온다. 자신의 군대가 패배하고 요나단을 포함한 아들들이 전사한 상황에서 블레셋 궁수들과 맞닥뜨린 것이다. 그리고 그들이 쏜 화살 하나로 사울이 큰 부상을 당한다(31:3). 죽음을 예견한 그는 '할례받지 못한 자들'에게 죽임을 당하는 수치를 당하지 않기 위해 자신의 신하에게 자기를 죽여 달라고 요청한다. 그의 충복이 선뜻 행하지 못하자 사울은 자신의 검에 넘어짐으로써 스스로 목숨을 끊는다.

그의 병기 나르는 자 또한 그 뒤를 따라 죽음으로 마지막 순간까지 충성을 다한다. 충성스런 신하의 영웅적 분위기까지 더해져, 사울의 죽음을 다루고 있는 마지막 장면은 인상적이다. 사울과 그의 세 아들과 그의 무기를 든 자와 그의 모든 부하들이 그날 함께 죽임을 당한 것이다. 이 전쟁의 결과를 보면서 사울의 마지막 순간은 독자들에게 연민을 느끼게 만든다.

그가 죽은 다음날, 블레셋 사람들이 죽은 자들의 물건을 거두려 왔다가 사울과 그의 아들들이 길보아 산에서 죽어 있는 것을 발견한다(31:8). 특별히 그중에서도 사울의 주검을 그대로 놓아두지 않는 것은 당연한 일이었다. 그들은 그의 갑옷을 벗겨 자신들의 신인 아스다롯의 신전에 가져왔고, 사울의 머리를 잘라내고 몸통을 못 박아 벧산 성벽에 걸어 놓는다(31:9-10). 자신들의 신들과 백성이 함께 사울의 종말을 경축함과 동시에 시신을 훼손시킴으로써 모욕을 가하고자 한 것이었다. 사울의 머리를 자른 블레셋 사람들을 보며, 다윗이 그들의 영웅 골리앗의 머리를 잘랐던 것이(삼상 17:51) 떠오른다. 그들은 마치 자신들의 영웅이었던 골리앗의 머리를 자른 것처럼 이스라엘의 왕이며 한때 이스라엘 백성의 '영웅'이었던 사울에게도 동일하게 행한 것이다.

사울이 죽은 이후 블레셋 족속들의 위세가 7절에 잘 묘사되어 있다.

"골짜기 저쪽에 있는 이스라엘 사람과 요단 건너쪽에 있는 자들이 이스라엘 사람들이 도망한 것과 그의 아들들이 죽었음을 보고 성읍들을 버리고 도망하매 블레셋 사람들이 이르러 거기에서 사니라."

한마디로 표현하자면 블레셋 족속이 이스라엘의 성읍들을 점령할 정도로 사울 왕권의 마지막 순간에 블레셋의 군사적 우위는 거의 처음과 다를 바 없이 높아진 상태가 되었던 것이다. 블레셋 족속은 이스라엘 들판과 요단 강 일대를 점령했고, 남쪽의 중앙 산지만이 여전히 이스라엘 수중에 남아 있었다.

이는 다윗의 또 다른 사명을 보여 주고 있는 듯하다. 자신을 죽이려 쫓아다니던 사울은 사라졌지만, 사울을 제거한 블레셋 인들이 그에게 새로운 도전으로 부상한 것이다. 이제는 이들과의 전쟁을 통해 이스라엘 왕국을 세워가야 할 다윗의 몫인 셈이다.

사울이 선택한 죽음에 대한 윤리적 평가는 이야기 속에 나와 있지 않다. 오히려 그는 수치스런 죽임을 당하기보다는 유일한 방법으로 스스로 목숨을 끊었음을 보여 줄 뿐이다. 사울의 삶은 다윗으로 인해 열등의식에 빠진 이후 엉망진창이었다. 때로 초라할 뿐 아니라 비참할 정도로 약해 보인다. 그러나 죽음을 맞는 그의 모습은 오히려 장렬하게 보일 정도다. 물론 그가 선택한 자살을 칭찬하거나 정당화하고자 하는 것은 아니다. 단순히 그의 죽음을 보며 그의 삶을 다시 보게 만든다는 점을 지적할 뿐이다. 그런 의미에서 미우라 아야꼬가 말했듯이 죽음까지도 사명이 될 수 있다는 생각을 하게 된다.

삶뿐 아니라 죽음도 가볍게 여기지 말아야 한다

사무엘하는 '사울이 죽은 후'라는 구절로 시작한다. 이제부터는 사울과 무관한 다윗의 이야기가 전개될 것을 예고하는 듯하다. 하지만 다윗의 새로운 삶은 사울의 죽음과 연관하여 시작된다.

아멜렉 사람이 등장하여 자신이 사울왕의 안락사를 도왔다고 주장한다. 사무엘상 31장을 읽은 독자들은 사울이 자살한 것이지, 아말렉 사람이 그를 죽임으로 '자비(?)'를 베푼 것이 아니라는 사실을 안다. 사울이 블레셋 사람의 손에 죽기를 원치 않았는데, 아말렉 사람에게 죽고자 했겠느냐고 반문하고 싶게 만든다. 하지만 다윗으로선 당시 아말렉 사람의 보고를 액면 그대로 받아들일 수밖에 없었다. 아이러니컬하다고 할까. 아니면 불길함을 암시하고 있는 것일까. 시글락을 쑥대밭으로 만들고 여인들과 자녀들을 사로잡아 간 아말렉 사람들을 복수하고 돌아온 지 이틀 후, 도착한 이가 아말렉 사람이었다는 사실 자체가 이러한 분위기를 만들어 내고 있다.

그는 슬픈 표정을 지니고 다윗에게 거짓말을 한다. 옷을 찢고 머리에 티끌을 뒤집어 쓴 그의 모습은 그 당시의 관례적인 애도 습관을 보여 주고 있다. 그는 사울의 다른 아들들의 죽음에 대해서는 언급하지 않았다. 아마도 그는 그 사실을 몰랐을 수도 있다. 그가 사울의 아들들 중 오직 요나단의 죽음만 언급한 것은 이스라엘의 상황과 정치에 익숙해 있었음을 암시한다. 그는 왕의 신분의 상징이었던 '왕관과 팔에 있는 고리'(1:10)를 보여 준다. 그는 그것을 통해 사울 집안에서 얻을 수 있는 것보다 다윗으로부터 더 많은 것을 얻을 수 있다고 생각해 보상을 기대하며 다윗에게 그 물건들을 가져온 것이다. 그가 어디서 어떻게 그것들을 입수했는지는 나타나 있지 않다. 비록 그는 내놓고 말하지는 않았지만, 그가 취하고 있는 행동을 통하여 그의 의도가 드러난다.

그런데 아말렉 사람이 기대한 것과는 다르게 상황이 전개된다. 물론 사울의 죽음을 듣고 다윗이 기뻐할 것을 기대하지는 않았을지라도 다윗이 취한 반응은 그의 기대 밖이었을 것이다. 옷을 찢고 애통하며 슬피 울뿐 아니라 금식한다. 그뿐 아니라. "여호와의 기름 부음 받은 자 죽이기를 두려워하지 않았다"고 말하며 그를 죽여 버린다(1:14-15). "네 피가 네 머리로 돌아갈지어다"(1:16)라는 말에는 죄인의 죄책이 강조되어 있다.

다윗은 아말렉 사람을 죽임으로 두 가지를 분명히 한다. '여호와의 기름 부름 받은 자'에게 부여된 거룩성과 앞으로 또다시 하나님이 세우시는 왕을 시해할지도 모르는 가능성에 대한 명백한 경고다. 다윗 자신도 최소한 두 번 사울을 제거할 수 있었다. 그러나 그때마다 그가 그것을 거부한 이유가 여기에 나와 있다. 사울이 '여호와의 기름 부음 받은 자'였기 때문이다. 다윗은 기름 부으신 이가 하나님이시기에 그분을 두려워할 뿐 아니라, 그분에게 모든 것을 맡겼다.

자신의 유익을 위해 사울의 죽음을 이용하려 했던 한 아말렉 사람의 처참한 종말을 보며 소중한 교훈을 얻는다. 다른 이들의 삶뿐 아니라 죽음까지도 가볍게 취급해서는 안 된다는 것이다. 자신의 유익을 위해 다른 이들을 이용하기를 서슴지 않는 세상에 경종을 울려 준다.

죽음은 삶을 재조명할 기회를 준다

다윗은 아말렉 인을 처벌한 후 그의 슬픔을 시로 표현한다. 장례 애가 혹은 장송가라고 불리는 그의 추도사에는 사울과 요나단의 죽음을 향한 그의 슬픔이 배어 있다.

비탄에 젖어 가슴 아파하고 있는 다윗의 모습을 그려 보면, 그들을 사랑한 다윗의 마음이 절절하게 전해진다. 그의 시는 살아 있는 자들이 죽음을 어떻게 대해야 하는가를 보여 준다. 삶을 완전히 누리기 위해서는 죽음과 완전히 대면해야 한다는 것을 가르쳐 주는 것이다. 다윗이 삶을 통해서 보여 준 열정과 함께 사울과 요나단의 죽음에 대한 비탄은 그의 인생관과 가치관의 양면이다. **삶은 죽음으로 마무리되지만, 또한 죽음을 제대로 볼 때 삶을 제대로 살 수 있다.**

사울과 요나단을 향한 슬픔에 두 사람의 이름이 구체적으로 네 번 언급된다. 두 사람 모두가 이 시의 주인공임을 분명히 한다. 네 번(1:19, 21, 25, 27) 언급된 '두 용사'라는 표현은 사울과 요나단을 가리킨다. 그 중에서 특별히 세 번의(1:19, 25, 27) 그 표현은 후렴구 역할로 사용된다. 수사적 의문문으로 '어찌 그런 일이 있을 수 있는가?'라는 의미를 담고 두 사람의 죽음을 향한 안타까움을 표현한다.

사울에 대한 다윗의 슬픔은 어찌 보면 이해하기 힘들 수 있다. 아무 죄도 없는 자신을 미워하며 추격하고 끝까지 죽이기 위해 속이는 것도 서슴지 않았던 사울이기 때문이다. 힘들었던 기나긴 광야 시절은 사울로 인함이었다. 사울 때문에 위험, 역경, 외로움, 상실 등을 경험해야 했다. 그럼에도 다윗은 한 가지 가장 중요한 사실을 잊지 않았다. 사울에 대한 하나님의 기름 부음이었다. 다윗이 어떤 상황에서도 하나님의 은혜만을 바라며 기도하고 결단했던 이유다.

사울은 다윗을 힘들게 만들었지만, 결코 다윗을 파멸시키지 못했다. 만일 다윗이 사울의 증오에 적극적으로 맞서 자신의 인생행로를 결정해 나갔더라면 결과는 달랐을 것이다. **기도를 통해 자신의 고통과 분노를 하나님께 맡겼기에, 사울의 증오는 다윗을 위축시키거나 옹색하게 만들지 못했다. 오히려 대담하고 넉넉한 사람이 되는 계기를 마련해 주었다.**

요나단을 향한 다윗의 슬픔에 독자들은 온전히 공감할 수 있다. 그들의 우정은 다른 이들의 것과 비교할 수 없는 것이었다. 하지만 요나단의 아버지를 향한 한결같은 충성 또한 중요한 것이었다. 다윗도 그것을 알기에 자기 마음의 위안을 위해 요나단을 광야로 데리고 가려 하지 않았다. "사울과 요나단이 생전에 사랑스럽고 아름다운 자이러니 죽을 때에도 서로 떠나지 아니하였도다"(1:23)라는 표현 속에서 그러한 마음을 다시금 확인한다. 비록 요나단이 자신과 함께하지 않았을지라도 서로 생각하는 것 이상의 무언가에 기초를 두고 있다는 점을 분명히 한다.

그들의 우정은 서로를 '최선의 자신'이 될 수 있도록 돕는 우정이었다. '얼굴을 보지 않으면 마음도 멀어지는 사이'가 아니었기에 떨어져 있는 상황에서도 그들의 우정은 지속될 수 있었다. 그들의 우정은 서로 공유하는 가치관과 헌신으로부터 생겨난 것이었기 때문이다. 서로의 감정적 '필요'를 채워 주지 않아도 되었다. 다윗의 요나단에 대한 표현은 그들 간의 사랑과 우정이 얼마나 영혼의 깊은 곳까지 들어가 있었고 소중했는지를 잘 보여 준다.

다윗은 사울과 요나단의 죽음을 대하며 이 둘을 다르게 취급할 수 있었다. 그러나 두 이름은 다윗의 애가 속에서 대등한 위치를 차지한다. 두 사람의 죽음을 똑같이 애도하고 똑같이 고귀하게 높인다. 22절을 보면 '죽은 자의 피에서, 용사의 기름에서'라는 표현이 나온다. '피'와 함께 '기름'은 희생 제물과 연관되어 함께 사용되는 한 쌍의 단어들이다. 마치 사울과 요나단의 승리를 하나님께 드리는 희생 제물로 연상시키고 있다.

다윗은 단순히 자신의 슬픔을 시로 표현하는 것으로 그치지 않는다. 사람들에게 그 노래를 배우라고 명령한다. "그것을 유다 족속에게 가르치라 하였으니"(1:18). 상실에 담겨 있는 의미를 새기며 삶의 일부가 되게 하라는 것이다.

죽음이라는 상실은 그 자체가 최악이 아니다. 오히려 최악은 현실과 대면하지 못하고 겉도는 것이다. 진정한 최악은 존귀한 것을 하찮게 여기고 신성한 것을 모독하는 일이다. 죽음을 잊거나 대수롭지 않게 여기는 것은 비성경적이고 비인간적인 방식이다. '부인'하거나 회피하는 것으로 상실을 다루어서는 안 된다.

다윗의 모습을 통해 '제대로 슬퍼하는 법'을 배워야겠다는 생각을 하게 된다. 슬퍼하는 법을 배우지 못한다면 어떤 모습이 되어갈까? 고통과 상실, 거절과 실패에 대한 부인과 회피가 쌓여갈 수밖에 없을 것이다. 그에 따라 우리는 점점 스스로를 형편없는 존재로, 남을 하찮게 여기는 모습으로, 그리고 거짓 미소를 띤 빈껍데기로 변질되어 갈 것이다.

다른 이들의 죽음을 보며 올바로 슬퍼할 때, 우리는 우리의 삶을 바로 볼 수 있다. 죽음이 단순히 통계의 일부가 되어 버리는 사회에서 죽음이라는 상실을 제대로 보는 것이 얼마나 중요한가? 다윗의 모습에서 배우게 된다.

이야기는 이제 다윗의 인생의 반환점을 돈다. 사울과 요나단에 대한 다윗의 비탄은 일종의 전환점 역할을 한다. 여기에 나온 다윗의 비탄은 이 이야기 전반부의 모든 것이 후반부에서 계속 살아 움직이도록 해 준다. 비탄이 삶에서 죽음으로, 죽음에서 삶으로 가는 다리 역할을 하는 것이다. 본격적으로 다윗을 중심으로 이스라엘 왕국을 세워가는 이야기가 시작되는 서두에, 죽음에 대한 다윗의 태도는 다가오는 그의 삶을 준비시키고 있다.

위기 속에서 더욱 빛나는 원칙과 신의

통일의 물꼬
(사무엘하 2-4장)

얼마 전까지만 해도 '리더십'이라는 주제는 화두였다. 이제는 '팔로워십'의 중요성이 점점 더 부각되고 있다. '어떤 일이든 혼자서 다 잘할 수는 없다.'는 말 속에 담겨 있듯이 리더십과 팔로워십은 동전의 다른 면이라 말할 수 있다. 조직학자 로버트 켈리(Robert E. Kelley)는 이러한 생각을 잘 담아 전달한다.

"조직의 성공에 리더가 기여하는 것은 많아야 20% 정도다. 나머지 80%는 팔로워들의 기여다."

팔로워십이 리더십을 얼마나 잘 받쳐 주느냐에 따라 리더십의 성공을 좌우한다는 얘기다. 그중에서도 특히 핵심 참모의 중요성은 삼국시에 나오는 '유비의 내업을 위한 제갈공명의 존재감'에 비유해 볼 수 있을 것이다.

사울이 죽은 후 다윗의 눈앞에 이스라엘의 통일이라는 과제가 놓인다. 그는 우선적으로 하나님의 인도를 구하여 헤브론에 정착해 유다 족속의 왕이 된다. 그러다 보니 이스라엘은 자연스럽게 다윗의 통치 지역과 사울의 아들인 이스보셋이 다스리는 두 개의 지역으로 나뉘지게 된다. 다윗이 속히 기브온으로 가서 사울의 위치를 차지하지 않았기에 벌어진 당연한 결과였다. 그러는 중에 다윗은 사울의 죽음을 슬퍼하며 장사를 지내 준 길르앗 야베스 사람들을 칭찬하기도 한다.

"다윗이 길르앗 야베스 사람들에게 전령들을 보내 그들에게 이르되 너희가 너희 주 사울에게 이처럼 은혜를 베풀어 그를 장사하였으니 여호와께 복을 받을지어다"(2:5; 참조, 삼상 31:11-13).

다윗이 신뢰 구축을 통해 실질적인 영향력 확대로 이어지도록 지혜롭게 미래를 준비하고 있는 모습이다.

그의 '차분한 통치력' 때문이었는지, 아니면 가드 왕과의 친분이 있어서인지 심지어 블레셋과의 전쟁이 7년 이상이나 일어나지 않았다. 물론 가드 왕은 다윗의 세력과 사울의 아들인 이스보셋의 세력 쌍방간의 적대 관계가 자신에게 유리하기에 방치했을 수도 있었을 것이다. 하지만 이렇게 '두 임금이 지배하는 한 나라의 시대'는 영원할 수 없었다. 통일의 물꼬가 어떻게 트일까를 기다리는 독자들 앞에 두 지역의 2인자들이 등장한다. 그리고 이들 간의 악연이 변화의 시작점이 되어 버린다.

기회주의적 2인자 아브넬

가장 다루기 힘든 사람 중 하나가 처세술에 능한 사람일 것이다.

기회주의적 기질이 다분한 아브넬과 같은 이가 그 부류에 속한다. 다윗이 유다 지파의 왕이 되자, 아브넬은 나머지 지파들을 모아 "사울의 아들 이스보셋을 데리고 마하나임으로 건너가… 왕으로 삼은 자"였다(2:8-9). 겉으로 보기에 2인자였지만, 뒤에서 이스보셋을 조정하는 실제적인 권력자는 아브넬이었다. 그것도 사울이 죽은 후 수년 동안 직접 앞에 나와 권력을 행사하고 있었던 것 같다. 그러다가 어찌할 수 없는 상황에서 마지못해 이스보셋을 왕으로 세운 듯하다. 2장 10절에 말하고 있듯이 햇수로 '두 해'라는 말을 통해 추측해 볼 수 있다. 다윗이 7년 6개월 동안 유다 족속의 왕이었으니 이스보셋은 그가 죽음을 맞이하기(4:5-7) 마지막 2년 동안 비록 형식적일지라도 왕의 위치에 있었던 것이다.

이스보셋을 앞세우고 나서도 왕이라는 소리만 안 들었지 실질 권력은 아브넬에게 있었다. 3장을 보면 심지어 사울왕의 후궁이었던 여인을 범하는 일까지 자행한다(3:7). 그 당시에 왕위 계승자는 전 왕의 아내나 첩을 취하는 관례가 있었다. 그러기에 이러한 행위는 본인이 왕이라는 것을 간접적으로 분명하게 선포하는 것이나 다름없었다. 나중에 다윗왕의 아들 압살롬도 쿠데타를 일으킨 뒤 가장 먼저 한 일이다. 아버지의 후궁들을 범함으로 자기가 왕이라는 사실을 만민에게 보여 주고자 했던 것이다.

"이에 사람들이 압살롬을 위하여 옥상에 장막을 치니 압살롬이 온 이스라엘 무리의 눈앞에서 그 아버지의 후궁들과 더불어 동침하니라"(삼하 16:22).

이스보셋은 아브넬의 그러한 행위에 대해 따져 묻는다. 하지만 오히려 적반하장 격으로 아브넬은 이스보셋을 나무란다. 자신을 마치 동네 개처럼 함부로 취급한다고 역정을 낸다. 자신이 얼마나 열심히 섬겨 왔는데 이런 취급을 받느냐고 따지면서 말이다.

"내가 유다의 개 머리냐 내가 오늘 당신의 아버지 사울의 집과 그의 형제와 그의 친구에게 은혜를 베풀어 당신을 다윗의 손에 내주지 아니하였거늘 당신이 오늘 이 여인에게 관한 허물을 내게 돌리는도다"(3:8).

연이어 다윗이 결국 모두의 왕이 될 것이라는 예언과 연관하여 맹세하며 말한다.

"여호와께서 다윗에게 맹세하신 대로 내가 이루게 하지 아니하면 하나님이 아브넬에게 벌 위에 벌을 내리심이 마땅하니라 그 맹세는 곧 이 나라를 사울의 집에서 다윗에게 옮겨서 그의 왕위를 단에서 브엘세바까지 이스라엘과 유다에 세우리라 하신 것이라"(3:9-10).

그 예언을 믿어서였는지, 아니면 다윗 쪽에 미래가 더 있다고 생각했는지 이때부터 아브넬은 이스보셋의 땅을 다윗에게 넘기려는 음모를 꾸민다. 본인이 살아남고 권력을 행사할 수 있는 방향으로 일을 추진하기 시작한 것이다.

세월이 지나갈수록 한쪽이 쇠퇴하고 대조적으로 다른 쪽은 흥하니 어찌 보면 기회주의자 아브넬에겐 당연한 선택이었을 것이다. 군사력을 포함한 모든 것이 기울어져 미래가 없었다.

"사울의 집과 다윗의 집 사이에 전쟁이 오래매 다윗은 점점 강하여 가고 사울의 집은 점점 약하여 가니라"(3:1).

그는 결국 다윗을 찾아가서 남북통일에 대해 협상한다. 엄연히 북쪽의 수반이 이스보셋임에도 불구하고 아무런 상의도 하지 않고 이런 엄청난 일을 진행한다. 자신과 언약을 맺으면 자신이 온 이스라엘을 다윗에게 돌아가게 하겠다고 말이다.

"당신과 나와 더불어 언약을 맺사이다 내 손이 당신을 도와 온 이스라엘이 당신에게 돌아가게 하리이다"(3:12).

통일 후 자신의 몸보신과 더불어 한 자리 차지하는 것에 대한 담보를 요구하면서 남북통일에 대해 협상한 것이다. 아브넬은 민족과 국가를 생각하지 않고 오로지 자기 이익만 탐하는 전형적인 이기주의자다.

다윗은 아브넬의 조건을 수락하고, 둘은 계약을 맺는다. 아마 남북 통일이 되면 군대 총사령관에 대한 자리를 확보해 놓았을 것 같다. 아브넬은 다윗의 약속을 받은 뒤, 북이스라엘의 여러 지파 지도자들과 상의하고 동의를 받아낸다(3:17-19). 여기서도 역시 허수아비 이스보셋왕은 배제된 채 말이다. 모든 것이 그가 원하는 대로 척척 진행되는 듯하다. 아니, 이러한 음모가 지나칠 정도로 수월하게 진행되는 느낌이 들 정도다. 그러나 서서히 기회주의자의 꼬인 운명이 드러나기 시작한다.

요압, 공과 사를 구분 못하는 또 다른 2인자

드디어 '통일축제 전국민 한마당'을 개최하며 다윗 왕조가 시작되는 순간이 다가온다. 그러나 다윗이 왕인 유다 측에도 이스라엘의 아브넬 같은 사람이 있었다. 2인자, 다윗왕의 누이의 아들 요압 장군이다. 지금까지 가장 가까운 곳에서 다윗을 보필하고 전쟁에 임한 훌륭한 장군이었다. 그렇게 충성스럽게 다윗과 함께해 온 그가 이렇게 중요한 순간에 엄청난 일을 저지른다.

문제는 요압과 아브넬 둘 사이의 관계에서 시작된다. 둘은 2인자들로서 통일 이후 정적일 수밖에 없는 사이다. 그런 미묘한 입장보다 더 중요한 것은 이 둘 간에는 간과하기 힘든 과거가 있었다. 바로 요압의 동생이 아브넬의 창에 찔려 죽었던 것이다. 2장에 기록되어 있듯이 이스라엘과 유다 간의 전쟁 중에 발생한 일이었다. 민첩하기로 유명했던 사랑하는 동생 아사헬이 아브넬을 쫓다가 그에게 죽임을 당한 것이다. 아브넬이 아사헬을 죽이자, 복수하려고 다른 형제인 아비새와 같이 아브넬을 추격했던 경험이 요압에게 생생하게 떠오르는 상황이었다.

한마디로 아브넬은 요압 집안의 원수였던 것이다. 요압은 그런 원수가 자기 자리를 밀어내고 통일 이스라엘의 군대 총사령관이 되는 것을 눈뜨고 보는 일은 쉽지 않았을 것이다. 한편으론 이해가 되는 상황이다. 그러나 중요한 것은 통일이라는 거대한 사건을 눈앞에 놓고 사적인 감정을 어떻게 다스리는가 하는 것이다.

요압은 복수에 눈이 멀어 소인배의 길을 택한다. 다윗왕과 모든 계약을 맺고 돌아가고 있는 아브넬을 다윗의 허락도 없이, 다시 헤브론으로 돌아오도록 전령을 보내 성의 음침한 곳으로 불러내어 살해한다.

"아브넬이 헤브론으로 돌아오매 요압이 더불어 조용히 말하려는 듯이 그를 데리고 성문 안으로 들어가 거기서 배를 찔러 죽이니 이는 자기의 동생 아사헬의 피로 말미암음이더라"(3:27).

살해 이유로 여러 가지를 생각해 볼 수 있을 것이다. 위에서 지적하였듯이 동생에 대한 복수심과 군대총사령관이 된 아브넬의 밑에서 부하가 되는 것을 용납할 수 없는 마음이 생겼을 수도 있다. 그뿐 아니라 평소부터 지니고 있는 아브넬에 대한 불신도 생각해 볼 수 있다. 이에 더해 통일이라는 국가 대사를 논의하는 협상 테이블에 본인은 없었다는 섭섭함의 표현이었을 수도 있다.

이미 다윗은 그 위험성을 알았던 것 같다. 혹시 일어날 수 있는 불상사를 미연에 방지하기 위해, 아브넬이 방문할 경우 요압을 의도적으로 다른 곳으로 보내거나 그가 없는 사이에 아브넬과의 만남을 추진한다.

"다윗의 신복들과 요압이 적군을 치고 크게 노략한 물건을 가져오니 아브넬은 이미 보냄을 받아 평안히 갔고 다윗과 함께 헤브론에 있지 아니한 때라"(3:22).

요압의 행동에 대해서 독자들이 이런저런 추측을 할 수 있겠지만, 성경은 동생의 죽음에 대한 복수가 핵심이었다고 지적한다.

"요압과 그의 동생 아비새가 아브넬을 죽인 것은 그가 기브온 전쟁에서 자기 동생 아사헬을 죽인 까닭이있더라"(3:30).

요압이 어떤 종류의 인간인가를 보여 주는 구절이다. 민족 통일이라는 대사를 눈앞에 두고 개인적 감정을 앞세워 왕의 뜻마저 무시할 뿐 아니라, 왕의 뜻에 반하는 행위를 할 수 있는 신뢰하기 힘든 인물임을 알 수 있다.

아브넬의 죽음에 다윗이 전혀 개입되지 않았다는 사실은 21-23절에 반복해서 나오는 '평안히'라는 단어를 통해 강조되고 있다. 자신과 통일에 대한 언약을 맺은 아브넬의 예상치 않은 죽음으로 인해 통일 왕국의 꿈은 위기를 맞는다. 먼저 다윗은 자신의 무고함에 더해 요압의 집안을 저주한다. 저주의 내용이 엄청나다.

"그 죄가 요압의 머리와 그의 아버지의 온 집으로 돌아갈지어다 또 요압의 집에서 백탁 병자나 나병 환자나 지팡이를 의지하는 자나 칼에 죽는 자나 양식이 떨어진 자가 끊어지지 아니할지로다 하니라"(3:29).

이러한 저주 이후 '어떻게 다윗이 계속해서 그에게 의존하고 심지어 그를 군대장관의 자리에 그대로 놓아두었을까?' 하는 의문이 생길 정도다. 거기에는 이유가 있었다. 다윗은 요압 형제들을 마음대로 하기에는 부담이 있었던 것이다.

"내가 기름 부음을 받은 왕이 되었으나 오늘 약하여서 스루야의 아들인 이 사람들을 제어하기가 너무 어려우니 여호와는 악행한 자에게 그 악한 대로 갚으실지로다 하니라"(3:39).

이를 통해 다윗이 요압 형제의 대단한 권세에 얼마나 부담을 느끼는지 짐작할 수 있다. 그럼에도 그 죄의 대가를 반드시 지불해야 한다는 점을 분명히 말하고 있다.

물론 다윗은 자신이 왕으로 있는 동안 요압 형제들에게 죄의 대가를 치르게 하지 못한다. 그렇다고 잊어버리지도 않는다. 결국 죽음을 앞두고서야 솔로몬에게 부탁한다.

"스루야의 아들 요압이 내게 행한 일 곧 이스라엘 군대의 두 사령관 넬의 아들 아브넬…에게 행한 일을 네가 알거니와 …네 지혜대로 행하여 그의 백발이 평안히 스올에 내려가지 못하게 하라"(왕상 2:5-6).

2인자였던 요압의 힘이 지나치게 컸기에 다윗이 통치 중 부담을 느꼈다는 사실을 엿볼 수 있는 부분이다.

다윗은 연이어 아브넬의 죽음에 대해 애도하면서 마치 자식이 죽은 것같이 슬퍼한다. 식음을 전폐하며 통곡한다. 아브넬의 죽음에 대한 그의 비통함을 본 모두가 다윗의 순수한 마음을 알게 된다. 더불어 아브넬이 죽게 된 것이 다윗 때문이 아니라는 점을 확실하게 만든다.

통일을 이루기 위해서 다윗은 모든 이들에게 신임을 얻어야 했다. 그렇지 않았다면 베냐민 지파를 포함하여 아브넬의 말을 듣고 동조한 모든 장로들이 다윗을 신뢰할 수 없었을 것이다. **오해를 받고 있을 때는 진심을 행동으로 보여 주는 것이 최상의 방법이라는 사실을 배운다.** 사석 감정에 이끌리어 어리석은 일을 저지른 2인자로 인해 모든 것이 수포로 돌아갈 수 있었던 위기는 이렇게 극복된다.

허수아비 왕 이스보셋의 죽음

다윗이 통일 왕국을 이루기 위해선 넘어야 할 또 다른 큰 산이 남아 있다. 바로 이스보셋이라는 사울의 아들과 요나단의 아들 므비보셋이다.

두 사람 모두 이름에 '보셋'이 포함되어 있는데, 이는 '부끄러움'이라는 의미를 지닌 '보세트'라는 단어에서 온 것이다. 그러기에 이스보셋은 '부끄러움의 사람'이라는 의미를, 므비보셋은 '부끄러움을 없애는 자'라는 의미를 지니고 있다. 4장에서 소개된 므비보셋은 육체적인 장애로 인해서 더 이상 사울이나 이스보셋의 계승자가 될 수 없다는 사실을 간접적으로 시사해 준다. 더욱이 그의 연소함(그는 사울이 죽을 당시에 겨우 다섯 살이었음)이 왕위를 계승하는 데 또 하나의 걸림돌이 된다는 것을 보여 준다.

앞에서 보듯이 이스보셋은 사울의 아들로, 아브넬에 의해 허수아비 왕으로 세워진 사람이었다. 실제 권력을 쥐고 있던 아브넬이 요압에게 살해당한 후, 이스라엘의 정국은 급속하게 불안정해진다. 유다 지파를 제외한 이스라엘에 속한 각 지파의 지도자들이 아브넬의 영향권에 있었기 때문에 나라에 대한 걱정도 커졌을 것이다.

정국의 불안을 해결할 능력이 없는 이스보셋에 대한 불만을 지닌 세력이 드디어 행동을 취하기 시작한다. 그들은 이스보셋을 가까이서 경호하던 이들이었다(4:2). 림몬의 아들들이라고 소개된 군대 지휘관 두 명이 그가 낮잠 자는 틈을 타 암살해 버린다.

"그를 쳐죽이고 목을 베어 그의 머리를 가지고… 헤브론에 이르러"(4:7-8).

그리고 다윗을 찾아가 이스보셋의 머리를 보여 주며 "여호와께서 오늘 우리 주 되신 왕의 원수를 사울과 그의 자손에게 갚으셨나이다"(4:8)라고 말하며 마치 자신들이 지극히 정당한 일을 한 것처럼 묘사한다. 자신들이 이스보셋을 죽인 것 자체가 마치 여호와의 정당한 통치의 테두리 안에서 행한 일이라고 주장하면서 말이다.

다윗은 1장에서 사울을 죽였다고 주장하는 아말렉 사람의 경우를 언급하면서 이들을 향해 엄한 잣대를 들이댄다. 림몬의 아들들을 향한 다윗의 표현을 보면 '악인이 의인을 집 침상 위에서 죽인 것'(4:11)이라고 설명한다. 다윗이 사용한 '의인과 악인의 대조'는 이들의 범죄가 아말렉 사람의 행위보다 더 심각하다는 사실을 지적하고 있다. 여기서 의인이란 법적인 표현으로서 주어진 상황에서 의로운 가운데 있음을 나타내는 말이며, 반면에 악인은 잘못을 저지른 자들을 말한다.

다윗은 그들을 향하여 "악인의 피 흘린 죄를 너희에게 갚아서"(4:11)라고 말한다. 단순히 허수아비이며 꼭두각시인 이스보셋을 그것도 잠자고 있을 때 살해한, 비겁한 림몬의 아들들은 그들의 행위에 대해 책임을 져야 했다.

잔인할 정도로 극한 형벌이 그들에게 내려진다. 사형을 시킨 후 팔다리를 잘라, 시체를 헤브론 못 가에 매달아 공개적으로 욕을 보인다. 이들의 처형을 최대한으로 굴욕적으로 만드는 것이다. 한번 반역한 자는 다시금 반역할 수도 있기 때문이며, 앞으로도 이런 일을 벌일 수도 있는 반역자에 대한 경고이기도 하다. 그리고 이스보셋의 머리를 가져와 비록 기회주의자였으나 통일 왕국을 형성하는 데 핵심 역할을 한 아브넬의 무덤에 함께 매장한다(4:12).

이렇게 다윗은 통일 왕국의 왕이 된다.

사울이 죽은 후 왕이 되기 위해 서두르기보다는 자신의 시간을 기다린 다윗의 모습이 유난히 마음에 와닿는다. 무엇이든 성급하게 서두르며 결과를 닦달하는 시대여서 그런지 현대를 살고 있는 우리들에게 기다림의 소중함을 상기시킨다. 그리고 다윗은 아브넬의 죽음이나 이스보셋의 죽음을 대하며 일관성을 가지고 의로운 선택을 하고자 노력한다. 그의 이런 모습에서 항상 하나님의 눈으로 매사를 보며 의로운 것을 선택하고자 하는 의지와 결단을 볼 수 있다.

미국의 대통령이었던 링컨이 자신의 기도에 대해 말한 표현이 떠오른다. 그는 기도할 때 '**하나님께서 자신의 편이 되어달라는 기도가 아니라 내가 하나님의 편에 설 수 있도록 기도했다.**'고 한다.

1990년부터 미국에서 시작하여 전세계에 알려진 "예수님이라면 어떻게 하셨을까?"운동(WWJD 운동: What would Jesus do?)과 연관시켜 볼 수 있다. 그분의 제자로서 예수의 사랑을 드러내기 위해 어떠한 행동을 선택해야 하는가를 질문하며 그 질문에 걸맞은 행동을 선택하며 살아가려고 하는 운동이다. 다윗이 선택한 행동이 오늘날의 WWJD 운동이라 할 수 있다. 우리 모두도 오늘 하루를 살아가며 직면하는 선택의 순간마다 이러한 질문을 통해 하나님 보시기에 의로운 선택을 하도록 노력해야 하겠다.

위기 극복의 또 다른 힘

하나님의 때를 기다리는 영성
(사무엘하 5장)

사람들은 인생에 관하여 논할 때 다양한 비유를 사용하곤 한다. 그 중에 적절한 것이 마라톤이다. 주위에 사람들이 많이 있는 것 같아도 주어진 긴 코스를 궁극적으로 홀로 완주해야 하는 외로움이 있기에 그런 것 같다. ('군중 속의 고독'이라는 표현이 담고 있듯 말이다.)

마라톤은 42.195km라는 먼 거리를 달리며 페이스를 잘 조절해야 한다. 어떤 구간에서 오버 페이스를 했을 땐 다음 구간에서 슬럼프로 이어진다. 마라톤 경주에 참여해 보지 못한 사람들에겐 역설적으로 들릴 수 있으나, 달리는 동안 극한의 고통 가운데서도 35km 지점쯤 되면 '러너스 하이(runner's high)'를 경험하게 된다고 한다.

다윗의 인생에 빗대어 표현하자면 마치 반환점을 막 놓아 인생 후반부로 진입하고 있다고 할 수 있다. 통일 왕국의 왕으로서 새로운 장이 그의 눈앞에 펼쳐지는 순간이다.

후반부의 시작을 논하기에 앞서, 전반부의 시작점부터 간략하게 돌아볼 필요가 있다. 그가 처음 사람들의 주목을 받게 된 것은, 이새의 여덟 아들 중 막내로서, 베들레헴 언덕에서 양을 치다가 장차 하나님의 백성을 다스릴 왕으로 뽑혀 기름 부음을 받았을 때였다. 십대의 절정기에는 전쟁터에서 거인 골리앗을 만나 승리한 후, 블레셋 사람 킬러로 상당히 이름을 떨칠 뿐 아니라, 사울의 궁전에서 일하는 음악가의 삶도 살았다.

그러던 중 사울의 미움을 받아 대략 8년 동안은 그의 증오를 피해 광야의 도망자 신세로, 시글락에서 600명의 게릴라 부대를 이끄는 지도자가 되기도 했다. 마침내 헤브론에서 한 지파, 유다의 왕이 되어 7년 반 동안을 지낸다. 사울왕이 죽은 후 시작된 이스라엘의 두 나라는 아브넬과 요압이라는 두 2인자들의 악연과 이스보셋의 죽음으로 자연스럽게 통일의 분위기를 탄다. 통일 왕국의 왕으로서의 새로운 인생의 후반전이 펼쳐질 순간이 다윗에게 다가온 것이다.

통일 왕국의 왕으로 세워지는 다윗

다윗의 행동은 이스라엘 백성에게서 후한 점수를 받기에 충분했다. **그는 서두르기보다는 인내하며 자신의 시간을 기다렸다.** 그리고 아브넬의 정당하지 않은 죽음에 대해 모두에게 자신의 무관함을 확실하게 드러내기도 했다. 이스보셋을 죽인 이들을 철저히 벌함으로 공평하고 믿음직스러운 지도자의 모습을 보여 줬다. 변덕스럽고 통치권 전횡을 일삼던 사울왕과는 충분히 달라 보였을 것이다. 3절에 나와 있듯이 '이스라엘의 모든 장로들'이 그를 왕으로 삼고자 찾아온 것은 자연스러운 반응이었다.

공자의 말 중에 '근자열 원자래(近者悅遠者來)'라는 말이 있다. 춘추 전국시대의 어지러운 배경에서 초나라의 대부인 섭공이 공자에게 '어떻게 해야 정치를 잘할 수 있는가?' 하는 질문에 대한 답이었다. "가까이 있는 사람을 기쁘게 하면, 멀리 있는 사람은 찾아오게 된다."는 의미다. 다윗에게 일어나는 상황을 잘 설명해 주는 표현이다. 다윗은 '리더가 부재한' 그들을 협박하거나 또는 사신을 보내어 설득하지 않는다. 그들 스스로가 직접 찾아오게 한 것이다.

먼저 그들이 다윗을 왕으로 모시고 싶다고 말하며 '우리는 왕의 한 골육'(5:1), 즉 서로 간에 친족 관계임을 강조한다. 하나가 되어야 하는 당위성에 관한 것이다. 연이어 2절에서는 여호와 하나님께서 하신 말씀을 연결시킨다. 그런데 그들이 언급한 표현이 흥미롭다.

"전에 곧 사울이 우리의 왕이 되었을 때에도 이스라엘을 거느려 출입하게 하신 분은 왕이시었고 여호와께서도 왕에게 말씀하시기를 네가 내 백성이 이스라엘의 목자가 되며 네가 이스라엘의 주권자가 되리라 하셨나이다."

그중에서 특별히 '이스라엘의 목자'와 '이스라엘의 주권자'라는 표현이 눈길을 끈다. 지금까지 이야기가 진행되면서 사울에게 수없이 쓰이던 왕이라는 칭호가 다윗에게는 사용되지 않았다. 그 대신 목자와 주권자라는 단어가 사용됐다. 왕 대신 주권자(히브리어로 '나기드')라는 단어에 함축된 의미는 사울왕의 통치권 전횡으로 인한 고통을 반영하는

게 아닐까 추측해 보게 된다. 다음 왕인 다윗은 강압이 아니라 아래로부터의 권력을 가지고 통치하기를 바라는 마음에서 말이다.

이러한 장로들의 표현을 들으며 사필귀정이라는 사자성어가 떠오른다. 그들이 사무엘에게 왕을 세워 달라는 요구를 했던 사무엘상 8장의 사건과 연결이 되기 때문이다. 그 요구에 사무엘이 근심하며 기도할 때 하나님께서 말씀하신다.

"그들의 말을 듣되 너는 그들에게 엄히 경고하고 그들을 다스릴 왕의 제도를 가르치라"(삼상 8:9).

왕이 세워진다면 그 왕은 백성들에게 많은 것을 요구할 것이며, 그 말의 핵심은 "너희가 그의 종이 될 것이라"(삼상 8:17)는 표현이다. 그들

이 왕을 세워 달라고 요청해서 세워진 사울을 통해 경험하게 될 경고였던 것이다. 그것도 40년 동안이나 말이다(행 13:20). 물론 다윗이 왕이 된다 해서 왕의 제도 자체가 요구하는 백성들의 책무가 없어진다는 것은 아니다. 그렇지만 이들의 바람에 담긴 대로 다윗은 사울과 비교되는 '성군' 통치자로서 맡겨진 역할을 수행한다.

이들의 표현 중에 사용된 목자라는 단어는 백성을 인도하는 사람이기를 바라는 마음을 담고 있다. 베들레헴과 시글락에서 그가 보여주었던 것처럼 통치해 달라는 백성의 간절함을 반영한 듯하다. 앞의 주권자라는 표현과 합해 현대 개념으로 표현하자면 '섬기는 지도자'가 되어 달라는 것이다.

그렇게 다윗은 삼십세에 왕위에 오르게 된다. 삼십은 종종 인생의 전성기에 있는 남자를 나타내는 수이기도 하다(민 4:3). 우연일 수도 있지만 그의 통치를 시작한 나이가 공생애를 시작하신 예수님의 나이와 일치하기도 한다.

유다의 왕이 되어 7년 반을 다스렸으니 통일 왕국의 왕으로 세워진 때, 그의 나이는 삼십칠세였을 것이다. 그는 이스라엘 모든 지파의 왕으로 기름 부음을 받았다. 기름 붓는 의식은 사무엘이나 엘리사가 기름병을 사용한 것처럼(삼상 10:1; 왕하 9:1) 사기로 된 병이나 뿔(삼상 16:1; 왕상 1:39)에 담긴 기름(감람유에 향을 섞어 만든)으로 '기름 부음 받는 사람'의 머리에 부음으로 진행되었다.

그 뒤 다윗은 통일 왕국의 왕이 되어 33년 동안 다스렸다. 유다 지파를 다스린 해까지 더해 도합 40년이었다(삼하 6:4). 40이라는 수는 구약에서 흔히 어림수로 전통적으로 한 세대를 의미하는 기간이다. 리더로서 꽉 찬 삶을 산 다윗을 묘사하는 상징으로 여겨진다.

통일 왕국의 수도로 예루살렘이 선택되다

새로운 왕조를 시작할 때 도읍을 어디로 정하느냐는 중요했다. 천도를 통해 새로운 왕조의 탄생을 알리며 통치철학을 수도 건축에 담을 수 있기 때문이다. 조선의 경우에는 지금의 서울인 한양으로 도읍을 옮긴 후 인의예지(仁義禮智)라는 성리학의 사단(四端)을 염두에 두고 성의 동서남북에 네 개의 문(홍인지문[興仁之門], 돈의문[敦義門], 숭례문[崇禮門], 홍지문[弘智門])을 세웠다. 개국 철학을 수도 건축에 담은 셈이었다.

다윗의 경우에도 새롭게 시작되는 통일 왕국을 위해 새로운 수도를 정하는 것은 중요했다. 자신이 있던 헤브론이나 사울의 고향 기브온 또는 그들의 수도였던 마하나임 중 어느 곳도 수도로 적절하지 않았다. 하나는 남쪽을 대표하는 반면, 다른 도시들은 북쪽을 대표하고 있었기 때문이다. 그냥 헤브론을 선택할 수 있겠지만 그곳은 너무 남쪽으로 치우쳐 있어 북쪽 이스라엘 지파들의 충성을 확보하기 어려운 상황이었다.

통일 이후 온 국민의 일치단결을 위해 중립적인 제3의 도시가 필요했다. 그런 논리에 근거하자면 지형학적으로 보나 어느 모로 보아도 최적지는 예루살렘이었다. 북쪽 이스라엘 지파들과 남쪽 유다 지파를 연결하는 척추와 같은 곳에 위치하고 있을뿐더러 어느 편의 소유지도 아니었기에 그랬다.

하지만 그곳으로 수도를 옮기는 데에는 큰 문제가 있었다. 그곳은 지형적으로 천혜의 요새인지라 수세기 동안 다른 민족의 방문이나 침략 없이 여부스 인들이 거주하고 있었기 때문이다. 동쪽과 남쪽으로는 급경사가 깊은 골짜기로 이어져 그 자체로 뛰어난 수비 시설이었다. 한마디로 말해 난공불락이라고 여겨질 수 있는 곳이었다. 그러기에 이스라엘이 정복하거나 동화시킬 수 없었던 가나안의 고립 지역 중 하나로 계속 남겨져 있었다고 성경에 반복적으로 나와 있다(수 15:63; 삿 1:21).

그곳의 이름은 원래 '살렘(신)의 기초'라는 의미였다. 나중에 이름의 일부분인 '살렘'이 히브리어 샬롬과 결합되어 '평화의 도시'라는 의미를 지니게 된다. 그 이름에 걸맞게 군사적 요충지로도 안정되어 평화롭게 살 수 있는 지형적 요새이며 나라의 중심부에 위치하였다는 지리적 특성으로 수도로서 적합한 곳이었다.

다윗이 그 성을 공격하려 하자 여부스 사람들은 자신만만하게 조롱하기 시작했다. 다리 저는 사람이나 눈먼 사람들도 다윗 군대를 무찌를 수 있을 것이라고 장담하며 기고만장한 모습으로 말이다. 한번도 패한 적이 없던 철옹성과 같은 곳에 거하는 자들로서의 자신감이었다.

다윗은 여부스 인들이 조롱하던 바로 그 표현을 그들을 향해 사용한다.

"그날에 다윗이 이르기를 누구든지 여부스 사람을 치거든 물 긷는 데로 올라가서 다윗의 마음에 미워하는 다리 저는 사람과 맹인을 치라 하였으므로 속담이 되어 이르기를 맹인과 다리 저는 사람은 집에 들어오지 못하리라 하더라"(5:8).

그 가나안 땅의 거민들을 염두에 두고 그들은 우리의 '먹이'라고 말했던 여호수아와 갈렙의 자세가 생각난다(민 14:9).

다윗의 '할 수 있다'는 자신감은 그곳의 지형적 특성을 이용한 점에서도 잘 드러난다. 예루살렘의 유일한 수원지는 동쪽 기드론 계곡에 있는 기혼 샘이라는 천연 샘이었다. 그들은 성 밖에 있는 기혼 샘에서 지하 수로를 통하여 성 안으로 물을 길어 올리고 있었다. 좁은 터널로 만들어진 탓에 여부스 인들은 공격 루트로 사용될 것이라고는 상상조차 못했을 것이다. 다윗은 지하 수로를 통해 예루살렘을 공격하기로 결정한다. 좁디좁아 들어오기조차 힘든 곳이어서 오히려 방어가 소홀했기 때문이다. 상대방의 허를 찌르는 제갈공명 같은 지략이었다.

그는 자기 군대 병사들을 격려하고 제일 먼저 여부스 군을 죽이는 자에게 군대 총사령관이 될 것이라고 약속하며 물을 나르는 이 터널을 통하여 공격할 것을 명령한다. 1860년 고고학자 워렌이라는 사람이 발견한 이 터널(Warren's Shaft)은 성 안의 터널 입구까지 총 길이가 69m이고 깊이만 14m다. 다윗 군대는 600명의 게릴라전에 뛰어난 병사들로 기혼 샘에서 터널로 이동하여 암벽을 타고 올라가 성 안에 침입해 점령해 버린다.

2차 세계대전에서 아이젠하워를 연합사령관으로 한 연합군이 노르망디라는 독일 군인이 전혀 예상하지 않았던 곳을 선택하여 상륙 작전을 펼친 것에 견줄 만하다. 그로 인해 전세가 완전히 기울어졌듯이 다윗도 상대방이 방심하거나 경계가 가장 허술한 곳을 공격하였던 것이다.

그 이후 10절에서 표현하고 있듯이 만군의 여호와 하나님께서 함께 계시니 다윗이 점점 강성해진다. 이때 두로 왕 히람이 백향목을 목수와 석수와 함께 보내기도 한다. 다윗은 물질적인 성공과 번영을 누리며 그 모든 것을 하나님의 축복으로 여겼다.

"다윗이 여호와께서 자기를 세우사 이스라엘 왕으로 삼으신 것과 그의 백성 이스라엘을 위하여 그 나라를 높이신 것을 알았더라"(5:12).

통일 왕국을 확장하며 굳건하게 하시는 하나님

인생의 반환점을 돌아 통일 왕국의 왕으로 통치를 시작한 다윗은 새로운 존재가 되었다. 주변인의 삶에서 벗어나 중심인물로 전환된 것이다. 처첩들을 둘 뿐 아니라 자녀들도 늘어난다. 그중에는 다음 리더가 될 솔로몬이라는, 샬롬에서 파생된 이름을 지닌 아들도 태어난다. 13절에서 16절에는 다윗이 어떤 삶을 예루살렘에서 살고 있는가를 보여 주고 있다. 예루살렘을 수도로 정한 통일 왕국이 강성해졌으며 그의 영향력이 점점 커져 갔다.

그러나 잠깐 잊고 있던 블레셋이라는 무리가 등장했다. 블레셋은 자신들에게 위협의 존재일 수밖에 없는 통일 왕국의 왕인 다윗을 가만 놔두지 않을 것은 분명했다. 그들이 다윗을 공격한 시점은 예루살렘 성을 점령하기 이전으로 보는 것이 정확할 듯하다. "이스라엘이 다윗에게 기름을 부어 이스라엘 왕으로 삼았다 함을 블레셋 사람들이 듣고"(5:17), 블레셋 사람들이 취한 행동으로 볼 때 그렇다. 아무리 백성들이 그를 왕으로 삼았다 할지라도 다윗은 여전히 가드 왕의 봉신(vassal)

인 상황이었다. 그러므로 그가 온 이스라엘의 왕위에 올랐다는 사실은 블레셋 사람들의 입장에선 반역으로 간주되었을 것이다. 블레셋 사람들의 대응은 당연한 것이라고 말할 수 있다.

블레셋 인들은 적의가 가득하여 군사들을 이끌고 다윗을 잡으러 쳐들어왔다. 다윗은 헤브론으로부터 '광야 요새'인 아둘람으로 피신했다. 블레셋 군사들이 르바임 골짜기를 가득 채웠다. 특별히 이 골짜기를 선택한 그들에게는 특별한 의도가 있었다.

"그때에 다윗은 산성에 있고 그때에 블레셋 사람의 요새는 베들레헴에 있는지라"(삼하 23:14).

블레셋 사람들은 예루살렘 근처인 르바임 골짜기를 침공해 베들레헴과 또 다른 전략 요충지에 수비대를 배치함으로써 유다를 이스라엘에서 고립시키려 했던 것이다. 다윗은 하나님께 기도하며 그분의 뜻을 여쭙는다. 곧 "내가 블레셋 사람을 네 손에 넘기리라"는 응답을 받고 나가 싸워 승리한다. 그리고 그곳을 '바알 브라심'(여호와께서 물을 흩음같이 내 앞에서 내 대적을 흩으셨다.)으로 명명한다.

다윗은 같은 장소에서 한번 더 그들과 접전을 벌인다. 다시 한번 하나님의 철저한 간섭과 인도하심 가운데 다윗은 승리한다. 두 번의 연이은 승리는 이스라엘 민족이 블레셋의 팔레스타인 지배로부터 벗어나는 계기가 된다.

"그 후에 다윗이 블레셋 사람들을 쳐서 항복을 받고 블레셋 사람들의 손에서 메덱암마를 빼앗으니라"(삼하 8:1).

마치 이스라엘이 블레셋 사람들에게 두 번(삼상 4장, 31장) 패하였던 것같이 블레셋 사람들 또한 다윗에 의해 두 번 패하여 도망간 것이다. 겉으로 보기에 다윗이 경험한 승리이지만, 5장 24절에는 더욱 더 근본적인 이유가 담겨 있다. "다윗보다 먼저 하나님이 먼저 나아가셔서 적을 완패시키셨다"는 사실이다.

블레셋 사람들을 물리침으로써 다윗을 통하여 땅에 대한 고대의 언약이 성취될 길이 열린 것이다. 언약을 주실 뿐만 아니라 그 언약을 성취하시는 하나님이심을 다시 한번 실감할 수 있다. 다윗의 승리 뒤에 있는 숨겨진 전략가와 실제적인 승리자는 여호와이심을 성경은 분명히 하고 있다. 그 점을 강조하고자 하는 의도인지 전투 묘사에 전사들의 용기와 영웅적 행위는 전혀 언급되어 있지 않다. 결국 역사를 만들어 가시는 분이 하나님이라는 사실을 강조하고 있다.

진정 역사(history)는 '그분의 이야기(His story)'다. 모든 사건 사건마다 이렇게 역사의 분수령적인 고비에서 더욱더 분명히 드러난다. 모든 것을 주관하시는 하나님을 의지하고 기대하며 사는 우리 모두가 되어야겠다.

나의 영적 현주소

예루살렘으로 운반된 언약궤
(사무엘하 6장)

개인적으로 좋아하는 미국 남자 영화배우 중에 해리슨 포드가 있다. 그 배우에게 매력을 느끼게 만든 영화가 오늘의 본문과 연관이 있기에 언급하는데 바로 『레이더스(원제: The raiders of the lost ark)』다. 고고학자의 이름을 딴 '인디아나 존스'라는 성공적 시리즈를 열게 만든 첫 번째 영화로, 많은 이들에게 모험심과 고고학에 호기심을 불러일으켰던 영화이기도 하다. 그 영화로 인해 해리슨 포드의 팬이 늘어났을 뿐 아니라 『조스(Jaws)』라는 영화로 스타급 감독에 오른 스티븐 스필버그의 명성이 더욱 더 높아지게 되었다고 한다.

이 영화는 오늘 본문의 핵심이 되는 언약궤(the ark of the covenant)를 둘러싸고 벌어지는 이야기다. 구약을 보면 언약궤는 솔로몬 성전에 모신 이후 사라져 버렸기 때문에 그 행방에 대한 호기심은 어찌 보면 당연한 것이라 할 수 있다. 갑자기 사라져 버린 언약궤를 둘러싼 신비감에 더해 그것이 지니고 있다고 믿는 특별한 능력에 대한 관심이 쏠렸다. 그래서 영화도 언약궤를 손에 넣으면 세계를 정복할 수 있다는 망상으로, 그것을 차지하려는 독일의 나치에 맞서는 얘기다.

법궤 또는 증거궤라고도 불리는 언약궤는 길이가 1.2m 조금 안 되고 높이가 70cm가 조금 넘는 직육면체 모양의 나무 상자로 겉에는 금으로 입혔다. 그 위는 순금으로 되어 있는 속죄소라 불리는 판으로 덮여 있고, 양 끝에는 그룹 둘, 즉 천사 모양의 상이 각각 자리 잡고 있다. 날개를 앞으로 펴서 가운데 공간을 덮고 있다. 상자 안에는 모세가 시내 산에서 백성들에게 가져온 십계명 돌판, 광야에서 방랑하던 시절 받은 만나가 담긴 항아리, 그리고 싹이 난 아론의 지팡이가 담겨 있다(히 9:4).

이 세 가지 모두 공통점이 있다. 하나님께서 그들 사이에서 역사하고 계신다는 사실을 계속해서 상기시켜 준다는 점이다. 각각 계명을 주시고, 필요를 공급해 주시며 그들을 구원하시는 하나님을 기억나게 하는 것이었다. 선지자들이 지속적으로 강조했듯이 언약궤가 마법의 상자라는 힌트는 성경 어디에도 없다. **언약궤의 존재 목적은 그들이 관계를 맺고 있는 하나님이 어떤 분이신지를 증거하는 것이었다.**

"여호와의 말씀이니라 너희가 이 땅에서 번성하여 많아질 때에는 사람들이 여호와의 언약궤를 다시 말하지 아니할 것이요 생각하지 아니할 것이요 기억하지 아니할 것이요 찾지 아니할 것이요 다시는 만들지 아니할 것이며"(렘 3:16).

그런 면에서 『레이더스』라는 영화는 성경에 담긴 메시지와는 관계없이 단순히 미신적인 믿음에 근거하고 있다 하겠다.

현재까지도 그 궤의 행방에 관해서는 어느 누구도 모른다. 추측과 상상만 난무할 뿐이다. 물론 성경에 한 가지 힌트가 나와 있긴 한다. 요한계시록 11장 19절을 보면 현재 '하늘에 있는 성전'에 언약궤가 위치하고 있으며, 미래 하나님 나라가 온전히 임하는 순간 다시 등장한다고 말이다. 하지만 이 표현은 언약궤에 관해 신비로움을 더할 뿐이다. 이렇게 많은 사람들의 관심과 흥미의 대상인 언약궤가 통일 왕국의 수도인 예루살렘으로 마침내 들어오게 된다.

효과적 방법보다 거룩의 본질이 우선이다

언약궤가 예루살렘에 도착한 것을 이해하기 위해서는 사무엘상 전반부부터 일련의 사건들을 살펴보아야 한다.

언약궤는 그 존재 자체로 결코 평범하지 않다는 것은 자명했다. 블레셋 사람들이 경험을 통해 고백했듯이 '하나님의 임재와 존재'를 상징하는 것이었다.

"블레셋 사람이… 여호와의 궤가 진영에 들어온 줄을 깨달은지라 블레셋 사람이 두려워하여 이르되 신이 진영에 이르렀도다 하고 또 이르되 우리에게 화로다…"(삼상 4:6-7).

하지만 언약궤를 지니고서도 이스라엘 사람들은 그들에게 패하고 빼앗겨 버린다(삼상 4:11). 블레셋 사람들은 궤를 향한 두려움도 있었지만, '우리가 소유하면 혹시 유익이 되지 않을까?'하는 생각으로 전투에서 승리한 후 약탈하기로 한 것 같다. 최소한 이스라엘이 그것을 소유하지 못하게 하는 것으로도 그럴 가치가 충분하다고 생각했을 수 있다. 그들의 예상과는 달리 언약궤는 자신들의 우상인 다곤 상이 그 앞에 코를 박고 넘어지는 등 다양한 재앙을 일으키는 '골칫거리'로 전락한다.

"이에 사람을 보내어 블레셋 모든 방백을 모으고 이르되 이스라엘 신의 궤를 보내어 그 있던 곳으로 돌아가게 하고 우리와 우리 백성이 죽임당함을 면하게 하자 하니 이는 온 성읍이 사망의 환난을 당함이라"(삼상 5:11).

마침내 그 안을 들여다보았던 이들이 죽임까지 당한다.

"벧세메스 사람들이 여호와의 궤를 들여다본 까닭에 그들을 치사 (오만) 칠십 명을 죽이신지라 여호와께서 백성을 쳐서 크게 살육하셨으므로 백성이 슬피 울었더라"(삼상 6:19).

이들도 하나님의 능력을 두려워하여 이스라엘 사람들에게 다시 가져가라고 부탁한다.

"벧세메스 사람들이 이르되 이 거룩하신 하나님 여호와 앞에 누가 능히 서리요 그를 우리에게서 누구에게로 올라가시게 할까 하고 전령들을 기럇여아림 주민에게 보내어 이르되 블레셋 사람들이 여호와의 궤를 도로 가져왔으니 너희는 내려와서 그것을 너희에게로 옮겨 가라"(삼상 6:20-21).

그 후 언약궤는 산에 있는 아비나답의 집에 머문다(삼상 7:1). 그렇게 최소한 40년 이상이라는 적지 않은 세월 동안 누구의 관심도 없이 거의 버려진 채 시간이 흘러 버렸다. 이 배경으로 본문의 이야기가 진행된다.

다윗은 왕이 되어 예루살렘을 중심으로 한 통치권 확립 작업을 끝내자마자 새롭게 세워진 수도로 언약궤를 가져와야겠다고 결심한다. 오랫동안이나 기럇여아림의 나이 든 제사장인 아비나답의 집에 방치된 채 놔둔 궤를 옮겨오는 것은 중요한 일이었다. 시온이 단순히 다윗이 통치하는 곳이 아니라 하나님께서 경배를 받으시는 곳이라는 사실을 공표할 필요가 있었기 때문이다. 한마디로 말하자면 단순한 물리적 통일이 아니라 '영적 통일'을 위해 언약궤는 필수적인 것이었다.

다윗의 명을 받은 아비나답은 두 아들 웃사와 아히오 제사장에게 언약궤를 예루살렘으로 옮기는 일을 맡겼다. 그들이 선택한 방법은 황소가 끄는 짐수레에 그것도 새 수레로 궤를 실어 운반하는 것이었다. 아히오가 앞장서서 황소를 끌었고 웃사는 그 옆을 따라갔다. 가던 길에 갑자가 한 황소가 발작하더니 비틀거리는 바람에 수레가 한쪽으로 기울었고, 그로 인해 법궤가 미끄러지기 시작했다. 옆에 따라가던 웃사가 그것을 보고 법궤를 떨어지지 않도록 하기 위해 반사적으로 손을 갖다 댔다가 즉사해 버린다(6:7).

납득하기 어려운 충격적 사건이 벌어진 것이다. '왜 하나님께서 그를 치셨을까?, 그럼 웃사는 떨어지는 궤를 그대로 방치했어야 하는가?' 등의 의문이 드는 부분이다.

이 의문에 대한 해답은 모세 오경에 나오는, 언약궤를 어떻게 다루어야 하는지에 관한 분명한 지시 사항에서 찾을 수 있다. 간략하게 말하자면 언약궤는 결코 사람의 손으로 만져서는 안 되고, 레위 인들이 궤에 부착된 막대기를 끼워서 운반해야 했던 것이다(민 7:9). 함부로 자신들이 원하는 방법대로 운반할 수 없었다. 운반을 맡은 제사장 형제들은 이러한 지시를 철저히 무시한 채, 블레셋 인들이 사용하던 그 당시 최신 기술이라 부를 수 있는 황소가 끄는 수레를 사용했던 것이다. 황소 수레는 언약궤를 어깨에 메고 터벅터벅 걷는 레위인들보다 운반하는 데 훨씬 더 효율적으로 여겨질 수 있었다.

그러나 그것은 '거룩의 본질'을 고려하지 않은 채 무턱대고 '효과적 방법'을 추구한 결과일 뿐이었다. **하나님께서 하신 말씀을 향해 우리는 '이렇게 했으면 더 좋지 않았을까? 왜 꼭 그런 방법이어야 하고, 왜 꼭 그렇게 해야 하는가?'라는 의문이 생긴다면 웃사의 경우를 반면교사로 삼아야 한다. 모든 명령의 뒤에는 하나님의 더 크신 뜻이 있음을 알고 순종하는 자세가 필요하다.**

하나님은 우리에게 '궁극적으로' 복을 주시는 분이다

웃사의 예상치 못한 급사는 모든 이들에게 두려움과 충격으로 다가왔을 것이다. 과연 이를 어떻게 해석할 것인가? 21세기를 살고 있는 우리 독자들도 의문을 품게 되리라. 마치 사도행전 5장에 나오는 아나니아와 삽비라의 얘기처럼. 물론 후자의 경우에는 초대 교회의 순전함과 거룩을 지키기 위함이었다고 설명할 수 있다. 죽은 웃사의 경우에도 하나님의 말씀을 무시하였을 뿐 아니라 마치 자신이 언약궤를 관리하는 이처럼 교만하게 행하지 않았는가를 생각해 볼 수 있다. 살아 계신 하나님을 마치 죽은 물건 대하는 것처럼 다룬 행동 말이다.

물론 가지고 있는 모든 의문을 시원하게 해결해 주지 못하는 답변일 수 있다. 그렇지만 이 사건의 결과로 일어난 분명한 변화는 다시 언약궤가 움직일 때는 원래 하나님의 말씀을 좇아 레위인들이 궤를 메고 운반했다는 것이다(6:13). 통일 왕국이 시작되면서 하나님의 말씀이 바로 세워지기 위해 이러한 충격적 교훈이 필요한 것이었다.

웃사의 죽음은 모든 이들을 두려움 속에 빠뜨려 버린다. '하나님은 무서운 분이구나.' 그분의 존재를 상징하는 언약궤도 두려움의 존재로 여겨졌다. 당연히 궤를 예루살렘으로 가져오는 것은 중단되었다. 누가 감히 그 일을 계속 진행할 수 있겠는가?

흥미로운 사실은 웃사의 죽음에 대해 다윗이 화를 냈다는 점이다. "하나님이 웃사를 치시므로 다윗이 분하였다"(6:8)고 말하고 있다. 누구를 향한, 무엇에 대한 분함이었을까? 일을 '잘못 처리한(?)' 웃사를 향하여 분을 내지는 않았을 것이다. 그렇다면 다른 이를 세워 궤를 다시 운반하고자 시도했을 것이다. 남아 있는 대상은 바로 하나님이셨기에 다윗은 그분께 화가 난 것이다. 그는 웃사가 죽은 것만 알았지 그가 왜 그렇게 죽어야 했는지를 몰랐기에 그런 즉각적 반응을 했던 것이다. 축제가 되어야 할 행렬이 중단되고 장례식 행렬로 변한 것이 그에게 보이는 전부였던 셈이다.

하지만 다윗의 즉각적 화는 곧 하나님을 향한 두려움으로 바뀐다. "다윗이 그날에 여호와를 두려워하여 이르되 여호와의 궤가 어찌 내게로 오리요 하고"(6:9).

일단 예루살렘으로 언약궤를 가져오는 것을 중단하는 대신 언약궤를 오벧에돔의 집으로 옮겨 놓는다. 웃사의 죽음이라는 상황을 고려해 볼 때 오벧에돔이 '무시무시한' 언약궤를 보호하는 일을 크게 기뻐했을 가능성은 희박하다.

이러한 이유 때문에 어떤 학자는 오벧에돔이 이방인인 가드 사람이라서(6:11) 그의 집을 선택한 것이라고 주장하기도 한다. 그러나 가드라 불리는 지명을 지닌 곳이 하나가 아니기에 그를 꼭 블레셋 사람이라고 볼 필요는 없을 것이다. 어쨌든 언약궤가 그의 집에 석 달 동안 머물게 되는데, 머무는 동안 그의 온 집은 복을 받는다. 어떤 형태의 복이었는지는 알 수가 없으나 그의 집 사람들이 두려워했던 어떠한 재앙도 임하지 않는다. 오히려 반대의 상황이 벌어진 것이다.

언약궤 운반을 포기한 채로 예루살렘으로 돌아온 다윗은 시간을 두고 그 일에 대해 곰곰이 생각해 보았을 것이다. 그리고 궤가 남겨져 있는 오벧에돔의 집에 어떤 일이 일어나는가를 지켜 보았을 것이다. 오벧에돔과 그의 집에 임한 하나님의 복은 언약궤를 예루살렘으로 모셔 오려는 다윗의 의도를 하나님께서 허락하신 것으로 해석된다(6:12).

석 달이 지난 후, 마침내 다윗은 장엄한 행렬 가운데 언약궤를 예루살렘으로 가져오기로 결정한다. 이번엔 모든 것을 제대로 한다. 소로 끄는 수레가 아니라 사람들이 어깨로 메어 운반하는 것 말이다. 모든 것이 원래 의도된 대로 진행된다. 쓰라린 실패가 있었기에 언약궤의 '안전한' 이동은 다윗에게 더욱 기쁨으로 다가왔을 것이다. 웃사의 급작스런 죽음은 충격이었으나 그것을 통해 깨달음이 있었다. 무엇보다도 하나님은 궁극적으로 자신을 따르는 이들에게 복을 주시고자 하는 분이라는 교훈을 다시금 깨달은 것이다.

우리는 하나님 앞에 꾸밈없는 모습으로 나가야 한다

다윗의 마음에는 감출 수 없이 솟아오르는 기쁨이 있었다.

마음속에만 담아두기엔 감당할 수 없는 기쁨이었다. 왕이라는 체면과 신분도 잊은 채 기쁨의 표현으로 춤을 추기 시작한다. 성경은 "다윗이 여호와 앞에서 힘을 다하여 춤을 추었다"(6:14)고 표현하고 있다. 언약궤 앞에서 기쁨에 넘친 그는 남들의 시선에도 아랑곳하지 않고 덩실덩실 춤을 추었던 것이다. 웃사의 경우와 대조를 이룬다. 웃사가 보지 못했고 듣지 못했던 하나님에 관해 무언가를 다윗은 알고 있었던 것이다.

언약궤가 웃사에게는 단순한 물건이었고 관리할 대상이었다면, 다윗에게는 하나님이 함께하신다는 상징이었다. 웃사와는 달리 그는 '하

나님 관리 책임자' 행세를 하지 않았다. 오히려 그에게 하나님은 그의 시편에 자주 언급되듯 구원자와 주권자이시며 목자와 바위였다. 하나님은 다윗이 돌보아야 할 양과 같은 존재가 아니었다. 하나님은 결코 길들여질 수 없으며 관리할 대상이 아니셨던 것이다.

그의 춤은 전혀 억지가 아니었다. 연습되고 연출된 춤이 아니라 마음의 표현이었다. 그런 의미에서 '막춤'이라고 보는 것이 적절할 것이다. 잔치가 벌어질 때 흥에 겨워 어깨를 들썩이며 춤을 추시는 어르신들처럼 말이다. 우리도 무언가 충만한 의미를 발견할 때, 자아에 대한 집착에서 해방될 때 춤을 추게 된다.

만약에 다윗이 언약궤를 운반하는 것을 단순한 종교적 의례나 직무 수행으로 여겼다면, 오히려 왕으로서 근엄하고 엄숙한 모습을 유지했을 것이다. 그러나 다윗의 행동은 전혀 그렇지 않았다. 언약궤를 이용해 예루살렘의 권위를 높이려는 정치적 의도가 없었다. 하나님이나 사람들에게 보이기 위한 종교적 활동도 아니었다. 단순히 자신이 경배하는 살아 계신 하나님께 자연스럽게 반응하고 있는 것이었다.

우리가 드리는 예배가 이러한 모습이 되어야 하지 않을까? 기쁨으로 우리 자신을 여는 것이 얼마나 중요한지 되돌아보게 한다. **하나님 앞에서 자신을 열기 전까지 우리는 결코 온전한 우리 자신일 수 없다. 예배는 우리 자신보다 '하나님의 임재'에 초점을 두어야 하기 때문이다.**

다윗의 마음을 이해하지 못하는 그의 부인인 사울의 딸 미갈은 그 모습을 보고 '심중에 그를 업신여긴다'(6:16). 미갈은 원래 다윗의 부인이었으나 다윗이 사울로부터 피신 중에 다른 사람과 재혼한 상황이었다. 그러나 다윗은 그녀와 맺은 부부의 인연을 잊지 않고 사울의 아들 이스보셋에게 요구해 다시 재혼한 남편으로부터 '돌려받은' 여인이다(삼하 3:13-16).

물론 통일 왕국을 염두에 두고 한 다윗의 정치적 제스처로도 이해할 수 있으나 중요한 것은 다윗이 그녀를 버리지 않고 부인으로 인정하였다는 점이다. 하지만 그녀는 다윗과는 영적 주파수가 다른 여인이었다. 하나님으로 인해 기쁨을 억제하지 못하여 춤으로 드러내는 그를 이해하지 못하는 여인일 뿐이다. 그러기에 이 구절에서는 미갈을 '다윗의 부인'이라고 부르기보다는 '사울의 딸'이라고 부른다. '그 아버지의 그 딸'이라는 말이 떠오른다.

그녀가 '왕의 품위'에 걸맞지 않게 행동한 다윗을 업신여긴 이유는 표면적인 것이다. 바로 하나님보다는 주위의 사람들을 생각했기 때문이다.

"오늘 그의 신복의 계집종의 눈앞에서 몸을 드러내셨도다"(6:20).

그러한 그녀를 향하여 다윗은 분명하게 말한다. 나는 계집종 앞에서 춤춘 것이 아니라 "여호와 앞에서 한 것이니라"(6:21)고 말이다. 다윗은 하나님 앞에서는 그보다 더욱더 낮아질 수 있다고 말한다.

"내가 이보다 더 낮아져서 스스로 천하게 보일지라도 네가 말한바 계집종에게는 내가 높임을 받으리라"(6:22).

하나님 앞에서는 더 낮아질지라도 다윗의 위치에 변화는 없다. 왜냐하면 모든 것이 하나님의 손에 달려 있기 때문이다. 하나님께서는 모든 것을 돌보시며 주관하시는 분이심을 분명히 아는 다윗다운 답이다. 시편 132편 1절에 기록된 그의 기도를 이것과 연결시켜 본다.

"여호와여 다윗을 위하여 그의 모든 겸손을 기억하소서."

하나님은 모든 것을 아시는 분, 모든 것을 주관하시는 분이다. 그러기에 우리가 그분 앞에서 '낮아질 때 높이실 것이며, 내려놓을 때 채움을 받을 것이며, 죽을 때 영원히 살 수 있는 것'이다. 이를 통해 우리가 하나님 앞에서까지 꾸미고 가리며 서 있지 않는지 돌아보게 된다. 하나님 앞에서는 우리의 진솔한 태도가 중요하다. 그것이 하나님을 하나님으로 인정하는 우리의 예배 자세다. 우리 모두 그런 자세로 하나님께 나아가야 한다.

한계를 인정할 때 위기는 극복된다

하나님의 거절
(사무엘하 7-8장)

　인간의 인생을 묘사할 때 항해라는 비유를 사용하곤 한다. 이 비유 또한 여러 각도에서 매우 적절하다는 생각이 든다. 어려움의 폭풍우나 암초를 만나기도 하며, 반짝이는 별로 가득한 멋진 밤하늘을 감상하는 순간들도 있는 것이 인간의 삶이기 때문이다. 한마디로 누구나 예외 없이 길흉화복(吉凶禍福)을 경험하며 살아간다. 그렇기에 어려운 일을 겪을 때 흔히 '인생이란 다 그런 거야.'라고 푸념하기도 하며, 불어 표현인 '셀라비(C'est la vie, 그게 인생이야)'라고 말하기도 한다. 살면서 누구나 일들이 길(吉)하여 복을 많이 누렸으면 하는 소망을 가질 것이다. 인생이란 항해 중에 '순풍에 돛을 단 듯한' 순간들이 가득하길 바라는 마음은 누구나 예외가 없을 것이다.

　다윗의 인생에서 그런 순간을 들자면 사무엘하 7장을 우선적으로 꼽을 수 있을 것이다. 이스라엘을 통일한 후 그가 누리고 있는 축복을 그려주고 있기에 그렇다. 무엇보다도 갈라져 있던 북쪽과 남쪽을 합쳤고, 통합한 나라를 위해 새로운 수도 예루살렘을 세웠다. 비록 과정에는 우여곡절이 있었으나 결국에는 장대한 축제 행렬과 함께 언약궤를 수도로 가져오게 되었다. 초대 왕인 사울이 엉망으로 만들어 놓았던 왕정이 다윗에 의해 제 모습을 찾기 시작한 것이다. 그뿐 아니다. 하는 일마다 모두 순조롭게 진행되는 것을 경험하는 다윗의 모습이 그려져 있다. 인생에서 가장 '잘 나가는 황금기'를 살아가며 다윗의 원함과 하나님의 반응을 통하여 우리는 교훈을 배울 수 있다.

하나님은 우리에게 복 주시기를 기뻐하시는 분

베들레헴 출신인 다윗이 자신의 고향으로부터 겨우 10km정도밖에 떨어지지 않은 수도 예루살렘에서 왕이 되는 데 20여 년의 세월이 필요했다. 돌아보면 결코 쉽지 않은 여정이었다. 그와 함께하시며 그를 도우신 하나님께서 계셨기에 가능한 일이었다. 그분의 인도하심으로 그에게 복을 주셨고 약속을 이루셨으며 공의와 정의가 실현되었다. 마침내 그의 인생에 평온한 날이 다가온 것이다.

7장 1절에 '여호와께서 주위의 모든 원수를 무찌르사'라는 표현이 나온다. 시간으로 보면 8장 이후의 사건으로 보아야 한다. 8장은 하나의 연속적인 사건을 기록한 것이 아니라 다윗이 과거에 거둔 승리들을 간략하게 요약하고 있다. 이 승리들은 연대기적으로 볼 때 사무엘하 7장보다 앞서 일어났다고 보는 편이 적절할 것이다. 5장 11절을 보면 두로 왕이 다윗의 왕궁을 짓기 위해 백향목과 목수를 보냈다고 나온다. 이 때까지 이스라엘은 철로 무기를 만들 수조차 없었다.

"그 때에 이스라엘 온 땅에 철공이 없었으니 이는 블레셋 사람들이 말하기를 히브리 사람이 칼이나 창을 만들까 두렵다 하였음이라" (삼상 13:19).

이제는 상황이 달라졌다. 최신 무기로 군대들을 무장할 수 있었다. 또한 그에게는 아둘람 동굴에서부터 함께하면서 많은 전투를 통해 단련된 그의 심복이라 할 수 있는 정예부대가 있었다. 8장에 나와 있듯이 다윗은 그들과 주위 나라를 정복해 나갔다.

사무엘하 7-8장은 37세에 통일왕국의 왕이 된 이후 49세까지 왕국의 황금기를 이룬 것을 요약해 보여 주고 있다. 서쪽으로는 블레셋을, 동쪽으로는 모압과 암몬을, 북쪽으로는 시리아를, 그리고 남쪽으로는 에돔과 아말렉을 모두 정복했다. 단순 비교를 통해 표현하자면 사울 때보다 무려 열 배나 커진 영토가 이스라엘의 지경이 된 것이다.

두 나라만이 그의 공격 대상에서 예외였다. 페니키아의 두로와 하맛이었다. 두로는 위에서 언급하였듯이 이미 다윗에게 선물을 보내어 선린외교를 펼쳤기에 예외가 되었다. 하맛의 경우는 조금 달랐다. 하맛 왕 도이가 이스라엘이 소바뿐 아니라 그를 도우려던 시리아까지도 이겼다는 소식으로 인해 항복한 것이다. 하맛은 은, 금, 놋을 많이 가져와 이스라엘의 속국이 되었다(8:10). 이렇게 이스라엘 속으로 들어온 이들은 나중에 마치 바이러스와 같이 우상 숭배로 이끄는 안타까운 역할을 하지만 말이다.

이러한 모든 진행 과정에서 한 가지 분명하게 강조된 사실이 있다.

7장 1절에서 말하고 있듯이 모든 일이 하나님의 주권 속에서 이루어지고 있다는 것이다. 8장 6절과 14절에서도 반복적으로 "다윗이 어디로 가든지 여호와께서 이기게 하셨더라"고 기록함으로써 모든 전쟁의 결과가 누구 손에 달려 있는가를 분명히 한다. 이에 못지않게 중요한 사실 하나가 있다. 그러한 섭리를 알고 철저히 인정하며 살아가는 다윗의 모습이다. 모든 노략물을 하나님께 드리는 행동을 통해서 그의 중심을 볼 수 있다.

"다윗 왕이 그것도[하맛 왕 도이가 가지고 온 은 금 놋 그릇] 여호와께 드리되 그가 정복한 모든 나라에서 얻은 은금…과 같이 드리니라"(8:11-12).

자신이 누리는 승리와 축복의 근원을 알았기에 벅차오르는 감사를 하나님께 표현했던 것이다. 물론 하나님께서는 자격 없는 자들에게 은혜를 베푸시는 분이기도 하지만, 특히 다윗 위에 왜 하나님의 은혜가 머물 수밖에 없는지를 알게 한다. 우리 또한 삶의 모든 것이 그분의 주권 아래 있음을 기억하며 모든 것에 감사하며 살아가야 한다.

우리를 향한 분명한 뜻과 놀라운 계획을 가지고 계신 하나님

'온갖 좋은 은사와 온전한 선물'의 원천은 하나님이시기에(약 1:17) 축복을 누리는 자로서 어떤 태도를 갖느냐가 중요하다. 다니엘서 5장에서의 느부갓네살이나 벨사살 같은 이방 왕의 경우조차 동일하다. 하나님을 알든 모르든 관계없이 하나님께서 허락하신 축복을 누리는 자가 겸손하지 못할 때 비극적 종말에 이르게 된다(단 5:18-31).

"그(느부갓네살)가 마음이 높아지며 뜻이 완악하여 교만을 행하므로 그의 왕위가 폐한바 되며 그의 영광을 빼앗기고"(단 5:20),

"데겔은 왕(벨사살)을 저울에 달아 보니 부족함이 보였다 함이요"(단 5:27).

축복이 교만으로 이어지는 것이 문제라면, 또 다른 종류의 잘못된 반응은 누가복음 12장에 등장하는 '어리석은 부자'의 경우다. 그는 자신의 밭에 소출이 풍성함을 자기 중심적으로만 생각할 뿐 아니라 지극히 이기적인 대응으로 일관했음을 발견한다. 영어 성경으로 보면 온통 자기와 연결된 단어(I, my, myself)가 지나칠 정도로 반복된다. 자신이 누리는 축복을 향한 그의 자세를 잘 보여 주고 있다. 철저히 이기적으로 무장된 그의 눈에는 자신밖에 들어오지 않았던 것이다. 생명의 주인 되신 하나님께서 그의 생명을 취해 버리시면 그러한 모든 것이 더 이상 아무 의미가 없음에도 말이다.

그러나 다윗의 경우는 달랐다. 자신이 누리는 축복의 근원이 하나님이심을 알았기 때문이다. 두로 왕이 보내 준 백향목 등 최고급 자재로 지어진 자신의 집을 보면서 다윗은 하나님을 생각한다.

"왕이 선지자 나단에게 이르되 볼지어다 나는 백향목 궁에 살거늘 하나님의 궤는 휘장 가운데에 있도다"(7:2).

다윗은 자신에게 엄청난 축복을 허락하신 하나님을 위해 무언가를 하고 싶었다. 최고의 일은 하나님을 위해 성소를 지어 드리는 것이었다.

그는 그러한 생각을 그의 '담임 목사' 격인 나단과 나눈다. 나단의 반응이 열렬한 찬성이었으리라는 점은 상상하기 어렵지 않다. 오늘날로 말하자면, 재벌 장로가 교회를 새로 짓자는데 어느 담임 목사가 반대하겠는가? 하나님의 도움을 받는 것에만 익숙한 이들이 가득한 세상에서 하나님께 무언가를 드리고 싶다는 다윗을 향해 나단은 말한다.

"여호와께서 왕과 함께 계시니 마음에 있는 모든 것을 행하소서"(7:3).

그러나 그날 밤 하나님께서는 나단에게 다윗의 계획에 대한 당신의 뜻을 말씀해 주신다. 간략하게 요약하자면 다윗의 건축 계획은 하나님께서 가지고 계신 '건축 계획'에 방해가 된다는 것이다. 먼저 하나님은 "네가 나를 위하여 내가 살 집을 건축하겠느냐"(7:5)라고 말씀하심으로 그 자체에 관하여 부정적인 입장을 나타내신다. '성전을 건축하는 행위'보다 그것을 꿈꾸고 있는 다윗에게 초점이 있다. 여기서는 분명히 나와 있지 않지만 다른 곳(왕상 5:3)을 보면 '전쟁을 해야 하기 때문에', 하나님의 계획을 이루실 때를 '기다리셨다'고 기록되어 있다. 다윗의 원함은 하나님의 계획과 달랐다. 아직 하나님의 때가 이르지 않았기 때문에 그는 하나님의 성전을 세울 수가 없었던 것이다.

하나님께서 단순히 다윗이 성전을 건축하겠다는 뜻을 거부하시는 것이 아니다. 오히려 나단을 통해 하신 말씀은 하나님께서 다윗을 위하여 하실 일에 초점이 맞추어져 있다. 하나님께서 지금까지 무엇을 해 오셨고 지금 무엇을 하고 계시며 앞으로 무엇을 하실지에 관한 이야기로 가득하다.

"네가 가는 모든 곳에서 내가 너와 함께 있어"(7:9).

"내가… 너를 모든 원수에게서 벗어나 편히 쉬게 하리라… 너를 위하여 집을 짓고"(7:11).

"내가 네 몸에서 날 네 씨를 네 뒤에 세워 그의 나라를 견고하게 하리라"(7:12).

이 말씀 모두를 간략히 요약하자면 "집을 세우는 이는 네가 아니라 나며, 왕국의 왕은 바로 나다."라는 것이다. 이 부분은 구약에서 아브라함과의 언약과 함께 가장 중요한 언약으로, 성경의 두 기둥의 하나인 '다윗과의 언약(Davidic covenant)'이라 불린다.

언약의 핵심은 15절에 나와 있듯이 '은총(히브리어로 헤세드, 언약적 사랑)'이라는 단어로 요약될 수 있다. 하나님의 지속적인 은총이 사울에게서 떠났던 것과는 대조적으로, 다윗의 집과 왕국을 지켜 주시겠다고 약속하신다.

하나님은 축복의 근원이실 뿐 아니라, 은혜/은총을 베푸시는 분이심을 기억해야 한다. 모든 것이 그분의 손에 달려 있다. **각자를 향한 계획과 때를 따라 축복과 은혜를 베푸시며 각자가 하나님께서 기대하시는 역할을 행할 수 있도록 도우신다는 사실을 기억하며 살아야 한다.**

하나님 중심의 기도와 역할

나단으로부터 하나님의 뜻을 전달받은 다윗은 성막으로 들어가 여호와 앞에 무릎을 꿇고 질문한다.

"주 여호와여 나는 누구이오며 내 집은 무엇이기에 나를 여기까지 이르게 하셨나이까"(7:18).

다윗은 지금까지는 전쟁을 통해 영토를 확장할 뿐 아니라 더 나아가 하나님을 위해 성전을 지으려 하는 등 뭔가 행동하고자 했다. 마치 팝송 제목인 '침묵의 소리(sound of silence)'라는 역설적으로 들릴 수 있는 표현같이 다윗은 '행동하지 않기로 한 행동'을 취하는 모습으로 바뀐 것이다. 모든 권세를 가진 왕으로서의 모습이 아니라 그러한 것들을 포기한 듯한 자세를 취한다. 그의 왕 되신 하나님 앞으로 잠잠히, 그리고 겸손히 나아간 것이다.

그리고 다윗은 은총을 베풀어 주시는 하나님께 기도 드리기 시작한다. 자신의 계획이 무산되어 생길 수 있는 수동성이나 체념의 모습이 아니다. 그의 기도를 보면 나단을 통해 전해진 하나님의 말씀에 얼마나 진지하게 귀 기울이는지 알 수 있다.

나단을 통해 전달된 하나님의 메시지는 일인칭 화법이다. 하나님이 모든 문장의 주어다. 앞에서 강조했듯이 하나님께서 직접 일하시는 분이라는 분명한 사실에 다윗은 기도를 통해 반응한다. 기도에 담겨 있는 다윗의 화법에는 그러한 의도가 분명하다. 그 전에는 자신이 하나님을 위해 무엇을 할 것인지를 논했다. 하지만 이제는 하나님이 다윗을 위해 일하셨고 또 일하시고 계신 분임을 강조한다.

원문을 통계적으로 분석해 보면 나단을 통해 주신 하나님의 메시지는 하나님을 일인칭 주어로 하는 스물세 개의 동사로 이루어져 있다. 일인칭으로 말씀하신 하나님에 대한 예의를 갖추듯 다윗은 '당신(you)'이라는 이인칭으로 화답한다.

2절에서의 다윗의 태도와는 확연한 차이가 있다. 2절에서는 하나님을 비인칭 대상(하나님의 궤)으로 칭하던 것에서 변화를 보인다. '그것(it)'이 '당신(you)'으로 바뀐 것이다. 다윗의 기도에는 하나님이 중심이다. 열일곱 번은 하나님을 이름으로 부른다. '주, 여호와, 주 여호와, 만군의 여호와' 등의 호칭을 사용한다. 또한 마흔다섯 번은 하나님을 이

인칭 대명사인 '당신'으로 칭한다. 여호와를 부르는 많은 호격들('주 여호와'만도 7회 언급)과 자기 자신을 '주의 종'(10회)이라고 부른 사실 또한 그 기도의 중심이 하나님이라는 사실을 분명하게 보여 준다.

이 기도의 핵심 주제는 '다윗의 집(7회)의 영원성'에 대한 언약이다. 이는 27절에 나와 있듯이 하나님께서 다윗의 '귀를 여신 것'에 대한 응답이다. 이것은 '선포하셨다'는 의미를 문자적으로 표현한 것이다. 언약의 선포에 대하여 다윗은 기도를 통해 간구하였던 것이다.

다윗의 반응은 우리의 삶을 돌아보게 한다. 바쁘고 분주한 삶을 살아가며 흔히 빠질 수 있는 오류와 착각에 대해서, 그리고 우리가 하나님을 위해서 무언가를 한다고 생각하는 점에 대해서 말이다.

누구든 하나님의 사역에 '주제넘게 참견하는 자(busybody)'로 전락해 버릴 수 있다. 분주한 때일수록 우리는 더 자주 생각해 보아야 한다. 우리가 하나님을 위해 무언가 하는 것보다 하지 않는 것이 훨씬 더 중요할 수 있다는 점을. 그럴 때 일을 벌이겠다고 하며 일으켰던 불필요한 소음이 사라지게 된다. 비로소 진짜 세계, 즉 하나님의 세계를 볼 수 있다. 어느 신학자가 말했듯이 때로 이러한 경건한 순종에서 비롯된 의미심장한 '아무 일도 안 하기'를 그릇되고 무책임한 '아무 일을 안 하기'로 왜곡하는 사람들의 잘못된 비판을 이겨내면서 말이다.

입으로는 자주 언급하나 실제로 행동하기에 부족하다고 여겨지는 표현 하나가 떠오른다. "기도보다 성령보다 앞서지 말라"는 말이다. 우리가 하나님을 위해 무엇을 할 것인가를 놓고 고민하는 상황을 만난다면 한 가지 질문을 던져 보아야 한다. 특히 무언가 하는 것마다 잘되고 있다는 상황에서 더욱 요구되는 질문이다. **바로 "하나님께서 '우리를 위해' 무엇을 하실 것인가?"라는 질문이다.** 그런 후에야 비로소 그 하나님이 '우리를 통해' 어떤 일을 하실 것인가에 대한 기대로 넘어가야 한다.

하나님께서는 우리를 향한 놀라운 계획을 가지고 계시며, 필요한 역할을 주실 뿐 아니라 그 역할을 이룰 수 있도록 도우시는 분이기 때문이다. 그분의 도움을 사모하며 그분에게 그러한 것을 간구하는 우리의 노력이 왜 필요한가를 알아야 한다.

헤세드가 이끄는 삶

잠재적 라이벌을 대하는 리더의 태도
(사무엘하 9장)

동서고금을 막론하고 '의리, 신의'는 인간이 소중하게 여기는 덕목 중에 으뜸으로 치는 것이라고 말할 수 있다. '의리'를 '사람으로 마땅히 지켜야 할 도리'라고 정의하는 것을 보아도 얼마나 그 덕목 자체를 높이 평가하고 있는지 알 수 있다. 또한 '남남끼리 혈족 관계를 맺는 것'이라고 하기도 한다. 혈육이 아닌 사람들과의 관계 속에서 특히 소중히 여기는 덕목임을 알 수 있다. 하지만 현대 사회를 살아가는 사람들은 신의도 의리도 모두 팽개치고 자기만 잘되면 된다는 사고가 팽배하고 있는 듯해서 안타깝다.

이런 측면에서 성경에 나오는 두 사람의 우정과 의리는 모든 이의 마음에 깊은 감동을 준다. 비로 '영원힌 베프(베스트 프렌드)'인 다윗과 요나단이다. 사무엘상 18장 1절에서는 이들의 우정을 "요나단의 마음이 다윗의 마음과 하나가 되어 요나단이 그를 자기 생명같이 사랑하니라"라고 묘사한다. 요나단을 향한 다윗의 마음도 다르지 않다. 요나단이 전사했다는 말을 들었을 때 다윗의 울부짖음에 그 마음이 고스란히 담겨 있다.

"내 형 요나단이여 내가 그대를 애통함은 그대는 내게 심히 아름다움이라 그대가 나를 사랑함이 기이하여 여인의 사랑보다 더하였도다"(삼하 1:26).

이 구절들은 그들의 우정이 얼마나 돈독했는가를 분명하게 보여준다. 이렇게 각별했던 그들은 삶과 죽음으로 서로 갈라진다. 두 사람의 우정은 과연 여기서 끝난 것일까. 그렇지 않다. 오히려 죽음 후에도 우정과 신의는 빛날 수 있음을 본문을 통해 알 수 있다.

참다운 의리와 신의는 죽음조차도 끊을 수 없다

다윗의 왕국은 하나님의 은혜로 지속적으로 확장되어간다. 다윗이 어디로 가든지 여호와께서 이기게 하셨던 것이다(삼하 8:14). 그것이 대외적인 영역에서 다윗에 대한 평가라면 국내적으로도 그는 훌륭한 왕이었다. "온 이스라엘을 다스려 다윗이 모든 백성에게 정의와 공의를 행했다"라는 묘사가 이를 뒷받침한다(삼하 8:15).

국내외적으로 모든 것이 잘 되어가고 있는 상황에서도 다윗이 결코 잊지 않은 것이 있었다. 세상을 떠난 요나단이라는 친구와의 우정이다. 이것은 단순한 우정을 뛰어넘는, 그 이상의 특별한 관계였다. 이곳에 쓰인 단어가 시사하듯 이는 헤세드라는 '언약적 사랑'이 담긴 우정이다. 사무엘상 20장 14-15절과 42절에 나와 있는 서로를 향해 여호와 하나님께 맹세한 언약 말이다.

이는 "여호와께서 영원히 나와 너 사이에 계시고 내 자손과 네 자손 사이에 계시리라"는 예언적 축복이 담긴 언약이었다.

다윗은 그 언약을 결코 잊지 않았다. 그렇다고 하여 끝까지 잊어서는 안 되며 어떠한 상황에서도 감당해야 할 억지로 짊어진 짐은 아니었다. 오히려 요나단과 맺은 언약을 지키는 것은 그에게 기쁨이었다.

다윗은 신하에게 사울의 집에 남은 사람이 있느냐고 묻는다. 그 질문에 대한 의도는 분명하다. '그에게 은총을 베풀기 위함'이다. '은총'이라는 단어는 세 번이나 기록되어 있다(9:1, 3, 7). 남은 자들을 향해 헤세드를 베풀고 싶다는 것이다. 사울에 대한 복수심 대신 긍휼의 마음과, 요나단과의 언약을 향한 신실함을 알 수 있는 부분이다.

사무엘하가 전개되면서 4장에서 잠깐 언급됐던 한 사람의 이름이 재등장한다. 므비보셋이라 불리는 요나단의 아들이다. 4장에서는 사울의 아들인 이스보셋에게 초점이 맞추어져 있기 때문에 므비보셋이 어쩌다 다리를 다쳐 장애인이 되었는가를 살짝 설명하며 지나간다. 9장은 므비보셋에게 초점이 맞춰져 있다. 문학을 연구하는 학자들은 이것을 '간격/갭(gap)'이라 부르며 '편집적 전략(compositional strategy)'의 일부라고 말한다. 잘 만든 영화에서는 결코 무의미하게 더해지는 장면이 없듯이 말이다. 더 이상 '부끄러움의 사람'이라는 의미를 지닌 이스보셋이 아니라, '부끄러움을 없애 버림'이라는 의미를 지닌 므비보셋에 초점을 맞추면서 헤세드가 펼쳐지는 곳에서 어떠한 일이 일어나는지를 보여 준다.

다윗의 신하인 시바가 사울 집안의 남은 자들에 대한 다윗의 질문에 답한다. 요나단에게 아들 하나가 남아 있다는 것이다. 시바는 처음에는 다윗의 의도를 확실하게 깨닫지 못하였거나 정치적 의도가 담긴 것으로 받아들인 것 같다. 그가 말한 므비보셋의 상태에 '다리 저는 자'라는 것이 부각되어 있어, 양 발을 다 못 쓰는 장애인이라는 점보다 오히려 왕이 되기에는 자격 미달임을 강조하는 듯하다. 또는 다윗의 적수나 위협의 대상이 되는 인물이 아님을 밝힘으로 다윗을 안심시키려 한 것 같다. 물론 동정심을 자극하려는 의도였을 수도 있다. 다윗이 앞에서 '헤세드'를 베풀고 싶다고 말했을지라도 혹시라도 숨겨진 또 다른 의도가 있다고 염려했을지도 모른다.

하지만 다윗의 표현에는 진심이 담겨 있었다. 요나단의 아들이 남아 있다는 말에 다윗의 마음이 당장 그에게로 쏠리는 것은 당연한 일이었다. 다윗은 즉시 그가 어디 있는지를 알아본 후 자신에게 데려오게 한다. 죽음 이후에도 요나단과의 언약은 그의 마음속에 살아서 움직이고 있었던 것이다.

참다운 의리와 신의는 다음 세대에도 지속되어야 한다

이렇게 해서 4장에서 소개되었던 므비보셋이 다윗의 부름을 받는다.

성경에는 나와 있지 않으나 다윗을 만나기 전까지 므비보셋의 삶이 어땠을지 상상해 보자. 그는 다섯 살 때부터 장애인이 되었다. 사울 왕과 요나단을 죽인 블레셋과 다윗의 복수가 두려워 급히 도망치던 유모가 발을 헛디딤으로 넘어져 양 발이 다 부러져 버린 것이다. 제대로 치료도 못 받은 그는 평생 절름발이로 로드발이라는 작은 마을에서 폐족의 자손답게 고개도 들지 못하고 살아가게 된다. 한때는 위대했던 사울 가문에 속한 자로 사울의 유일한 후손이었다. 하지만 아무도 그 사실을 알 수 없었다. 사고로 불구가 되어 버렸을 뿐 아니라 어떠한 잘못도 저지르지 않은 불쌍하고 억울한 인물이었다.

그는 단순히 비극적 상황의 희생자였을 뿐이다. 깊은 상처뿐 아니라 피해 의식이 그의 마음속에 자리 잡았을 것을 상상하는 일은 그리 어렵지 않다. 자신이 당한 불행의 원인 제공자 중에 다윗이라는 이름이 어두운 그림자처럼 마음에 남아 있었을 것이다. 외적 이유와 핑계를 끊임없이 찾는 인간의 특성을 생각해 볼 때 므비보셋의 마음에는 모든 것이 결국 다윗 때문이라는 생각이 깊숙이 자리했을 수도 있다.

육체적 장애뿐 아니라 미움과 섭섭함으로 영혼의 장애를 가진 그를 다윗이 부른 것이다. 이름에도 담겨 있는 '치욕(보셋)'을 안은 채 살고 있던 그를 말이다. 순간적으로 므비보셋의 마음에 한 생각이 스쳐 지나갔을 것 같다. '남아 있는 사울의 후손을 찾아내서, 장차 자신의 왕국에 위협이 될지 모를 사람들을 모조리 제거하기로 작정한 것이 아닐까?' 혹시나 하는 두려움에 몸을 떨며, 겁을 먹은 채 다윗에게로 가는 므비보셋의 모습을 그려볼 수 있다. 너무나 오랫동안 최악의 상황을 곱씹으며 살아온 그에게는 자연스러운 반응이었을 것이다.

이러한 두려움과 낮은 자아상은 다윗 앞에서 취한 행동과 자신을 '죽은 개'(9:8)라고 부르는 지극히 굴욕적인 표현을 통해서도 드러난다. 개라는 표현보다도 강한 표현인 '죽은 개'라는 용어를 쓴 것은 자기 비하의 극치였다. 그것도 장애의 몸으로 얼굴을 바닥에 대는 고통과 노력을 수반하여 '엎드려 절하며' 한 말이다.

그의 마음을 이해하고 있다는 듯이 다윗은 제일 먼저 므비보셋에게 '무서워 말라'고 말하며 안심시킨다. 두려움과 불안이 가득한 그를 향한 다윗의 선대였다(9:6-7). 다

윗은 "내가 반드시 네 아버지 요나단으로 말미암아 네게 은총을 베풀리라"(9:7)고 말한다. 므비보셋으로서는 생각지 못한 상황이 눈앞에서 펼쳐진 셈이다. 다윗에게서 부름을 받은 것은 다름 아니라 그로부터 사랑받기 위함이라는 사실 말이다.

다윗은 약속한다.

"내가 네 할아버지 사울의 모든 밭을 다 네게 도로 주겠고 또 너는 항상 내 상에서 떡을 먹을지니라"(9:7).

이것이 '헤세드'다. 변함없는, 변화에 구애받지 않는, 영원한 '언약적 사랑'이다. 세 번 사용된 이 단어는 마치 실제로 액션 포인트가 되듯 '내 상에서 (떡을)먹는다'는 표현으로 세 번 반복된다(9:7, 10, 13).

므비보셋을 향한 다윗의 행동은, 그가 너무도 짧았던 요나단과의 아름다웠던 사랑에 대한 아쉬움의 표현이었다. 다윗이 므비보셋을 처음 만났을 때 그의 이름을 부른 점 또한 간과해서는 안 된다. "다윗이 이르되 므비보셋이여 하니…"(9:6). 이름을 부른다는 것은 그를 인격체로 알아주며 대하겠다는 의미다. 요나단의 아들인 므비보셋을 향한 다윗의 헤세드가 묻어 나오는 것이다.

다윗의 이러한 모습은 우리의 마음속에 자비심을 불러일으킨다. 즉, 예수 그리스도를 믿고 헌신하는 사람들을 향해 사랑을 실천하며 사는 법을 전해 준다. 우리가 이 세상을 어떻게 살아야 하는가를 말이다.

참다운 의리와 신의는 딜레마를 뛰어넘어야 한다

므비보셋은 다시금 이야기에서 사라졌다가 여러 해가 지난 후 세 번째로 다시 등장한다. 이번엔 압살롬이 반역을 일으켰던 기간 중이었다.

다윗이 압살롬을 피해 예루살렘에서 도망 중인 상황에서 므비보셋의 종으로 섬기게 되었던(삼하 9:12) 시바가 다시 한번 등장한다. 왕을 위해 나귀와 함께한 군사들을 위해 '떡과 과일'을 가져왔다고, 시바는 말한다(삼하 16:1-2). 다윗과 시바의 대화 속에서 므비보셋이 배반자가 되어 압살롬을 지지하고 있다는 암시를 읽을 수 있다.

"그(므비보셋)가 말하기를 이스라엘 족속이 오늘 내 아버지의 나라를 내게 돌리리라 하나이다"(삼하 16:3).

다윗은 그런 시바의 말에 100% 의존하여 므비보셋에게 벌을 내리며 그의 모든 소유를 시바에게 주어 버린다.

"왕이 시바에게 이르되 므비보셋에게 있는 것이 다 네 것이니라 하니라"(삼하 16:4).

교활하게 다윗을 속이며 아첨하고 있는 듯한 시바의 말 한마디에 요나단과의 언약이 허망하게 무너지고 만 것같이 보인다. 다윗이 왜 이토록 성급하게 시바에게 상급을 주었는지에 관해 성경은 침묵한다. 압살롬을 피해 도망가고 있는 상황에서 다윗이 판단력을 충분히 발휘할 수 없지 않았을까 추측해 볼 따름이다.

실제로 들어본 므비보셋의 이야기는 시바의 이야기와는 달랐다 (삼하 19:24-30). 므비보셋의 행색은 그의 이야기가 진실임을 확증해 준다. 수염도 깎지 않고 옷도 한 번 갈아입지 않은 듯한 그의 모습은 분명 다윗이 없는 동안 비탄 속에서 지낸 자의 행색이었다. 그러나 다윗은 누구의 말이 진실인지를 따지려 하지 않았다. 둘 중에 하나는 거짓말을 하고 있는 것이 분명하나 일일이 따져서 시시비비를 가려내려 하지 않았다. 오히려 단순히 두 사람 모두를 자신의 도시와 집으로 다시 받아들인다.

하지만 독자들은 누가 바른 말을 하고 있는지를 알 수 있다. 다윗이 므비보셋을 향해 '시바와 밭을 나누라'고 말했을 때 므비보셋의 응답을 통해서 말이다.

"내 주 왕께서 평안히 왕궁에 돌아오시게 되었으니 그로 그 전부를 차지하게 하옵소서"(삼하 19:30).

마치 칼로 아이를 둘로 나누어 반을 받기보다는 아이를 살려서 다른 여자에게 주라고 요청하는 어머니가 진짜 아이의 어머니라고 판결했던 솔로몬처럼 말이다(왕상 3:16-28). 다윗이 속 시원히 답해 주었으면 좋았을 텐데 하는 아쉬움이 남는다.

시바를 어떻게 했는지에 대해 성경은 침묵한다. 학자들의 의견 또한 분분하다. 성경에 나오는 기록에 의존하여 평가해 볼 때, 시바는 자신의 주인을 속이고 다윗왕에게 그 주인을 참소하는 죄를 저질렀다는 쪽으로 기울어진다. 그럼에도 불구하고 다윗은 시바를 그대로 받아 준다. 다윗이 지닌 사랑은 배신과 무책임, 거짓말과 위선까지 포용할 수 있을 만큼 크고 넓었음을 볼 수 있다.

어쨌든 분명히 보아야 할 사실은 주인을 속이고 그 주인을 참소하는 하인이 있는 사울 집안은 점점 몰락해 가고 있는 점이다. 심지어 미래의 잠재적 위협 요소인 므비보셋의 아들 '미가'(9:12)를 허락하며 나중에는 그를 통해 므비보셋의 자손들이 번창했음에도 불구하고(대상 8:35-38; 9:41-44) 다윗의 왕권에는 아무 일이 없을 뿐 아니라 하나님의 축복이 이어진다.

다윗의 이러한 모습은 우리 모두로 하여금 그와 같은 삶을 본받도록 도전하고 있다. 하지만 그 이상의 것이 있다. 다윗은 앞으로 올 메시아의 표상(type)이라는 것이다.

한 의로운 인간의 헤세드가 이러할진대 하나님의 헤세드는 어느 정도일까? 우리에게 헤세드를 베푸시기를 멈추지 않으시는 하나님을 생각하며 로마서 8장 32절의 말씀을 기억하자.

"자기 아들을 아끼지 아니하시고 우리 모든 사람을 위하여 내주신 이가 어찌 그 아들과 함께 모든 것을 우리에게 주시지 아니하겠느냐."

구약의 헤세드는 신약에서 '은혜'라는 개념으로 설명할 수 있다. 받을 자격이 없는 우리에게 베푸시는 구원의 은혜는 다른 모든 것 또한 주실 것을 함축하고 있음을 기억하며 감사하는 마음으로 살아야 하겠다.

PART 3. 실패

다윗의 무릎으로 성공을 배우다

죄는 다루어져야 성공한다

덮을 수 없는 죄
(사무엘하 11-12장)

    다윗 왕의 인생 역정(歷程)을 그래프로 그려 보자면 두 개의 거대한 변곡점을 발견할 수 있다. 일반적으로 인간사가 그렇듯 변곡점으로 이끄는 사건은 특정 사람과의 만남과 관련이 있다.

    다윗의 경우 그 둘은 크게 대조를 보인다. 하나는 다윗의 인생을 일약 영웅으로 만들었고, 다른 하나는 잔혹하고 교활한 범죄자로 만들어 버렸다. 하나는 어리고 무명이었을 때 일어나 그가 유명세를 타는 쪽으로 이끌었다면, 다른 하나는 생애 최대의 전성기 시절에 그를 한순간에 무너지게 만드는 역할을 한다. 전자는 골리앗과의 만남이요, 후자는 바로 밧세바라는 여인과의 만남이다.

    이 두 사람과 만남으로 다윗의 인생은 극한의 대조를 보인다. 그들 두 사람을 비교해 보아도 묘한 극과 극의 대조를 이룬다. 신체적 특징만을 보아도 하나는 추하고 잔인한 거인인 반면 다른 하나는 아름답고 연약한 여인이다. 또한 골리앗이 포악한 자이고, 밧세바는 그저 희생양이었을 뿐이다.

굳이 공통점을 찾자면 둘 다 다윗을 일종의 시험장으로 이끌어낸다는 것이다. 골리앗이 다윗의 믿음의 용기에 대한 시험의 대상이었다면, 밧세바는 다윗의 순간적 욕정에 대한 시험의 대상이었다. 첫째 경우 일생일대의 승리를 맛보았지만 둘째 경우는 도저히 되돌릴 수 없는 끔찍한 범죄를 저지르고 말았다. 그것도 인생 전체를 놓고 볼 때 가장 잘 풀리고 있던 때에 일어난 일이다. 영웅이고 성군이었던 다윗은 '우리아의 아내'인 밧세바와의 만남에서 철저히 실패해 버린다. 이를 통해 우리는 반면교사(反面教師)로 삼을 교훈을 얻는다.

스스로가 섰다고 생각할 때 넘어질까 두려워해야 한다

다윗은 인생에서 가장 여유 있고 편한 시간을 맞이한다.

암몬 자손들과의 전쟁을 치르는 순간에도 그는 부하들만 전쟁터에 보내고 여유를 즐긴다. 왕으로서 위치가 굳건해진 증거이기도 했다. 함께 나가 자신의 실력을 증명해 보일 필요가 없어진 것이다. 또는 그리 대수롭지 않은 전쟁이어서 그랬을 수도 있다. 이유야 어쨌든 부하들이 전쟁터에 나가 있는데 다윗은 혼자 '그대로 있더라'(11:1) 하는 대목은 뭔가 불길한 느낌을 준다.

그렇게 여유로운 나날을 보내던 어느 날 늦은 오후(개역개정의 '저녁때에'라기보다는) 시간이었다. 다윗은 낮잠을 늘어지게 자고 난 후 궁전 옥상을 거닐고 있었다. 왕궁이 높은지라 근처 집들의 안뜰이 내려다보이는데 우연히 한 여인이 목욕하는 장면이 눈에 띈다. '심히 아름다워 보이는' 여인이었다. 이렇게 다윗의 눈에 띄었다는 면에서 어떤 이는 밧세바가 유혹했다고 주장하기도 한다. 하지만 성경 말씀을 통해서는 전혀 그런 증거를 발견할 수 없다. 그녀는 하필 그 시간에 목욕을 한 '희생양'일 뿐이다. 그 순간 다윗의 판단력과 절제력은 흐려진다. 심지어 싸움터에 나가 있는 우리아의 아내임을 알고 나서도 욕정을 이겨내지 못한 채 그녀를 데려오게 해서 잠자리를 같이 한다.

성경은 "부정함을 깨끗하게 하였으므로"(11:4)라는 표현을 통해 그녀가 배란기일 수 있음을 암시한다. 아니나 다를까 한 달쯤 지났을 때, 밧세바는 임신한 사실을 알고 다윗에게 전갈을 보낸다(11:5). 다윗은 순간적으로 고민했을 것이다. 그러나 유혹의 순간에서 망설임 없이 그녀와 잠자리를 함께했던 신속함으로 즉시 행동을 개시한다.

그에게 떠오른 속셈은 그녀의 남편인 우리아를 전쟁터에서 불러들여 한 달의 휴가를 주는 것이었다. 문제를 다루는 데 능수능란해진 탓일까? 더 이상 문제를 놓고 하나님께 기도드리며 답을 구하던 모습을 그에게서 찾아볼 수 없다.

다윗이 왜 그러했을까에 관해선 우리도 답을 정확하게 알고 있다. 일반적으로 우리 또한 자신의 죄 문제는 일단 스스로 해결하고자 하는 경향이 있기 때문이다. 그래 봤자 잔꾀에 불과한 '지혜'를 통해 어떻게든 자신의 죄를 감추고자 노력하는 경우가 많다. 죄를 해결하기보다는 덮고 감추는 '꼼수'에 불과한데 말이다. 본문에서의 다윗 같은 행동으로 문제를 크게 만든 다음 하나님께 가져오곤 하는 것이 우리의 일반적 모습이다.

다윗은 우리아를 전쟁터에서 데려온다. 한 달간 '포상' 휴가를 줌으로써 이 문제를 해결하려 한 것이다. 우리아는 곧장 집으로 가서 아내와 잠자리를 같이 할 것이고, 그러면 장차 태어날 아이는 당연히 우리아의 아이로 여겨지리라 생각했던 것이다. 지극히 단순하지만 그럴듯한 논리였다. 우리 시대와 같이 유전자 검사도 없을 때였다. 최악의 경우 '발가락이 닮았다'는 이유로 우리아도 자신의 아이로 받아들일 수밖에 없었을 것이다.

모든 것이 잘 되어가는 상황에서 다윗은 교만에 빠져 버린 것이다. "선 줄로 생각하는 자는 넘어질까 조심하라"(고전 10:12)는 말씀이 떠오른다.

때로는 축복이 우리를 오히려 시험으로 인도하는 배경이 되기도 한다. 그래서 축복을 누리는 상황이 앞에 펼쳐질 때 교만해져서는 안 되며, 그러한 축복들이 하나님으로부터 온 것임을 기억해야 한다.

"네 하나님 여호와께서 네 조상 아브라함과 이삭과 야곱을 향하여 네게 주리라 맹세하신 땅으로 너를 들어가게 하시고 네가 건축하지 아니한 크고 아름다운 성읍을 얻게 하시며 네가 채우지 아니한 아름다운 물건이 가득한 집을 얻게 하시며 네가 파지 아니한 우물을 차지하게 하시며 네가 심지 아니한 포도원과 감람나무를 차지하게 하사 네게 배불리 먹게 하실 때에 너는 조심하여 너를 애굽 땅 종 되었던 집에서 인도하여 내신 여호와를 잊지 말고 네 하나님 여호와를 경외하며 그를 섬기며 그의 이름으로 맹세할 것이니라"(신 6:10-13).

이것이 바로 시편 기자가 '고난을 당하는 것이 내게 (오히려)유익'일 수 있다고 말하는 이유이기도 하다(시 119:71).

하나님께서 허락하신 축복을 누리고 있다면 감사하는 마음으로 늘 깨어 있어야 한다. 반대로 고난 중에 있다면 그 속에 담긴 '유익'을 찾아내며 사는 것이 믿는 이들의 삶이다.

회개하지 않은 죄는 또 다른 죄를 낳는다

예상하지 못했던 특별 휴가를 받은 우리아는 과연 다윗의 기대대로 행하였을까?

11장 전체에서 우리아와 연관된 설명이 장황하게(11:6-15, 18-25) 펼쳐지고 있다. 그가 바로 이 사건 전체에서 중심이라는 사실을 보여 준다. 그는 헷 족속, 즉 가나안 족이지만 그의 이름으로 보아 그가 유대교로 개종했거나 아니면 그의 아버지가 개종했을 것으로 추측할 수 있다. 이름의 의미도 '여호와는 나의 빛'이라는 경건한 뜻을 가지고 있다(마태복음 1장 6절을 보면 '우리야'로도 불림).

우리아를 만난 다윗은 그를 향해 '샬롬'이라고 인사한다. 그것도 너무 지나치게 많이 사용함으로 그의 속셈을 알고 있는 독자들이 부담을 느낄 정도다. 실제로 히브리어를 보면 '샬롬'을 세 번 더하며 요압, 군사 그리고 싸움의 상황을 묻는다. 역설적인 복선이 깔리는 순간이다. 샬롬이라는 단어가 지닌 의미와는 전혀 다른 상황이 등장인물 세 사람(다윗, 밧세바, 우리아) 모두에게 벌어질 것이기 때문이다.

다윗은 세운 전략대로 실천하기 시작한다. 음식까지 함께 보내며 집으로 내려가라고 명한다(11:8-11). 하지만 9-10절을 보면 우리아가 '내려가지 않았다'는 표현이 세 번이나 반복되어 있다. 다윗이 원하는 것은 우리아가 자기 집으로 가는 것인데, 충성된 우리아가 유일하게 불순종하는 모습은 집으로 가지 않은 것뿐이다. 그가 충직한 군인 중의 군인이었음을 더욱 분명히 보여 준다. 자신의 동료들이 전쟁터에서 고생하고 있는 상황에서 아내와 즐거운 시간을 갖는다는 것은 도저히 있을 수 없다는 것이다.

오히려 그는 다윗 궁전의 문간에서 잠을 잔다. '언약궤가 전쟁터에 있는데'(11:11)라는 우리아의 표현에서도 그의 결연한 의지를 엿볼 수 있다. 하지만 우리아의 이러한 발언이 다윗에게는 조금도 감동이나 찔림으로 다가오지 않는다. 오히려 그를 더욱 안절부절못하게 만들 뿐이다.

다윗은 더 실효성이 있을 듯한 전략을 동원한다. 우리아를 위해 술 파티를 열어 준 것이다. 술의 힘을 빌려 밧세바와 잠자리를 갖도록 시도한 것이다. 그러나 여전히 우리아는 충성심 때문에 그날 밤도 왕의 신하들과 함께한다. 이렇게 신실하고 충성스러운 사람이 있을까.

성경에는 기록되어 있지 않지만 13-14절 사이에는 다윗이 준 술에 취해 편안하게 잠을 잔 우리아와, 그런 우리아를 생각하며 잠을 못 이루며 고민하는 다윗의 모습을 상상해 볼 수 있다. 결국 다윗은 우리아를 제거하지 않는 한 문제를 해결할 수 없다고 결론을 내린다. 그래서 사악한 꾀가 담긴 내용을 요압에게 전달하게 만든다. 그것도 아무 잘못이 없는 충신인 우리아의 손을 빌려서 말이다. 자신을 죽이라는 편

지인 것을 전혀 모른 채 우리아는 요압에게 전달한다. 그 내용은 요압에게 우리아가 죽게 될 것이 확실한 전방에 배치시키라 명령하는 내용이었다.

"그 편지에 써서 이르기를 너희가 우리아를 맹렬한 싸움에 앞세워 두고 너희는 뒤로 물러가서 그로 맞아 죽게 하라 하였더라"(11:15). 한마디로 간접적 청부살인인 것이다.

요압은 그러한 음모를 지시대로 즉각 실행에 옮긴다. 바로 다음날 전투에서 가장 위험한 지역에 배치된 우리아는 전사한다. 그의 죽음을 알리는 전갈이 다윗에게 도착하고, 정한 애도의 기간이 끝나자 다윗은 밧세바를 데리고 그녀와 결혼하는 것으로 이야기는 일사천리로 전개된다.

우리아와 같은 충성스러운 부하를 사지(死地)로 내몬 후 눈 하나 꿈쩍하지 않는 듯한 다윗의 모습은 우리를 당황하게 만든다. 욕정을 이기지 못해 범한 죄가 결국 청부살인으로 이어진 셈이다.

우리가 기억해야 할 사실은 대부분의 죄가 그렇듯이, 다윗의 죄 역시 은밀하고 점진적인 과정을 거친다는 점이다. 죄를 지었을 때 회개하지 않고 무마하거나 덮으려 할 때 그 죄는 또 다른, 그리고 더 커다란 죄로 이어진다. 죄라는 것에 담겨 있는 특성인 도미노적인 악순환이 일어난다. 야고보서에서도 그러한 것을 일깨워 준다.

"각 사람이 시험을 받는 것은 자기 욕심에 끌려 미혹됨이니 욕심이 잉태한즉 죄를 낳고 죄가 장성한즉 사망을 낳느니라"(약 1:14-15).

그렇기에 만약 죄를 지었다면 감추려 하기보다는 성경의 말씀대로 되도록 빨리 그리고 제대로 회개하는 것이 중요하다.

"만일 우리가 우리 죄를 자백하면 그는 미쁘시고 의로우사 우리 죄를 사하시며 우리를 모든 불의에서 깨끗하게 하실 것이요"(요일 1:9).

회개하지 않은 죄는 그 대가를 지불하게 된다

다윗이 자신의 범죄를 덮기 위해 고안한 또 다른 범죄에 자연스레 공모자가 되어 버린 요압 장군은 다윗왕 다음인 제2인자다. 2인자로서 1인자인 다윗의 계략을 공모한 살인 청부인이 되어 버린 것이다. 요압이 전령에게 우리아의 죽음에 대해 어떻게 보고할 것인가를 명령하는 모습을 보면 놀라울 정도로 다윗의 성격을 잘 파악하고 있다는 사실을 발견하게 된다.

"요압이 사람을 보내 그 전쟁의 모든 일을 다윗에게 보고할새 그 전령에게 명령하여 이르되 전쟁의 모든 일을 네가 왕께 보고하기를 마친 후에 혹시 왕이 노하여 네게 말씀하시기를 너희가 어찌하여 성에 그처럼 가까이 가서 싸웠느냐 그들이 성 위에서 쏠 줄을 알지 못하였느냐 여룹베셋의 아들 아비멜렉을 쳐죽인 자가 누구냐 여인 하나가 성에서 맷돌 위짝을 그 위에 던지매 그가 데벳스에서 죽지 아니하였느냐 어찌하여 성에 가까이 갔더냐 하시거든 네가 말하기를 왕의 종 헷사람 우리아도 죽었나이다 하라"(11:18-21).

요압이 다윗과 오랫동안 시간을 보낸 심복이니 당연할 것이다. 다윗의 반응을 예상하고 있을 뿐 아니라 어떻게 응대할 것인지까지 잘 계산하여 전령에게 상세히 전달하고 있다.

우리아의 죽음을 알려야 하나 그 자체가 보고의 중심으로 비춰지는 것은 피해야 했다. 동시에 자신이 군대장관으로서 작전 계획을 잘못 세워 사상자들이 난 것에 대한 책임을 면하고자 한 요압의 노력 또한 볼 수 있다. 작전 중 약간의 무리수가 있었던 이유는 우리아 때문이라는 점을 인식시켜야 했던 것이다. 명분과 실리를 다 챙겨야 하는 요압이란 인물의 특성을 잘 보여 준다. 그는 사사기 9장 53-54절의 사건까지 언급한다. 기드온의 별명인 여룹베셋의 아들 아비멜렉이 여인의 맷돌 위짝에 맞아 죽은 사건 말이다.

요압은 성에 가까이 간 것에 대해 다윗이 이 사건을 얘기할 것이라고 예상하고 있는 듯하다. 그래서 예상 질문까지 대비해 철저하게 답변을 준비한다. 이 이야기는 '양날의 칼' 같은 메시지를 품고 있다. 아비멜렉이라는 악한 왕은 여인에 의해 '수치스러운' 죽음을 맞이하는데, 다윗의 악행도 결국 여인 때문에 저질러진 것임을 은근히 지적하고 있기 때문이다.

요압이 전하라 명했던 말과는 달리, 전령의 보고는 실제로 약간 다르다. 적들이 우세하여 먼저 들로 나왔는데, 아군이 이들을 치기 위해 성문 어귀까지 따라갔다고 말한다. 성에 가까이 갈 수밖에 없었던 필연성에 대한 설명이다. 바로 그때에 활 쏘는 자들이 성 위에서 왕의 신복들을 향하여 쏘매 그들 중 몇 사람이 죽었다고 말한다. 그리고 마지막으로 요압이 강조한 말로 끝을 맺는다. "왕의 종 헷 사람 우리아도 죽었나이다"(11:24). 아마도 이들은 왕이 화를 낼 수 있다는 요압의 말에 겁을 먹고 최대한 전략적으로 설명한 것 같다.

하지만 보고의 마지막에 나오는 핵심 강조점은 동일하다. 전령도 다윗이 가장 듣고 싶어 하는 것이 무엇인지를 아는 듯하다. '그 왕에 그 신하들'이라는 표현이 절로 나온다. 요압은 다윗의 살인 지시를 실천에 옮겼고, 요압의 전령은 진실을 숨기고 그저 왕의 눈치를 살피며 그럴 듯하게 꾸며댄다. 전체 본문에서 유일하게 선하고 진실한 다윗의 신하는 역설적으로 죽임을 당한 충성스럽고 무고한 우리아뿐이다. 물론 우리 모두가 알고 있듯이 다윗의 관심거리는 우리아가 어떻게 죽었는가에 대한 것이 아니라 '그가 제거되었는가'였다.

다윗은 그가 죽었다는 보고를 듣자마자 안도하며 갑자기 위로자와 격려자로 변한다. 요압에게 사상자가 난 것에 대해 걱정하지 말라고 말한다(11:25). 결국 '병가지상사(兵家之常事) 아닌가'라는 말투였다. '전쟁은 다 그런 것이기에 죽이기도 하고 죽기도 하는 것이지.'라는 논리 말이다. 그리고 '더욱 힘쓰라, 담대하라'(11:25)고 결론을 내린다. 하나님께서 여호수아에게 마음을 강하게 하라고 격려하신 단어들과 동일한 단어들이다. 대단한 아이러니를 담고 있다.

모든 범죄가 그러하듯 공모자들 간에는 항상 문제가 생긴다. 그 일 때문이었는지 요압은 점차 다윗에 대한 존경심을 잃어버리게 된 것 같다. 그것은 다윗의 말년에 아도니야라는 왕자가 반란을 일으켰을 때 완전히 표면화된다. 요압은 다윗을 버리고 반란 대열에 합류해 버린다. "공모자는 인제든 내 등을 찌를 수 있다."는 표현이 생각난다. 다윗은 우리아뿐만 아니라 결국 요압도 잃어버리게 된다. 물론 우리아를 제거하는 데 앞장선 자로 밧세바의 아들이기도 한 솔로몬에 대한 요압의 저항으로 해석할 수도 있을 것이다.

그러나 중요한 것은 범죄를 공모한 이들 사이에 일어난 궁극적인 배반을 보아야 한다. 물론 그건 나중에 일어난 다윗이 치른 죄의 대가다. 가까이에는 다윗과 밧세바 사이에 잉태된 아이의 죽음이 있다. 다윗의 집안에서 엄청난 비극이 시작된 것이다. 하나님께서 그에게 말씀하신다.

"이제 네가 나를 업신여기고 헷 사람 우리아의 아내를 빼앗아 네 아내로 삼았은즉 칼이 네 집에서 영원토록 떠나지 아니하리라"(12:10).

누구나 죄를 범하지만 사람들 간에 차이가 있다면 범한 죄를 어떻게 해결하는가에 있을 것이다. 이곳에 기록된 다윗의 경우를 살펴보며 '남의 실수를 통해 배운다.'는 반면교사의 의미를 새겨본다.

회개할 때 성공한다

이중잣대라는 유혹의 달콤함
(사무엘하 12장)

　인간은 살아가면서 어느 누구도 예외 없이 죄를 짓는다. 중세의 신학자들은 이런 인간의 속성을 '죄를 짓지 않을 수 없는(not able not to sin) 존재'라고 표현했다. 심지어 예수 그리스도 안에서 거듭나 의롭다 칭함(justification)을 받은 이들일지라도 '죄를 짓지 않을 수 있는 (그러나 여전히 죄를 지을 수 있는, able not to sin) 존재'로 살아간다. 믿는 자들일지라도 여전히 죄를 지을 수 있기에 성화(sanctification)가 필요한 것이다. 오직 죽은 후 경험하게 되는 영화(glorification)를 통해서만이 더 이상 '죄를 지을 수 없는(not able to sin) 존재'로 바뀌게 된다.

　성경은 이러한 사실을 부정하는 이들을 향해 '스스로를 속이며 진리가 없는 자들'(요일 1:8)이며, 더 나아가 '하나님을 거짓말하는 이로 만드는 것'(요일 1:10)이라 말한다. 하나님께서는 우리를 아시며 우리를 위한 해결책을 주셨다는 사실을 부정하는 것이기 때문이다. **하나님이**

제공해 주신 해결책은 바로 죄를 지었을 때는 지체하지 말고 되도록 빨리 그 죄를 자백하여 깨끗게 하심을 경험하라는 것이다(요일 1:9).

다윗과 같은 의로운 왕조차도 순간의 욕정에 이끌려 엄청난 범죄를 저지른다. 그의 경우 밧세바와의 불륜에서 끝나지 않았다. 그녀의 임신을 감추기 위한 시도가 자신의 충복인 우리아를 죽이는 더 '끔찍한' 죄로 이어졌다. 죄를 죄로 덮으려는 시도가 더 엄청난 범죄를 낳은 것이다.

요즘도 범죄가 드러났을 때 '기억이 나지 않는다'는 거짓 핑계를 대거나 '모른다'고 부인(否認)하는 모습을 미디어를 통해 볼 수 있다. 지속적으로 지은 죄를 부정하며 또 다른 죄를 짓고 있는 것이다. 하지만 다윗의 경우는 달랐다. 비록 그의 약함으로 인해 범죄했지만, 그 사실을 지적받았을 때 보통 사람들과는 다르게 반응한다. 그의 경험과 모습 속에서 중요한 교훈을 배우게 된다.

나단의 설교로 죄를 지적받은 다윗

하나님의 말씀은 제일 먼저 우리 각자에게 적용해 보아야 한다.

다윗에겐 현대판 '담임 목사' 한 사람이 있었다. 바로 나단이라는 선지자로 영적 조언자이기도 하다. 그는 중요한 상황마다 등장할 뿐 아니라 지속적으로 다윗의 편에서 돕는 충성스러운 조연의 역할을 감당한다. 앞에서는(7장) 성전에 대한 질문과 연관하여 등장했고, 나중에는 솔로몬이 왕이 되는 데 중요한 역할을 수행한다(왕상 1장).

12장 1절은 하나님께서 나단을 다윗에게 보내셨다는 말로 시작한다. 하나님의 속성을 잘 보여 주는 부분이다. 하나님은 사랑하는 자가 죄를 범했을 때 그냥 '내버려두지' 않으시는 분이다. 나단은 다윗을 만나 짧고 단순한 이야기 한 편을 전한다.

한 부자가 손님을 접대하기 위해 양을 잡아 식탁에 올리려 했다. 당연히 자신의 많은 양과 소 가운데 하나를 잡아도 되는데도 불구하고, 오히려 이웃집 가난한 사람이 가진 양을 빼앗아 그것으로 대접했다는 내용이다. 그것도 그 사람에겐 한 마리밖에 없을 뿐 아니라 가족과 같이 소중한 암양 새끼였는데 말이다. 그렇게 비열한 수단으로 얻은 음식물로 행인을 대접하여 겉으로는 관대하고 인정 많은 사람으로 행세하는 부자에 대한 이야기다.

그 얘기를 들은 다윗은 그 부자를 향해 문자적으로 해석하면 '죽음의 아들(히브리어로 '벤 마웨트', 개역개정에는 '마땅히 죽을 자'라 해석하고 있음)'이라는 강한 표현을 사용한다. 잔인무도한 부자를 향한 분개를 표하며 의로운 재판관으로서 사형 선고가 마땅하다고 말한 것이다. 그리고 네 배나 더 배상해야 한다고 더한다.

독자는 바로 앞 장에서 다윗이 우리아를 죽게 만들었다는 것을 알기에 나단의 이야기에 담긴 의도를 감지할 수 있다. 하지만 아무런 의심 없이 이야기를 듣던 다윗은 자신이 행한 일과 연관시키지 못한다. 그렇게 방심한 채 불의한 부자를 향해 분노하고 있는 다윗을 향해 나단은 '돌직구'를 던진다.

"당신이 바로 그 사람이라"(12:7).

나단과 다윗 사이에 주고받은 대화를 통해 한 가지 중요한 사실을 발견할 수 있다. 우리도 하나님의 말씀을 읽거나 설교를 들으며 그 말씀을 그저 일반적 선언이나 막연한 견해로 받아들이지 않았는가? 그럴 때 우리의 반응은 수동적일 수밖에 없다. 그러한 모습을 떨쳐내지 않는다면, 우리는 변화와 성장을 체험하지 못할 것이다. 심지어 '내로남불(내가 하면 로맨스 남이 하면 불륜)'이라 불리는 행동을 서슴지 않는 존재가 되어 버릴 수도 있다.

만약 우리의 태도 속에 그런 모습이 있다면 변화되어야 한다. **말씀에 3인칭이 아니라 1인칭으로 접근해야 한다는 것이다. 무슨 말씀을 듣든지 나와 무슨 관계가 있는가 하는 질문을 통해 내 삶에 적용하려는 적극적인 태도가 필요하다. 그럴 때만이 우리를 성장시키며 변화시키시는 하나님의 거룩한 뜻을 깨닫게 된다.**

회개를 통해 깊은 은혜를 누리다

죄를 깨닫는 순간이 은혜 받기 시작하는 순간이다.

나단의 '돌직구성 발언'을 향한 다윗의 반응을 보며 '역시 다윗이구나.'라는 생각을 하게 된다. 다윗은 그 발언에 대해 부정하거나 핑계를 대지 않는다. 어떻게 그런 말을 할 수 있냐며 화를 내지도 않는다. 그저 나단이 전하는 하나님의 말씀을 잠잠히 듣는다. 하나님께서는 나단을 통해 어떻게 그를 택하셨으며 많은 축복으로 인도하셨는가를 떠오르게 하신다. 그러고도 부족하였을 것 같으면 더 주었을 것이라는 하나님의 마음 또한 전달하신다.

"내가 너를 이스라엘 왕으로 기름 붓기 위하여 너를 사울의 손에서 구원하고 네 주인의 집을 네게 주고 네 주인의 아내들을 네 품에 두고 이스라엘과 유다 족속을 네게 맡겼느니라 만일 그것이 부족하였을 것 같으면 내가 네게 이것 저것을 더 주었으리라"(12:7-8).

그러기에 그런 끔찍한 죄를 범한 것은 하나님을 업신여긴 것이라고 지적한다. 그것도 두 번씩이나 강조하시며 말이다(12:9-10). 지적을 듣고 난 다윗은 선언한다.

"내가 여호와께 죄를 범하였노라"(12:13).

다윗의 특별함이 돋보이는 부분으로 우리 모두가 본받아야 할 모습이기도 하다.

많은 이들이 다윗의 '죄 고백' 자체를 소망이 가득 담긴 선언으로 보았다. 성 어거스틴이 한 말로 전해지는 라틴어 어구 하나가 이것과 연결된다. 바로 '펠릭스 쿨파(felix culpa)'라는 슬로건으로 표현한 소망이다. 이 슬로건은 '오 행복을 낳는 죄(O happy sin)'라는 의미로, 우리는 죄를 인정하고 고백할 때에야 비로소 죄에서 구원하시는 하나님을 인지하고 응답할 수 있다.

인간은 이 땅에 거하는 동안 성화를 추구하긴 하나 온전한 성화는 불가능하다. 의로움을 입은 자들일지라도 죄를 범할 수 있다. 그것이 우리의 모습이며 현실이다. 그렇기에 죄를 지었을 때 범한 죄를 깨닫는 것이 너무나도 중요하다.

하지만 많은 이들이 죄를 지었을 때도 죄를 있는 그대로 직시하기 싫어하고 그 죄를 정당화하려 한다. 오히려 에덴 동산에서 아담과 하와와 같이 다른 대상에게 책임을 떠넘기려 든다. 아담은 하와에게, 하와는 뱀에게 했듯이 말이다. 그것도 그녀를 '하나님이 주셔서 나와 함께 있게 하신 여자'라 묘사함으로 하나님께 책임을 전가하고 있다(창 3:12-13). 왜 그럴까? 창세기의 에덴 동산에서 아담과 하와가 범했던, 스스로 하나님의 자리에 오르려는 욕망의 결과일까? 아니, 스스로 그렇게 생각하며 그런 환상을 잃어버리고 싶지 않기 때문일지도 모른다.

이러한 모습이 인간들의 일반적인 모습이기에, 오히려 자신의 죄를 인정할 때 비로소 경험할 수 있는 자유를 어거스틴은 위와 같이 표현하였을 것이다. 다르게 표현하면 이러하다. **죄를 짓는 순간이 아니라, 지은 죄를 '깨닫는' 매 순간이 은혜 받기 직전이다.** 물론 죄를 가볍게 여기자는 뜻이 결코 아니다. 오히려 죄를 경히 여기지 말고 제대로 해결하자는 것이다(롬 6:1-2). **죄를 인정하고 회개함으로 얻게 되는 은혜를 통해 죄를 이기는 능력을 키워가야 한다.**

나단의 설교를 통해 다윗은 죄에 대해 '잠시' 잃어버렸던 감각을 되찾는다. 비록 자신이 지은 죄를 용서받고 죽지는 않으나 다가올 '대가 지불'(12:14)에 대해서도 순응하듯 받아들인다. 이어지는 그의 회개와 기도에 그 모습이 담겨 있다.

태어난 아이가 원인 모를 질병을 앓고 있는 동안에 다윗은 애도자로 행동한다. 금식하며 밤새도록 땅에 엎드려 철저히 자복한다(12:15-17). 다윗의 애절한 기도에도 불구하고 14절에서 언급되었듯이 아이는 죽는다. 이후 다윗의 행동은 신하들조차 이해하기 힘든 것이었다.

"다윗이 땅에서 일어나 몸을 씻고 기름을 바르고 의복을 갈아입고 여호와의 전에 들어가서 경배하고 왕궁으로 돌아와 명령하여 음식을 그 앞에 차리게 하고 먹은지라 그의 신하들이 그에게 이르되 아이가 살았을 때에는 그를 위하여 금식하고 우시더니 죽은 후에는 일어나서 잡수시니 이 일이 어찌 됨이니이까 하니"(12:20-21).

아이가 살아 있을 때보다 죽었을 때 더욱 슬퍼하는 것이 일반적이기 때문에 신하들의 의문은 당연하다. 이에 대해 다윗은 명쾌하게 답한다.

"이르되 아이가 살았을 때에 내가 금식하고 운 것은 혹시 여호와께서 나를 불쌍히 여기사 아이를 살려 주실는지 누가 알까 생각함이거니와 지금은 죽었으니 내가 어찌 금식하랴 내가 다시 돌아오게 할 수 있느냐 나는 그에게로 가려니와 그는 내게로 돌아오지 아니하리라 하니라"(12:22-23).

살아 있을 때는 혹시 하나님께서 자신에게 긍휼을 베풀어 마음을 돌리실까 하여 간절히 구하였으나, 아이의 죽음을 통해 하나님의 의향을 확인했다는 것이다. 그에 더해 죽은 아이는 다시 되돌아올 수 없다는 것이 다윗의 설명이다. 솔직히 말해 그의 태도에 관해 우리 역시 온전히 이해하기 힘들다. 아이를 잃은 아버지의 모습과 거리가 있어 보이기 때문이다. 그러나 분명한 사실은 하나님께서 하신 말씀에 순응해 자기 겸비로 모든 것을 받아들이고 있다는 것이다. 죄의 대가의 일부인 '아이의 죽음'이라는 고통을 피해갈 수는 없었지만, 다윗은 하나님 앞에서 자신의 참모습을 재발견한 셈이나. 죄를 깨날음으로 인해 깊은 은혜의 경험을 엿보게 만드는 부분이다.

온전한 회개는 회복과 구원의 기쁨으로 인도한다

다윗이 범한 죄는 하나님 보시기에 악한 것이었다(삼하 11:27). 하나님의 말씀을 업신여겼고, 결국 하나님을 업신여긴 것이었다(12:9-10).

다윗이 지적을 받았을 때 진정한 회개를 하였다고 하나님께서는 받아들이신다. 나단을 통해 "여호와께서도 당신의 죄를 사하셨나니"(12:13)라는 답변을 받는다. 하지만 죄로 인한 결과는 피할 수가 없다. 그의 죄로 인해 다윗의 집안에 임할 가족 간의 문제들이 예시된다. 한마디로 '칼'이 그의 집안을 영원히 떠나지 아니하며, 어려움을 겪을 것이라는 것이다. 이는 왕국에 일어날 미래의 어려움까지 포함하고 있다.

마치 약속의 땅을 차지하는 데 기나긴 40년의 광야 생활을 거쳐야 했듯이 이들도 죄로 인해 어려움이 임할 것이라고 말씀하신다. 이 이야기는 죄는 반드시 구속 받아야 한다는, 즉 대가를 지불해야 한다는 것을 분명히 보여 준다. 그 당시의 종교적인 배경에서 볼 때 그 죄는 아이에게 전가되었다. 따라서 죄인인 다윗은 용서받은 것으로 여겨질 수 있다. 왜 그 아이에게 죄가 전가되었는지 우리는 모른다. 하나님 고유의 영역이기 때문이다.

우리는 다만 여기서 한 가지 중요한 교훈을 얻는다. 죄에는 대가가 따른다는 것이다.

간혹 믿는 자들이 범죄했을 때 '은혜'라는 말로 '다 덮어 주고 용서해 주자.'라는 말을 듣는다. 얼핏 들으면 이러한 제안을 받아들이는 자들만이 거룩하며, 그렇지 않은 이들은 마치 '은혜를 모르며 용서할 줄 모르는 자'들인 양 여긴다. 먼저, 성경에서 발견하는 용서에 대한 기본적 사실을 보아야 한다. **죄를 행한 가해자가 피해자에게 먼저 용서를 구해야 한다. 그리고 용서는 그 피해자가 하는 것이다. 그때 비로소 원래의 상태로 회복되기 시작한다.**

다윗의 경우와 같이 피해자에게 더 이상 용서를 구할 수 없을 때, 이 원칙이 적용될 수 없을 것이다. 유대교에서는 '원래 상태로 회복할 수 없는 죄'는 용서받을 수 없는 죄라 말한다. 두 가지 예를 드는데 바로 '살인과 명예 훼손'이다. 두 가지 모두 원래 상태로 회복이 불가능하기 때문이다. 다른 이에게 해를 주는 죄를 범했을 때 가볍게 넘어가서는 안 된다는 것이다.

그러나 주위에서 이와 다른 안타까운 양상이 펼쳐지는 경우를 심심치 않게 경험한다. 피해자가 용서하지 않을 경우, 그를 향해 용서해야 한다고 말하거나 심지어 비난까지 하는 경우가 의외로 많다. 마치 그 피해자를 '복수심'에 사로잡혀 하나님의 은혜를 체험하지 못한 자로 만들어 버리면서 말이다.

우리 모두가 판단하기 전에 알아야 할 성경의 중요한 가르침이 있다. 가해자가 진정으로 피해자에게 용서를 구하는 것이 선행되어야 한다는 점이다. 그에 더해 용서는 피해자가 해야 하는 것이지 제3자가 하는 것이 아니라는 사실이다. 물론 그런 과정 전체를 판단하시며 두 사람 모두에게 '용서'를 체험하게 하시는 분은 하나님이다. 이러한 가르침과는 달리 범죄 사실이 '분명히' 밝혀졌음에도 불구하고 최대한 덮고 쉬쉬하면서 넘어가려는 모습을 기독교 공동체에서 발견하곤 한다. 진정 안타까운 모습이다.

"악의 승리를 위해 필요한 것 한 가지는 선을 행하는 사람들이 아무것도 하지 않는 것이다(All that is necessary for the triumph of evil is that good men do nothing)."

에드먼드 버크(Edmund Burke)라는 영국 보수주의 정치가의 말이다. 이렇듯 우리가 선하다고 하면서 악을 향해 아무것도 하지 않는다면 어떤 선한 것도 이루지 못한다.

성경은 '행함의 죄(sins of commission)'를 지적할 뿐 아니라 '생략의 죄(sins of omission)'도 지적한다.

"그러므로 사람이 선을 행할 줄 알고도 행하지 아니하면 죄니라"(약 4:17).

문제는 단순히 어떤 선도 이루지 못하는 것으로 끝나지 않는 데 있다. 아무것도 하지 않는 것은 악이 승리하는 것을 돕는 결과로 이어지기 때문이다. 성경에서 그것을 죄라고 지적하는 이유다. 결과적으로 스스로 '선하다'고 생각한 이들이 전혀 '선하지' 않은 사람들이 되어 버린다. 이것은 하나님의 백성들이 공동체를 거룩하게 지켜 가며, 동시에 이 세상을 변화시켜 갈 수 있는 중요한 원리다.

하나님이 다윗에게 행하신 것이 '죄와 그 대가 및 회복과 치리'라는 면으로 이어진다. 특히 리더십을 가진 이들이 기억해야 하는 중요한 가르침이다. 이것과 연결하여 중세시대 신학자인 토마스 아퀴나스가 남긴 말로 결론을 맺는다.

"정의로 통제되지 않는 자비는 파멸의 어머니고, 자비로 단련되지 않은 정의는 잔인함이다(Mercy without justice is the mother of dissolution; justice without mercy is cruelty)."

자비와 정의는 서로 균형이 맞아야 한다는 점을 지적한 것이다.

다시 다윗의 이야기로 돌아와 보자. 자신의 죄에 대한 지적과 그로 인해 다가오는 비극에 관해 들은 다윗은 온전히 하나님 앞으로 나아가 회개하고 돌아온다. 시편 51편은 다윗의 회개의 마음을 잘 담아 전달하고 있다. 다윗의 진정한 회개의 마음이 초점이지만, 그에 더해 흥미로운 통계적 사실이 담겨 있다. 원문을 보면 죄를 명백하게 드러내는 데는 겨우 네 종류의 단어가 사용된 반면, 용서하시고 회복시키는 하나님의 활동을 기원하고 선포하는 데는 무려 열아홉 개의 다른 단어가 사용되었다는 점이다. 단순히 단어의 숫자를 비교해 보는 것이지만 그렇게 함으로써 하나님이 어떤 분인지를 알 수 있다. **우리가 죄를 짓는 방법은 한정되어 있지만 하나님이 우리를 용서하시는 방법은 무한하다는 사실을 보여 주는 듯하다.**

누가 말했듯이 죄짓는 일에는 그다지 많은 상상력이 필요하지 않다. 그와 반대로 구원은 늘 "아침마다 새롭다"(애 3:23). 회개하는 죄인은 책망과 정죄를 받는 자리에 머물러 있지 않고 구원을 받는 자리로 인도된다. **하나님의 말씀의 초점은 우리가 행한 죄의 고발이 아니라 인정과 초대다. 성령님이 순간순간 주시는 깨달음을 통해 하나님의 사랑과 구원을 경험할 수 있는 것이다.**

첫째 아이가 죽은 후 다윗과 밧세바 사이에서 둘째 아들이 태어난다. 이름을 솔로몬이라 지었고, 하나님께서 나단을 보내어 '여디디야'라는 이름을 주신다. '솔로몬'이란 이름은 '평화(샬롬)'와 관련된다고 알려져 왔다. 최근에는 누구를 대신한다는 뜻으로서, '그 대신'이라는 의미로 해석되기도 한다. 죽은 아이를 대신한다는 의미일 것이다.

중요한 사실은 그의 출생 자체가 하나님의 용서의 징표로 해석될 수 있다는 것이다. 하나님께서 나단을 통해 주신 '여호와의 사랑하는

자'라는 의미의 '여디디야'라는 이름을 통해서도 알 수 있는 부분이다.

흥미롭게도 '여디디야'라는 좋은 의미가 담긴 이름이 구약의 다른 곳에서는 일체 나타나지 않는다. 여디디야는 개인적 이름이었기에 공식적인 이름인 솔로몬이 쓰이지 않았을까 싶기도 하다. 여디디야라는 이름이 지닌 정확한 기능에 관해서는 알 수 없지만 미래의 사건들을 예시하고 있는 듯하다. 그 아이의 가문을 향한 하나님의 마음을 담은 이름일 수 있다. 후계자로서 솔로몬의 신분에 대한 확증과, 또 그로 인해서 왕위 계승을 보증한 증거를 포함해서 말이다. 하나님께서 솔로몬을 사랑하신다는 사실을 여디디야라는 이름을 주심으로 보여 주신 것이다.

본문을 통해 하나님이 진심으로 회개한 한 죄인으로 하여금 새로운 시작을 가능케 하신 것을 알 수 있다. 우리를 향하신 하나님의 초점이 회복과 구원의 기쁨에 있음을 발견하게 된다. 이것은 우리 모두를 성숙시키시며 예정하신 목적을 이루기 위해 우리 가운데 일하시는 하나님을 더욱더 기대하게 만드는 이유다. 하나님은 우리 모두에게 어떤 상황에서도 감사와 찬양의 대상이 되심을 기억하며 승리하는 삶을 살아야겠다.

죄의 대가를 이해해야 성공한다

다윗의 집안에서 시작되는 재앙
(사무엘하 13:1-22)

　모든 상처에는 흉터가 남는다. 우리는 큰 상처일수록 큰 흉터가 남는다는 사실 또한 경험을 통해 익히 안다.

　밧세바와의 사이에 생긴 아이의 죽음은 거대한 재앙의 시작에 불과했다. 나단 선지자를 통해 "너와 네 집에 재앙을 일으키고"(삼하 12:11)라는 예언적 말씀을 둘러싸고 있던 베일이 서서히 벗겨지기 시작한다. 다윗의 죄는 마치 상처가 아물 듯 사함을 받았으나 죄의 결과는 깊은 흉터와 같이 그의 삶 속에 뚜렷하게 나타나기 시작한 것이다.

　어떤 재앙일까 궁금해 하는 독자들에게 생각만 해도 끔찍한 사건을 소개한다. 성경 속의 이야기 중에 가장 천박한 이야기라고도 할 수 있는 성폭행, 즉 강간을 말하며, 그것도 근친상간의 이야기다.

　저자는 이 이야기를 전하며 그것이 다윗이 범한 죄와 관계 있음을 분명히 한다. '그 후에'(13:1)라는 표현을 통해, 앞장에 거론된 다윗의 범죄와 앞으로 일어날 일 사이에 연관을 보여 주고 있다.

성폭행의 대상인 '다말'을 소개하는 것도 독특하다. 그냥 '다윗의 딸'이라 소개할 수도 있으나 굳이 '압살롬의 누이'라는 표현을 사용한다. 다윗과 연관된 새로운 사건의 막이 열리며 등장하는 중요한 인물이 소개되는 순간이다. 나중에 다윗을 향해 쿠데타를 일으키는 아들 압살롬 말이다. 그의 반역 사건의 시작과 함께 사건의 뿌리가 천박하기 이를 데 없는 근친상간 성폭행에 닿아 있음을 보여 준다.

단순히 사건의 전개를 통해 보기보다는 관련된 인물별로 이야기를 따라가 인물 각각의 태도와 행동을 통해 다양한 교훈을 발견하고자 한다.

'왕세자' 암논의 패륜적인 어리석은 행동

1절을 보면 사건에 연관된 사람들을 소개하고 있다. 순서에 따라 이미 누가 중심인물인지 드러난다. 먼저 압살롬을, 그의 누이 다말을, 마지막으로 암논을 소개한다. 사건은 암논이 일으키지만 압살롬을 중심으로 이야기가 진행될 것을 예상하게 된다.

암논은 이스르엘 여인 아히노암의 아들(삼하 3:2)로 다윗의 아들 중 장자였다. 자연스럽게 가장 유력한 왕위 계승자였을 것이다. 이름에 담겨 있는 '신실하다'는 의미가 역설적이라 할 정도로 그는 우둔한 행동으로 인해 모든 것을 잃어버린다.

1절의 마지막 부분에서 문제의 핵심이 소개되어 있다. 암논이 자신의 배 다른 여동생인 다말을 사랑하였다고 말이다. 여기서 사랑이란 단어는 야곱이 라헬을 향한 마음을 묘사할 때 사용한 단어인 것 (창 29:18)을 보면 최소한 처음에는 그녀에게 '푹 빠졌던' 것 같다. 2절을 보면 "그는 처녀이므로 어찌할 수 없는 줄을 알고" 상사병에 걸릴 정도였다. 결혼하지 않은 소녀 혹은 처녀이기에 다말은 여인들의 숙소에서 나오지 않았고, 그곳에서 조심스럽게 보호를 받고 있던 상황이었다. 이러한 표현들은 암논이 단순히 상사병으로 고통을 받기보다는 다말을 범할 수 없다는 좌절감으로 인한 고통이지 않았을까.

그때 암논이 평소 친하게 지내던 질 나쁜 인간이 등장한다. 요나답이라는 '다윗의 형 시므아의 아들'(13:3)로서 '심히 간교한 자'라고 소개되어 있는 그의 사촌이었다. '지혜로운'으로 해석될 수 있는 단어라도 세속적이고 육적인 방향으로 사용할 때 '간교한 자'가 된다. 그는 암논이 다말에게 접근할 수 있는 '사악한 계획'을 제공한다.

그의 계획이 빈틈없었다는 것은 다윗까지도 그 계획의 일부에 포함시킨 데에서 찾을 수 있다. 그는 꾀병을 앓으며 다말을 아버지 다윗의 명령을 좇아 자신의 집으로 오게 만든다. 어느 누가 보아도 부모의 명령에 순종하며 형제끼리 돌아보는 '아름다운 가족 관계'처럼 보일 수 있다. 심지어 배 다른 형제들 간에도 존재하는 아름다운 가족애처럼 말이다. 그러나 모든 사건이 일어났을 때는 다윗까지도 졸지에 이 일에 '간접적' 책임자가 되어 버린다.

암논의 정욕에 희생물이 되어 버린 불쌍한 다말

배다른 오빠의 음흉한 의도가 숨어 있는 줄도 모른 채 다말은 아버지 다윗의 말에 순종하여 암논의 집으로 간다. 그리곤 암논이 보는 앞에서 정성을 다해 음식을 만든다. 심지어 암논이 다른 이들을 다 내어 보내고 침실에서 '아픈' 자기에게 먹여달라는 요청을 할 때조차 그녀는 전혀 오빠의 의도를 눈치 채지 못한다. 착하고 순종적일 뿐 아니라 또한 지극히 순진한 한 여인의 모습이다. 물론 배 다른 형제들이기에 암논이 품고 있는 그러한 계략은 상상조차 하지 못했을 것이다.

그러나 다말은 암논이 자신을 붙잡고 '동침하자'고 요구(13:11)하는 순간 정신이 번쩍 들었을 것이다. 그녀는 완강하게 거부하며 암논을 설득하려고 한다. 12절을 보면 '내 오라비여'라는 표현을 통해 그들의 관계가 가족 간의 관계임을 상기시키며 그의 감정에 호소한다. 뿐만 아니라 그녀는 "욕되게 하지 말라, 이 어리석은 일을 행하지 말라" 등 강한 부정의 표현을 세 번씩 사용하며 겁탈하려는 암논을 이성적으로도 설득한다. 그녀의 표현 중에서 '어리석은 일(삼상 25장에 나오는 '나발'이라는 사람의 이름과 동일)' 이라는 표현은 창세기 34장 7절에서 그 땅의 추장 세겜이 디나를 강간했을 때 사용한 표현과 동일하다("…세겜이 야곱의 딸을 강간하여 이스라엘에게 '부끄러운 일' 곧 행하지 못할 일을 행하였음이더라"). "이런 일은 이스라엘에서 마땅히 행하지 못할"(13:12) 정도의 어리석음이며 얼마나 엄청난 죄인지를 지적하며 만류한다.

연이어 13절에서는 "이 수치를 지니고 어디로 가겠느냐"고 말한다. 구체적으로 그녀에게 일어날 비극적인 결말을 인식시키려고 노력하고 있다. 다말은 암논이 자신을 사랑하고 위하는 마음이 조금이라도 있다면 그녀가 당할 고통을 생각하며 마음을 바꿔 달라며 동정심에 호소한다. 더 나아가 이 일은 결과적으로 암논에게도 치명적 결과를 초래하여 '이스라엘에서 어리석은 자 중의 하나'가 될 것이라고까지 말한다. '어리석은 자'라는 표현으로 '나발'이라는 단어가 사용되어 있다. 사무엘상 25장에 나오는 어리석은 인물 나발과 시편 14장 1절에 나오듯 "어리석은 자는 그 마음에 이르기를 하나님이 없다 하도다."라는 말씀을 떠올리게 만든다.

그녀는 심지어 해결책까지 제시한다. 아예 왕에게 요청하여 떳떳이 혼인을 하자고 제시한다. 모세의 율법에는 어긋나지만(레 18:9, 11; 20:17) 불가능한 것은 아닐 것이다.

"그(사라)는 정말로 나(아브라함)의 이복 누이로서 내 아내가 되었음이니라"(창 20:12).

더 큰 범죄를 막기 위해 다말이 제안할 수 있는 최고의 해결책이었다. 하지만 이미 이성을 잃어버린 암논은 다말의 이성적 접근에 귀를 기울이지 않은 채 겁탈해 버린다. 그리고 다말을 쫓아내자 다말은 암논에게 "아까 내게 행한 그 악보다 더하다"(13:16)고 말한다.

강제로 다말을 취한 후 암논의 마음은 180도로 돌변해 버린다. 그 상황은 15절에 잘 나타나 있다. "암논이 그를 심히 미워하니 이제 미워하는 미움이 전에 사랑하던 사랑보다 더한지라." 결국 암논의 다말을 향한 '사랑'은 정욕이었고, 관계 후 그녀를 '헌신짝 버리듯' 취급해 버렸다. 17절을 보면 "이 계집을 내게서 내보내라."고 말할 정도다.

암논의 악행은 먼저 아비를 속이고 자신의 누이를 강간하여 천륜을 저버린 것이다. 그것도 모자라 자신이 저지른 일에 대한 책임을 지기는커녕 그녀를 면전에서 쫓아내고 수치를 당하도록 길거리로 내친 것이다. 그는 하나님을 두려워하지 않고, 부모를 섬기지 않고, 형제자매의 관계를 무시하는 파렴치한이었다. 비록 이러한 모든 것이 다윗의 죄로 촉발된 집안의 비극임을 알았음에도 불구하고 이런 패륜아에 대해 상응하는 심판이 필요하다고 느끼게 만든다.

채색 옷을 입는다는 것은 그녀의 신분과 처녀를 상징하는 것이다 (13:18). 더 이상 처녀가 아닌 다말은 극심한 슬픔의 표현으로 재를 머리에 쓴다. 그리고 자신의 순결의 상징이기도 한 채색 옷을 찢어 버린다. 자신의 마음 상태를 보여 주고 있는 것이다. 그리고 슬픔의 표현으로 '손을 머리 위에 얹고' 크게 울부짖는다(13:19). 결혼하지 않은 처녀가 마치 과부가 되어 버린 후 애곡하는 것같이 행동한 것이다. 그녀는 자신의 억울함을 알리는 일을 두려워하지 않는다.

결국 다말은 오빠인 압살롬의 조언대로 압살롬의 집에 거하며 '처량하게' 지낸다. 한 남자의 욕정에 무너져 버린 한 순진한 여인 다말의 삶은 어떻게 흘러갈까.

다윗과 압살롬의 대비되는 반응

다말의 명백한 '1인 시위'로 인해 이 사건은 묻히지 않고 드러나게 된다. 최소한 궁중에 있는 이들이라면 누구나 알게 되었을 것이다.

과연 다른 가족들은 이러한 악행을 어떻게 처리할까. 제일 먼저 관심을 가질 수 있는 대상은 다윗이다. 아버지로서 다말을 암논에게 보낸 당사자였기에 더욱더 그렇다. 생각해 보면 자신까지 속이고 이용해 먹은 암논이 얼마나 괘씸했을까.

그런데 아버지로서 이렇게 엄청난 사건을 두고 다윗이 취한 행동은 너무나 놀랍다. "이 모든 일을 듣고 심히 노하니라"(13:21)고 기록되어 있을 따름이다. 어디에도 자신의 장남을 징계했다는 기록은 찾아볼 수 없다. 다윗 자신의 자격지심이었을까? 이러한 불행한 사건이 이전에 기록된 자신의 죄의 결과일 수도 있다는 생각이 떠오른 탓이었을까? 그래서 스스로 훈계할 자격이 없다고 생각했을까? 정확히 알 수는 없다. 어쨌든 다윗은 아버지로서의 역할을 제대로 하지 않았다. 이러한 다윗의 무책임한 행동은 결국 압살롬으로 하여금 암논을 살해할 뿐 아니라 아버지에 대해 반기를 들게 만든다.

다윗의 '행동 없는, 속이 텅 빈 분노'와는 대조로 다말의 오빠인 압살롬은 무서울 정도로 침착하게 대응한다. 20절을 보면 완곡어법으로 다말에게 "네 오라버니 암논이 너와 함께 있었느냐."라고 질문한다. 연이어 "그는 네 오라버니이니 누이야 지금은 잠잠히 있고 이것으로 말미암아 근심하지 말라."고 말한다. 너무나 침착하기에 오히려 뭔가를 확실히 계획하고 있다는 느낌을 주는 모습이다.

압살롬과 암논의 '불편할 수 있는' 관계에서 나온 압살롬의 조심스러움을 엿보게 만든다. 다른 무엇보다도 왕위 쟁탈전이라는 맥락에서 살펴보면 이러한 분위기를 짐작할 수 있다. 물론 암논이 장자이기에 선두 주자였다. 하지만 압살롬은 차기 왕의 위치를 넘볼 수 있는 가장 강력한 경쟁자로 여겨질 이유가 충분했다. 차남인 길르압(삼하 3:3)이 일찍 죽었기 때문에 왕위 계승 서열상 2위일 뿐 아니라, 다윗의 아들들 중에서 가장 뛰어난 외모를 지닌 자였기 때문이다.

"온 이스라엘 가운데에서 압살롬같이 아름다움으로 크게 칭찬 받는 자가 없었으니 그는 발바닥부터 정수리까지 흠이 없음이라"(삼하 14:25).

이런 상황을 고려해 본다면 암논의 범죄가 단순히 다말을 사랑한 마음 이상의 것일 수도 있겠다고 추측해 볼 수 있다. 압살롬과 그의 가족의 콧대를 어떻게든 꺾어 놓아 자신에게 돌아와야 하는 왕위를 절대로 넘보지 못하게 하려는 암논의 의도가 밑바닥에 있지 않았을까 하는 것이다.

정리해 보자면 암논은 다말의 아름다움에 매혹되기도 했으나, 동시에 그녀를 정복함으로 압살롬의 자존심을 상하게 하려는 의도 또한 있었을 것이다. 15절에 나와 있듯이 다말을 강제로 범한 후 다말을 향한 미움이 그녀를 향한 사랑보다 더 커진 이유에 대한 답이 아닐까 싶다. 그의 미움은 갑작스런 감정의 변화에서 비롯된 것이기보다는 그전부터 존재해 왔던 압살롬을 향한 부정적 감정의 반영일 수 있다는 것이다.

다시 압살롬의 다말을 향한 완곡어법의 질문으로 돌아가 보자. 마치 그는 암논의 행위를 예측이라도 한 듯하다. 동시에 암논을 지칭하며 "그는 네 오라버니이니"(13:20)라고 부른다. 그 표현 속에서 암논을 향한 냉소가 포함되어 있는 듯하다. 압살롬의 말을 겉으로만 보면 그 어조에서 무능하며 상황을 그대로 받아들이라는 것같이 보일 수 있다.

하지만 노발대발 화를 내면서도 아무 조치도 취하지 않은 다윗과 의도적 대조라면 모든 것이 달라진다. 압살롬이 복수를 위한 적당한 방법을 찾기로 마음을 단단히 먹고 냉정하게 대처하고 있다면 말이다. 그렇다면 압살롬의 말은 완전히 다른 차원으로 받아들여져야 한다.

압살롬은 주어진 상황을 염두에 두고 다말에게 "자신이 행하는 것을 지켜보라"고 조언하고 있다. 그 당시 그들이 처한 상황에서는 더 이상 누구도 암논을 어떻게 할 수 없으며 아무런 처벌도 내릴 수 없다는 사실을 일단 인정하는 것이다.

　이 문제가 제대로 다루어지기 위해서는 상황이 달라지는 수밖에 없었다. 그러나 어떻게든 방법을 찾아 꼭 그에게 복수할 것이니 그때까지 자신을 믿고 "잠잠히 있고… 근심하지 말라"는 메시지로 해석이 가능하다. 결국 압살롬은 창세기 34장에서 시몬이나 레위의 경우처럼 자신의 손으로 법을 집행해야겠다는 결론에 이르러 행동에 옮기게 된다.

　차기 왕권이라는 측면에서 암논이 비록 장자일지라도 그는 결코 왕위의 자격은 없는 자였다. 사건의 흐름 전체를 통해 분명하게 드러나는 사실이다. 물론 암논이 압살롬에 의해 죽임을 당한 결과를 보아도 알 수 있겠지만, 그렇지 않았을지라도 하나님께서는 그러한 자를 왕으로 세우시지 않았을 것이다. 물론 하나님께서 이스라엘 왕국을 축복하신다는 전제에서 말이다.

　이 사건은 전개와 흐름을 통해 다양한 생각을 하게 만든다. 그중에서도 저자는 다윗 가정의 비극이며 재앙인 이 사건이 다윗의 죄악에서 시작되었음을 강조하고 있다. 부모로서의 책임의식을 더욱더 뼈저리게 느끼게 만드는 사건이다. 물론 자녀들의 모든 악행이 부모 때문이라고 말하는 것은 결코 아니다. **부모들의 가치관이나 평소의 생활 태도가 말보다 더 영향력 있게 자녀들의 삶 속에 파고든다는 사실을 보자**는 것이다. 그런 면에서 부모로서의 책임감을 다시금 재정비해 보아야 한다. 우리 모두가 평상시 말과 행동이 일치하는 삶을 살아야 한다. 특히 자녀들에게 본이 되는 삶의 중요성을 잊지 말아야 하겠다.

다루어지지 않은 문제는 비극을 초래한다

복수와 반란
(사무엘하 13:23-15:12)

영어 속담에 "Two wrongs do not make a right(두 개의 그르침이 하나의 옳음을 만들지 않는다)."라는 표현이 있다. 실수를 자주 하는 경우를 향해 비아냥거리는 경우에도 사용하지만 "악을 악으로 갚는다고 선이 되지는 않는다."는 의미가 담겨 있다. 세상사를 보면 이 속담이 얼마나 맞는 말인지를 알 수 있다. 물론 실제로 실천하기는 그리 쉽지 않다. 특별히 개인적 복수라는 측면에서 더욱더 어려워 보인다. 그렇기에 복수가 또 다른 복수를 부르는 복수의 연쇄 반응(chain reaction)으로 이어지는 경우를 적지 않게 목격한다.

성폭행을 당해 오열하는 여동생을 향해 "누이야 지금은 잠잠히 있고"(삼하 13:20)라며 달랜 압살롬의 표현 속에서 결코 쉽게 넘어가지 않을 것이라는 그의 의지를 엿볼 수 있었다. 과연 무슨 일이 일어날까? 아니, 무슨 일을 꾸미고 있는 것일까? 아버지 다윗의 엄한 벌을 기대하며 한 말일 수도 있다. 오히려 아무 조치도 취하지 않는 그의 모습에 실망한 독자들을 위해서라도 뭔가 일이 벌어질 수밖에 없다는 느낌이 들 정도다.

아버지 다윗의 모습에 실망한 압살롬은 자신이 직접 나서야 할 필요를 느끼게 됐을 것이다. 그렇다고 급하거나 경솔하게 행동하지 않는다. 마음속에서 칼을 갈며 잠잠히 적절한 때를 기다리던 그는 장장 2년이라는 시간이 지난 후에야 행동을 개시한다. 압살롬이 복수를 개시하자 다윗의 집안에 '칼의 재앙'이 표면화되기 시작한다. 죄가 죄를 낳는 죄의 도미노 현상이 일어나는 것이다.

해결되지 않은 문제는 더 큰 문제를 낳을 수 있다

압살롬의 무시무시할 정도의 냉철함은 2년이라는 세월 동안 아무 티도 내지 않고 기다렸다는 사실로부터 알 수 있다(13:23). 그만큼 철저히 준비해서인지 실수 없이 배다른 형 암논을 살해하는 데 성공한다. 거사 시점도 절묘했다. '양 털을 깎는 일'이라는 축제 때 잔치를 벌이고 모두가 즐거워하는 시간을 복수의 날로 선택한 것이다. 일반적으로 감정이 들떠 있을 때 이성이 둔해지며 방심하는 경향이 있기에 그랬을 것이다.

먼저 그는 다윗과 그의 신하들까지 초청한다. 25절에 그려져 있는 다윗과 압살롬간의 대화를 보면 어느 정도 긴장감이 느껴진다.

"왕이 압살롬에게 이르되 아니라 내 아들아 이제 우리가 다 갈 것 없다 네게 누를 끼칠까 하노라 하니 압살롬이 그에게 간청하였으나 그가 가지 아니하고 그에게 복을 비는지라"(13:25).

여기서 압살롬의 초청에 만약 다윗이 응했다면 어떤 결과를 초래했을까 상상해 보게 만든다.

압살롬의 계획의 핵심은 어찌하든 의심을 사지 않고 암논을 예루살렘으로부터 바알하솔에서 벌어지는 잔치 장소로 유도하는 것이었다. 그는 냉정하며 계산적일 뿐 아니라 치밀하다. 먼저 '자신의 형'이라는 표현을 써가며 암논을 초대한다. 암논의 이름을 언급하며 요청하는 압살롬을 보며, 다윗은 마음에 스치는 생각이 있었던 같다. 비록 2년이라는 세월이 지났지만 아무런 행동도 취하지 않은 것에 대해 압살롬을 의심하며 이렇게 질문한다.

"압살롬이 이르되 그렇게 하지 아니하시려거든 청하건대 내 형 암논이 우리와 함께 가게 하옵소서 왕이 그에게 이르되 그가 너와 함께 갈 것이 무엇이냐 하되"(13:26).

꺼림칙한 마음이 있었음에도 불구하고 압살롬의 반복되는 간청을 이기지 못해 다윗은 결국 암논뿐 아니라 모든 아들들이 함께 그 잔치에 가도록 한다. 모든 아들들을 함께 보내는 아이디어는 혹시라도 생길지 모르는 불상사를 막아 보려고 다윗이 고민한 결과로 나온 듯하다. 다른 형제들이 함께 있는데 설마 압살롬이 암논에게 무슨 시도를 할 수는 없을 것이라고 생각했던 것 같다. '2년 동안 아무 일도 일어나지 않았다'는 안이한 생각을 하면서 말이다.

하지만 압살롬의 복수를 향한 집념은 그리 쉽게 제어할 수 없었다. 그는 철저한 계산 속에서 흥분한 마음을 다스리며 오랫동안 준비해 온 것이다. 압살롬은 그들을 초청하여 잔치를 베풀고 암논이 술에 적당히 취했을 때를 기다렸다가, 부하들을 시켜서 배다른 형제인 암논을 살해해 버린다(13:28-29). 다른 때에 그를 살해하는 것은 쉽지 않았을 것이다. 압살롬이 왕위 계승자일 때(삼하 15:1) 그를 경호하는 이들이 50명이나 되었던 것을 통해 짐작해 볼 수 있다. 암논의 경우에도 크게 다르지 않았을 것이다. 압살롬이 적절한 때를 찾아 복수하기 위해 2년이나 기다린 이유를 이해할 수 있다. 암논이 그를 향해 가질 수 있는 의심과 불안감이 어느 정도 사라져 그를 둘러싼 경호원들이 없을 때를 노려야 했던 것이다.

본문은 2년 동안의 기다림이 '암논을 죽이라는'(13:28) 압살롬의 명령으로 끝나게 되는 마지막 장면을 묘사한다. 이것으로 암논과 다말의 이야기에 대한 논리적인 귀결을 이루어 버린다. 마침내 다말이 당한 수치의 원인 제공자인 암논은 죽음으로 그 대가를 지불한다. 죄와 죄인에 대한 응당한 징벌이 이루어졌다는 의미에서 일종의 권선징악적 교훈을 준다.

하지만 이야기는 여기서 끝나지 않았다. 암논의 죽음은 모든 사건의 끝이 아니라 오히려 새로운 사건의 시작이 된다. 압살롬은 이 사건을 저지른 후 그곳을 떠나 도망한다. 그런데 하필 도망지로 선택한 곳은 자신의 어머니의 고향인 그술(Geshur)이었다(삼하 3:3).

압살롬의 어머니 마아가는 그술 왕 달매의 딸이었다. 그술은 수리아 왕국과 이스라엘의 완충 지대 역할을 한 곳으로, 다윗이 그술 왕의 딸과 결혼하여 동맹국을 삼은 곳이다. 나중에 이스라엘의 속국이 되긴 하나 이때까지만 해도 이스라엘의 일부가 아니었다. 하필이면 그곳으로 도망갔다는 것 자체가 뭔가 불안하다는 생각을 갖게 한다. 그곳에서 3년을 지낸다는 말로 일단 이 사건은 막을 내린다(13:38).

이러한 이야기의 흐름을 접하면서 독자들은 답답함을 느낄 것이다. 해결되지 못한 문제가 지속적으로 전개되고 있는 탓이다. 암논이 엄청난 범죄를 저질렀음에도 다윗이 침묵했고, 그 일이 형제간의 살인 사건으로 번졌으며, 사건을 저지른 압살롬은 도피해 버렸다. 문제의 해결이나 깨진 관계의 회복은 찾아볼 수가 없다.

여기서 중요한 사실 한 가지를 배우게 된다. 단순히 '시간이 흐르면 저절로 해결될 것이다'라는 순진한 소망(?)을 가져서는 안 된다는 것이다. 다루기 부담스러운 큰 문제일수록 회피하고 묻어두어서는 안 된다. 시간이 지난다고 하여 큰 문제가 작아지거나 사라지기보다는 오히려 커질 수가 있기 때문이다. **큰 문제일수록 큰 해결책을 요구한다. 큰 해결책이란 바로 그 문제를 정확히 직면한 후, 거기에 걸맞은 크기로 대응하는 것이다.**

부담스럽고 힘들더라도 소중한 관계는 회복되어야 한다

압살롬이 암논을 살해했다 해서 그가 왕위 찬탈을 꾀하였다고 단정할 수는 없었다. 그렇기에 다윗의 즉각적인 반응은 두려움이 아니라 슬픔이었던 것이다. 하지만 한 가지 특이한 사실이 있다. 다윗이 "모든 아들들을 죽이고 하나도 남기지 아니하였다."는 소문의 진위를 확인하지 않은 채 반응하고 있다는 것이다.

"그들(암논을 제외한 다윗의 아들들)이 길에 있을 때에 압살롬이 왕의 모든 아들들을 죽이고 하나도 남기지 아니하였다는 소문이 다윗에게 이르매 왕이 곧 일어나서 자기의 옷을 찢고 땅에 드러눕고 그의 신하들도 다 옷을 찢고 모셔 선지라"(13:30-31).

마치 압살롬은 그런 일을 저지를 인물이라고 예견하고 있었듯이 말이다. 그의 마음속에 '꺼림칙함'이 있었기에, 소문의 진위를 확인하기보다는 즉각적으로 그렇게 반응하였으리라 추측할 수 있다.

다윗의 우유부단함은 여기서 멈추지 않는다. 자식을 향한 부모의 '내리사랑'은 어쩔 수 없나 보다. 다윗은 압살롬을 향한 그리움을 감추지 못한다. 그 사실을 눈치 챈 요압은 드고아의 지혜로운 여인을 통해 압살롬이 안전하게 귀환하도록 돕는다. 그녀는 요압이 지시한 대로 자신을 과부라고 소개한 후 자신의 두 아들간에 살인 사건이 일어난 것처럼 꾸며 다윗을 유도한다(14:5-10). 남은 아들이 비록 살인자라 하나 그 아들마저 죽는다면 상속자가 끊어질 것이라고 말하면서 말이다. 정상을 참작할 수 있는 상황으로 다윗을 이끌어 그 어떤 경우에도 가상적인 아들을 보호해 주는 책임을 지겠다는 확언을 받아내기 위함이었다.

"왕이 이르되 누구든지 네게 말하는 자를 내게로 데려오라 그가 다시는 너를 건드리지도 못하리라 하니라 여인이 이르되 청하건대 왕은 왕의 하나님 여호와를 기억하사 원수 갚는 자가 더 죽이지 못하게 하옵소서 내 아들을 죽일까 두렵나이다 하니 왕이 이르되 여호와께서 살아 계심을 두고 맹세하노니 네 아들의 머리카락 하나도 땅에 떨어지지 아니하리라"(14:10-11).

그리고는 자연스럽게 압살롬이 그술로 도망한 뒤 이스라엘로 돌아오지 못함을 마치 다윗 때문인 양 연결시킨다.

"여인이 이르되 그러면 어찌하여 왕께서 하나님의 백성에게 대하여 이같은 생각을 하셨나이까 이 말씀을 하심으로 왕께서 죄 있는 사람 같이 되심은 그 내쫓긴 자를 왕께서 집으로 돌아오게 하지 아니하심이니이다"(14:13).

다윗이 다른 선택을 하지 못하도록 만들어 버린 것이다.

놀랍게도 다윗은 이 모든 것 뒤에 요압이 있다는 사실을 짐작한다(14:19). 그리고 그 사실을 여인에게서 확인한다. 그렇지만 요압의 '간교 또는 꾀'(14:19-20)에 대해 어떤 말도 하지 않는다. 오히려 요압에게 압살롬을 데려오기를 허락한다.

왜 다윗은 이렇게 무기력할 정도로 상황에 끌려 다니는가? 여인의 말 속에 언급되었듯 이스라엘 백성들이 진정 압살롬의 귀환을 바라고 있다고 생각해서였을까? 요압이 그러한 백성들의 입장을 대변한 것으로 여겼을까? 만약 그랬다면 다윗은 요압이 압살롬을 귀환시키려는 '대중의 운동'에 개입했다는 사실을 눈치 챘을 것이며, 그것이 그의 이익에 부합한다는 사실 또한 알았을 수 있다. 그럼에도 불구하고 다윗의 행동은 그저 모든 것을 상황이 흘러가는 대로 허락하는 느낌을 준다.

다윗의 무대응의 극치는 3년 동안 유랑 생활 끝에 돌아온 압삽롬을 만나기를 거부하는 것이었다. 뜻밖의 행동이다. 그렇게 보고 싶었으면 환영해야 함에도 불구하고 오히려 왜 왔는지 모르겠다고 하면서 압살롬의 얼굴도 보지 않겠다고 한다. 그것도 2년 동안이나 말이다(14:28). 부자지간의 자존심 대결일까? 부자관계가 전혀 호전되지 않았다. 압살롬에게 유배지가 그술에서 예루살렘 성 안으로 바뀌었을 뿐이다. 아버지를 곁에 두고도 한 번도 보지 못하는 아들은 버림받은 자식이나 다름없었을 것이다.

다윗이 아들을 성으로 돌아오게 한 결정은 용서였다. 그러나 그 용서는 마치 사면과 같은 사법적인 행위였지 아버지로서의 포용이 아니었다. 이는 결국 더 거대한 비극과 고통으로 이어진다.

다윗의 이러한 행동은 우리에게 귀한 교훈을 준다. 회복되지 못한 관계가 낳은 비극을 통해서 말이다. 마음이야 어찌 됐든지 겉으로 보기에 다윗은 압살롬을 멀리함으로써 압살롬의 죄에 대해 대응한다. 죄는 죄를 키우듯 이러한 대응(또는 무대응)이 더욱더 커다란 죄를 낳도록 유도해 버린다. 다윗은 압살롬의 죄 때문에 아들 암논을 잃었고, 자신의 죄 때문에 아들 압살롬마저 잃게 되는 결과로 이어진다.

이것을 보면 한 가지 의문이 생긴다. 만약 다윗이 압살롬을 용납했다면 어떻게 이야기가 전개되었을까 하는 것이다. 마치 누가복음 15장에 나오는 탕자의 아버지처럼 행했다면 말이다. 물론 가정이지만 상황은 분명히 다르게 전개되었을 것이다. 다윗이 압살롬을 만나지 않겠다는 이유가 무엇이든지 간에 그는 결과적으로 용서하지 않았고, 은혜와 자비 베풀기를 거절하였던 것이다. **관계의 회복을 위해 칼자루를 쥐고 있었던 아버지로서 기회를 놓쳐 버린 것을 보며, 관계 회복의 중요성**

과 주도성이 얼마나 필요한지 알 수 있다.

미해결 문제와 서운함은 돌이킬 수 없는 결과로 이어질 수 있다

관계 회복을 위한 주도권을 쥐고 있는 다윗이 아무 행동도 취하지 않자 압살롬이 먼저 움직인다. 요압의 보리밭에 불을 질러 억지로라도 요압이 다윗과 만나도록 한다. 불을 왜 질렀느냐고 항의하는 요압을 향해 그는 강한 불만을 터뜨린다.

"내가 일찍이 사람을 네게 보내 너를 이리로 오라고 청한 것은 내가 너를 왕께 보내 아뢰게 하기를 어찌하여 내가 그술에서 돌아오게 되었나이까 이 때까지 거기에 있는 것이 내게 나았으리이다 하려 함이로라 이제는 네가 나로 하여금 왕의 얼굴을 볼 수 있게 하라 내가 만일 죄가 있으면 왕이 나를 죽이시는 것이 옳으니라"(14:32).

한마디로 말해 자신을 이렇게 취급하려면 왜 그술에서 오게 하였냐는 것이다. 그는 만약 자신을 이 정도의 죄를 지은 자로 여긴다면 오히려 죽여달라고 말한다. 이런 과정을 통해 마침내 다윗과 압살롬의 만남은 성사된다. 본문에는 다윗이 '압살롬과 입'을 맞추었다고

기록되어 있지만(14:33), 억지로 된 일이기에 진정한 회복이 없었다. 오히려 이러한 행동은 예루살렘으로 돌아온 후 2년 동안 성 안에서 지내며 세운 또 다른 '악행'의 일부에 불과하였음을 알게 된다.

2년 동안 압살롬의 마음에는 어떠한 생각이 오갔을까? 무엇보다 아버지와 가까워질 희망이 없다는 것, 아버지로부터 인정받기 힘들다고 판단했을 것이다. 그래서 자신에게 입을 맞추며 환영하는 다윗을 진정으로 받아들일 수 없었을 것이다. 이미 그의 마음속 앙금이 너무 깊었다. 겉으로 보기에 행복하게 보이는 부자의 재회를 통해 압살롬은 기뻐하고 감사하기는커녕 오히려 모반을 차곡차곡 실행해 나간다.

압살롬은 자신이 당한 대로 갚아 주기로 마음먹는다. 자신을 무시한 아버지에게 복수를 꿈꾸는 예전의 모습으로 돌아간다. 여동생 다말의 강간 사건을 부당하게 여겼듯이 자신을 향한 아버지의 태도를 부당하게 여긴 것이다.

압살롬은 암논을 향해 복수할 계획을 세웠던 것처럼 아버지를 향한 계획을 세운다. 4년이라는 세월에 걸쳐(15:7) 이스라엘

의 민심을 완전히 자기에게 돌려놓는다. 백성들의 불만과 아울러 행정적인 결점을 이용해 이스라엘 백성들로 하여금 자신의 생각을 따르게 만든다. 스스로 이상적인 사사 또는 통치자로 과시하면서 말이다.

그렇게 때가 무르익자 압살롬은 마침내 자신의 계획을 표면화한다. 그는 다윗에게 헤브론에서 제사를 드리겠다고 요청한다(15:7). 다음 절에 나와 있듯이 압살롬이 아버지와의 재회에 대한 감사라니 다윗은 당연히 기쁘게 허락했을 것이다. 압살롬의 거짓말에 순진하게 속아 버린 것이다.

헤브론이라는 곳은 반란하기에 가장 적합한 곳이었다. 오래 전에는 여호와의 성소였고(창 13:18), 다윗이 유다의 왕으로 즉위했던 곳이며(삼하 2:4), 마침내 온 이스라엘의 왕이 되었던 곳이기도 했다(삼하 5:1). 또한 압살롬이 탄생한 고향이었다(삼하 3:2-3). 여러 가지 면에서 자신이 왕이라고 선언하기에 최고의 장소였다.

압살롬은 미리 짜놓은 반란 각본대로 헤브론에 도착하자마자 이스라엘 모든 지파들에게 첩자를 보낸다. 그들로 하여금 '압살롬이 헤브론에서 왕이 되었다'고 말하게 한다. 다윗의 참모이던 아히도벨도 가세시키는 데 성공한다. 아히도벨이란 사람은 냉철한 판단력과 지략이 대단했다. 다윗의 정치 자문 역할도 감당한 이였기에 다윗으로 보면 큰 손실이고, 압살롬에겐 그의 오른편에 가장 지혜 있는 사람을 얻은 셈이다. 4년에 걸쳐 철저히 꾸민 계략이 드러난 것이다. 그간 백성들로 하여금 다윗왕에 대해 불만을 갖도록 유도하고 추종 세력을 하나씩 모으다가, 민심이 자기 쪽으로 기울었다는 확신이 들자 마침내 들고 일어선 것이다.

해결되지 않은 문제, 회복되지 못한 관계가 얼마나 엄청난 비극으로 이어지는가를 볼 수 있다. 조지 베일런트 교수가 『행복의 비밀』이라는 책에서 반복하여 강조하듯 인생에서 가장 중요한 것은 '관계'다. '인생은 관계다. 나머지는 부수적인 것에 불과하다.'는 또 다른 학자의 말이 함께 떠오른다.

다윗과 압살롬의 스토리를 보며 묻게 된다. 혹시 우리 가운데 해결해야 하는 문제를 묵과하고 있지 않는가? 회복되어야 하는 관계를 그대로 방치하고 있지 않는가?

특히 기본적이고 소중한 관계들이 무너지고 있는 현재의 우리 사회의 모습을 보며, 이러한 질문이 더욱더 시기적절하다고 여겨진다. 이제 행동을 취할 때다. **문제와 관계는 시간이 지나가면 저절로 해결되지 않는다. 주도적으로 접근하여 해결하려 할 때만이 이 문제를 해결하며 회복시킬 수 있다.**

생의 바닥을 칠 때도 희망은 있다

고난의 정점에서 회복한 동사형 믿음
(사무엘하 15:12-37; 16:15-17:23)

무서울 정도로 냉정하고 차분하게 준비했기 때문일까? 압살롬의 쿠데타는 물 흐르듯 진행된다. 그의 주도면밀함 또한 다양한 면에서 드러난다. 먼저 다윗 정부의 중요 요직을 차지하고 있는 인물 200명을 헤브론으로 초대한다.

"그 때 청함을 받은 이백 명이 압살롬과 함께 예루살렘에서부터 헤브론으로 내려갔으니 그들은 압살롬이 꾸민 그 모든 일을 알지 못하고 그저 따라가기만 한 사람들이라"(삼하 15:11).

그들은 다윗의 옆에서 보좌하고 있어야 하는 인물들이었다. 압살롬은 이런 핵심 인물들에게 전혀 의심을 사지 않은 채 초대에 응하게 만들어 결국에는 볼모로 삼아 버린다. 그들의 부재로 인해 다윗 정부를 국정 공백 상황으로 몰아넣어 버린 것이다.

또한 압살롬은 다윗의 사람들 중에서 가장 핵심적인 인물을 자신의 편으로 만드는 데 공을 들여왔던 것 같다. 다윗의 모사인 아히도벨을 자신의 진영으로 끌어들이는 것에도 성공했기 때문이다. 그의 영입은 단순히 지혜가 뛰어난 한 사람을 얻는 일 그 이상의 것이었다. 다윗왕의 옆에서 영향력을 크게 행사해 왔기에 그를 얻는다는 것은 다윗의 측근들 상당수를 함께 얻는 것이었다. 그가 움직이자 마치 많은 이들이 그의 움직임을 지켜보고 있었다는 듯이 압살롬의 진영에 합류한다.

"제사 드릴 때에 압살롬이 사람을 보내 다윗의 모사 길로 사람 아히도벨을 그의 성읍 길로에서 청하여 온지라 반역하는 일이 커가매 압살롬에게로 돌아오는 백성이 많아지니라"(15:12).

점점 더 거대해지는 압살롬의 진영과는 대조적으로 다윗 쪽의 상황은 빠르게 위태로워진다. 다윗은 '이스라엘의 인심이 다 압살롬에게 돌아갔다'(15:13)는 보고를 받은 후 마침내 도피하기로 결정한다. 곧 압살롬이 30km정도 떨어진 헤브론에서 예루살렘으로 쳐들어오기 전에 급하게 도망가야 하는 상황에 처해버린 것이다.

하나님의 주권을 인정하고 인간의 책임을 다해야 한다

다윗은 남아 있는 신하들을 이끌고 급하게 도피를 결정한다. 궁을 돌보라는 명목으로 후궁 10명만을 남긴 채 적지 않은 무리가 그와 함께 도망한다(15:16).

다윗은 순식간에 왕에서 도피자로 전락되어 버렸다. 흥미롭게도 바로 이 순간부터 그동안 사라졌던, 젊은 시절 사울왕을 피해 다닐 때 빛났던 그의 영성과 지혜가 모습을 드러내기 시작한다.

먼저 함께한 이들 중 용병들인 가드 사람 600명의 리더인 잇대에게 떠날 수 있도록 선택권을 준다. 한 사람이라도 자신을 지켜 줄 사람이 절실한 상황에서 보여 준 다윗의 따뜻한 배려가 담긴 마음의 표현이었다. 잇대는 목숨을 다해 함께하겠다고 반응한다. 부하를 배려하는 따뜻한 지도자와 함께하고자 하는 것은 자연스러운 반응이라 할 수 있다.

제사장 사독을 향해서는 하나님의 궤를 매고 예루살렘으로 돌아가라고 한다. 그 말 속에는 하나님의 주권을 철저히 인정하는 모습이 담겨 있다. "만일 내가 여호와 앞에서 은혜를 입으면 도로 나를 인도"(15:25)하실 것이라고 말이다. 한편 그의 아들 아히마아스와 아비아달의 아들 요나단은 연락병으로 남긴다(15:27-28). 겉으로 보기에 모순으로 보일 수 있는 다윗의 행동이다. 하지만 좀 더 생각해 보면 모든 것을 철저히 하나님의 손길과 자비에 맡기면서도, 미래 전략을 위해 '첩보망'을 조직하며 실제적 조치들을 취하는 지혜라고 볼 수 있다.

그런 가운데 다윗은 치명적인 소식을 듣는다.

"어떤 사람이 다윗에게 알리되 압살롬과 함께 모반한 자들 가운데 아히도벨이 있나이다"(15:31).

아히도벨은 다윗이 가장 필요로 할 때 배반한 인물이다. 충복이라 여겼던 그가 왜 다윗을 배반했을까? 왕국의 미래가 압살롬에게 있다는 판단의 결과였을 것이다. 다윗의 옆에서 신임을 받던 조언자로서 믿음직스럽고 사려 깊다 생각되었던 그도 실제로는 기회주의자였던 것이다.

아히도벨의 배반에 대해 다윗이 느낀 감정을 시편 55편에서 볼 수 있다.

"나를 책망하는 자는 원수가 아니라 원수일진대 내가 참았으리라 나를 대하여 자기를 높이는 자는 나를 미워하는 자가 아니라 미워하는 자일진대 내가 그를 피하여 숨었으리라 그는 곧 너로다 나의 동료, 나의 친구요 나의 가까운 친우로다"(시 55:12-13).

다윗이 느꼈던 배신감이 얼마나 컸는지 상상할 수 있다. 배반은 인간에게 너무나 깊은 상처를 남긴다.

이를 반영이라도 하듯 단테의 신곡 지옥 편(inferno)은 지옥에 존재하는 단계 중에서도 가장 밑바닥에 '배반(treachery)'이라는 죄를 범한 이들이 떨어지는 것으로 그리고 있다.

특별히 가장 믿었던 이로부터 경험하는 배반은 무엇보다도 다윗을 힘들게 했을 것이다. 하지만 이내 다윗은 평정을 되찾고 하나님께 기도한다. "아히도벨의 모략을 어리석게 하옵소서"(15:31)라고 말이다. 모략과 지혜라는 측면에서 유능함을 보여 준 아히도벨을 향해 할 수 있는 다윗의 바람이었다. 다시 하나님을 신뢰하며 그분을 향한 믿음을 담은 기도가 회복되기 시작한 것이다.

감람산 꼭대기에 다다랐을 때 또 다른 신하 하나가 등장한다. 마치 기도가 끝나자마자 그 기도에 대한 응답처럼 한 사람이 그를 향해 달려오고 있었다. 겉옷을 찢고 흙을 뒤집어 쓴 채 슬퍼하는 모습을 한 다윗의 또 다른 참모인 후새였다. '다윗의 벗'으로 역대상에 기록되어 있는 것을 통해서도 알 수 있듯이(대상 27:33) 그는 아히도벨과는 본질이 다른 사람이었다. 그는 다윗과 같이 가겠다고 요청한다. 하지만 다윗은 후새의 나이가 많음을 염두에 두고 압살롬에게 위장 전향하도록 권한다.

이런 다윗의 모습을 보며 믿음의 기도뿐만 아니라 지혜 또한 회복되어 가는 것을 볼 수 있다. 나이든 후새가 진정 자신을 돕는 길은 동행하여 도피를 지체시키기보다는 위장 전향하여 아히도벨의 모략을 저지하는 편이 훨씬 낫다고 판단한 것이다. 그 말에 후새는 위험 부담을 안고 성으로 돌아간다.

다윗의 이런 모습을 통해, 균형 잡힌 신앙인의 삶이 무엇일지를 생각해 본다. 그의 기도에서 드러난 대로 그가 하는 모든 것은 믿음에 기초를 두고 있다. 모든 작전의 성패는 어디까지나 하나님의 손에 달려 있기 때문이다. 하지만 기도와 동시에 다윗 자신도 위기 상황 속에서 정치적인 전략과 지략을 발휘하며 최선을 다해 몸부림치고 있다는 것을 잊어서는 안 된다. **하나님의 주권에 대한 믿음을 분명히 갖되 인간의 책임이라는 영역을 간과해서는 안 된다는 것을 배울 수 있다.**

사람들 사이의 헤세드 또한 소중하게 여겨야 한다

다윗의 도피 장면 이후 자연스럽게 두 인물에 초점이 맞춰진다. 한

때는 다윗의 측근이었으나 이젠 압살롬의 사람으로 등장하는 두 명의 대조적 조언자인 아히도벨과 후새다.

후새는 예루살렘에 도착한 압살롬을 향해 '왕이여 만세'라고 외친다(16:16). 마치 후새의 진정성이라도 확인하려는 듯 압살롬은 묻는다. "이것이 네가 친구를 후대하는 것이냐 네가 어찌하여 네 친구와 함께 가지 아니하였느냐"(16:17).

후새는 교묘히 압살롬을 속이면서도 다윗에게는 조금도 누를 끼치지 않으려고 한다. 압살롬에게 한 말을 통해 이러한 면이 드러나는데, 애매모호함과 동시에 이중성을 최대한으로 활용한다.

압살롬을 향해 외쳤던 '왕이여 만세'라는 말도 돌아보면 애매한 표현이었다. 그가 말하는 왕이 꼭 압살롬이라고 단정할 수 없기 때문이다. 압살롬이 자신을 테스트하는 질문에 대해서는 "내가 여호와와 이 백성 모두 이스라엘의 택한 자에게 속하여 그와 함께 있을 것이니이다"(16:18)라고 답한다. 더 나아가 "내가 이제 누구를 섬기리이까 그의 아들이 아니니이까"(16:19)라고 말함으로 왕의 아버지에 대한 충성심

도 여전히 져버리지 않은 것을 간접적으로 시사한다. 저자가 그를 소개하며 쓴 '다윗의 친구'(16:16)라는 표현을 통해 둘 사이의 관계를 짐작할 수 있다.

이와 대조적으로 아히도벨은 다윗의 '거짓 친구'임이 드러난다. 그는 계략을 요구하는 압살롬을 향해 열 명의 후궁과 더불어 모든 백성이 보는 앞에서 동침하여 왕같이 행하라고 권한다.

"아히도벨이 압살롬에게 이르되 왕의 아버지가 남겨 두어 왕궁을 지키게 한 후궁들과 더불어 동침하소서 그리하면 왕께서 왕의 아버지가 미워하는 바 됨을 온 이스라엘이 들으리니 왕과 함께 있는 모든 사람의 힘이 더욱 강하여지리이다 하니라"(16:21).

왕의 첩을 차지한다는 것은 곧 왕권 장악을 상징하는 행위였다. 더불어 다윗과 압살롬이 부자지간이라는 것 때문에 망설이는 자들을 향해 분명한 메시지를 전하려는 의도도 포함되어 있었다. 이런 가증한 사건을 통해 다윗과 압살롬의 부자 관계는 더 이상 회복될 수 없고 동시에 누가 실세인지 보여 줌으로 사람들이 압살롬에게 충성하도록 유도하고자 하는 작전이었다.

사무엘하 12장 11절에 나단이 다윗에게 말한 재앙에 대한 예언이 성취되는 순간이다. 그러나 아히도벨의 계략은 인간의 지혜의 우매함에 불과했고, 하나님의 말씀을 조금도 두려워하지 않은 사악한 행위였을 뿐이다.

아히도벨은 거기서 멈추지 않고 한걸음 더 나아간다. 다윗이 지쳐 있는 지금이야말로 죽일 절호의 기회라며, 자신이 직접 정예부대를 이끌고 나가 기습 공격하겠다고 말한다. 다윗왕만 쳐 죽이고 나머지는 다 생포하는 작전이었다. 다윗 한 사람만 죽이면 전체 백성들을 규합할 수 있다는 논리였다. 아직 전열을 다듬지 못하고 정보 체계가 무너진 다윗의 무리를 기습적으로 치자는 그야말로 탁월한 전략이었다. 그러나 다행히도 압살롬은 또 다른 전략가 후새의 의견도 들어보고 최종 결정하기로 한다.

후새는 내심 아히도벨의 정확한 상황 인식에 놀라지 않을 수 없었다. 요단을 건너지 못한 채 멀지 않은 거리에 있는 다윗이 위기를 맞을 수 있는 상황이었다. 후새는 압살롬을 다른 계획으로 유도하려고 했다. 그러려면 아히도벨의 전략과는 분명한 차별성과 함께 설득력이 있어야 했다. 그래서 그런지 후새의 전략은 유난히도 장황하며 거창하다.

먼저 다윗의 군대가 아무리 지쳐 있을지라도 워낙 강하기에 급습하기보다는 대군을 모집하여 그를 대적해야 한다는 것이 전략의 핵심이었다. 이 핵심을 전달하기 위해 후새는 지나치다 싶을 정도의 과장법과 환상적인 시나리오로 압살롬의 마음을 흔들어 놓는다. 예를 들어 "온 이스라엘을 바닷가의 많은 모래 같이 모아"(17:11), "이슬이 땅에 내림같이 … 하나도 남겨 두지 아니하고"(17:12), 다윗이 있는 성에 "온 이스라엘이 밧줄을 가져다가 그 성을 강으로 끌어들여"(17:13) 그 자체를 없앤다는 것이다. 우습게 들릴 수 있으나 이런 과장된 표현이 압살롬의 자존심과 영웅 심리를 자극하는 데 성공한다. 상대방을 정확히 읽고 맞춤 전략으로 압살롬의 마음을 흔들어 놓은 것이다.

압살롬은 결국 후새의 묘략을 채택한다. 후새는 그럼에도 불구하고 만약을 대비해 이 긴급한 소식을 다윗에게 전해 주고자 한다. 자신이 압살롬을 납득시켰는지 확신할 수 없었던 것이다(17:15). 후새는 다윗과 그의 군대에게 요단강을 즉시 건너라고 권했고(17:16), 다윗은 위험에서 벗어난다.

이와는 대조적으로 계략이 받아들여지지 않은 아히도벨은 자살하는 길을 택한다. 궁극적으로 다윗에게 패배할 것을 예감했던 것 같다. 마치 가룟 유다가 예수님을 배반한 후 자살을 택했던 것처럼 말이다.

후새와 아히도벨 두 사람을 통해 신의가 무엇이며 의리가 무엇인지를 생각해 본다. 하나님과의 헤세드(언약적 사랑)에 더해 인간들 간의 헤세드에 관한 질문이다. 눈앞의 이득을 위해 너무나 쉽게 배반하고 의리를 저버리는 세상이기에 특별히 마음에 다가오는 질문이다.

믿음의 사람들은 달라야 한다. 함께하는 사람들과의 헤세드를 소중하게 여겨야 한다.

어떤 계획이든 '하나님의 몫'이 있다

하나님의 간섭이라는 관점에서 다윗의 이야기를 보며 한 가지 특징을 발견하게 된다. 하나님이 간섭하시되 하나님의 손이 잘 드러나지 않는다는 것이다. 다시 말해 하나님께서 모든 것을 간섭하시되 '기적'이라 불리는 '직접적 방법'보다는 '간접적 방법'을 선택해 일하신다는 것이다.

"압살롬과 온 이스라엘 사람들이 이르되 아렉 사람 후새의 계략은 아히도벨의 계략보다 낫다 하니 이는 여호와께서 압살롬에게 화를 내리려 하사 아히도벨의 좋은 계략을 물리치라고 명령하셨음이더라"(17:14).

후새의 언변과 설득력이 훌륭해서라든가 아히도벨의 전략보다 더 뛰어났기에 선택되었다기보다 그 모든 것 뒤에는 하나님이 계셨다. 하나님께서 모든 것을 주관하셔서 상황을 간섭하셨다는 것이다. 결국 하나님의 그러한 간섭은 다윗의 기도에 대한 응답이었다.

모든 것이 하나님의 섭리와 주권에 달려 있다는 점은 성경의 분명한 가르침이다. 그렇다고 하여 다윗이 기도만 했다면 어떻게 되었을까? 만약 후새를 위장 전향시키지 않았다면, 또한 연락병으로 요나단과 아히마아스를 성 안에 들여보내지 않았다면? 이러한 가정을 통해 알 수 있다. 다윗의 실제적이며 지혜로운 전략과 행동은 반드시 필요했다.

그렇다면 하나님이 다윗을 통해 가르쳐 주는 믿음의 삶이란 무엇인가? 때로는 상식적으로 필요한 준비와 대비를 하는 것을 '믿음 약함' 또는 '믿음 없음'으로까지 비약하고 있지는 않는지 돌아보자.

믿음과 상식의 관계를 보여 주는 멋진 말이 있다. 바로 '믿음은 몰상식이 아니라, 초상식을 허용하는 상식이다.'라는 표현이다. 믿음의 삶이란 상식 이상인 하나님의 역사를 부정하지 않으면서 최소한 상식이라는 범위에서 진행되어야 한다는 것을 함축하고 있다.

당연히 우리는 하나님을 의지하며 기도해야 한다. 그러나 거기에 멈추지 않고 최선을 다해 노력하는 다윗의 모습이 우리가 본받아야 하는 믿음의 삶이다.

다윗은 절망 가운데 기도했다. 어떠한 상황에서도 소망을 버리지 않았다. 압살롬은 인간을 의지하는 반면 다윗은 지속적으로 하나님을 의지하는 모습이었다. 그는 위기상황에 직면할 때도, 절망적인 보고를 들을 때도 하나님의 간섭을 위해 기도하며 하나님을 의지했다. 동시에 인간적으로 최선을 다했다.

우리는 다윗처럼 현실적인 행동주의자들이 되어야 한다. 행동하면서 하나님에게 기도한다는 의미에서 '동사형 믿음'이라는 표현을 쓸 수 있을 것이다.

성경에는 '행동을 염두에 둔 명령'이 가득하다. 우리가 무언가를 이루길 원한다면 행동을 개시할 필요가 있다. 여기에 가장 중요한 믿음의 기도가 자리를 잡아야 한다. 인간이 계획을 세울지라도 그 길을 인도하시는 분은 하나님이기 때문이다. 무엇을 하든 어떤 것을 하든 거기에는 하나님의 간섭의 몫이 있다. 그렇기에 우리는 하나님의 말씀을 좇아 계획을 세우며 그분의 역사를 기대하며 행해야 한다.

인간의 지혜가 아무리 뛰어날지라도 하나님의 말씀에 어긋나 있다면 결국은 그 대가를 지불하게 된다. 심지어 실패를 경험할지라도 도우시는 하나님이 계시기에 희망이 있다는 것이다.

"대저 의인은 일곱 번 넘어질지라도 다시 일어나려니와 악인은 재앙으로 말미암아 엎드러지느니라"(잠 24:16).

이것이 성경의 약속이다.

PART 4. 완성

다윗의 *심장*으로
인생을 받아들이다

하나님의 길을 인정하라

영적 진실성(integrity)의 소중함
(사무엘하 16:5-14; 19:16-23, 열왕기상 2:8-9; 36-46)

인생을 살다 보면 별의별 사람들을 다 만나게 된다. 다윗의 경우만 보아도 아히도벨과 같은 배신자가 있는 반면 후새와 같이 평생 변치 않은 진정한 '친구'도 있다. 상대가 어떤 사람들이냐에 따라 그 관계의 결과에 대한 희비가 분명히 갈린다. 하지만 언제나 그런 것은 아니다. 무엇인가 꺼림칙하면서도 자신의 삶에서 정리되지 못하는 경우 또한 있기 때문이다.

이번에 살펴볼 시므이가 그런 경우에 해당된다. 그 이름 자체를 얼핏 보면 괜찮은 듯하다. '여호와께서 들으셨다'라는 의미를 지니고 있기 때문이다. 하지만 보는 관점에 따라 긍정적 또는 부정적 결과로 이어질 수 있기에 이중적인 의미가 내포된 듯하다. 다윗과 연관한 그의 삶에 그러한 이중성을 잘 드러난다. 그는 다윗에게 부당하게 해를 가한 인물이었고 그에 상응하는 대가를 받아야 했다. 하지만 그럴 수 없게 만들어진 상황 때문에 다윗은 대응을 하기보다는 마음에 부담감을 지니고 그를 대하게 된다.

그에 대한 기록은 사무엘하뿐 아니라 열왕기상까지 흩어져 기록되어 있다. 그 기록들을 함께 보며 시므이라는 사람을 통해 주시는 하나님의 교훈을 배워 보자.

어떤 상황도 주도적(proactive)으로 대응하라

아들에게 쫓겨 피난길에 오른 다윗의 초라한 행렬 앞에 갑자기 시므이가 등장한다.

그를 소개할 때부터 뭔가 심상치 않음이 느껴진다. '사울의 친족 한 사람'이라는 표현 때문이다. 그는(바후림이라는 마을에서) 나오면서 계속 다윗을 저주했다(16:5). 그뿐 아니다. 다윗과 그의 무리들을 향해 돌을 던진다. 던지는 돌도 그렇지만 그가 사용한 언어는 도가 지나쳤다. 히브리어로 보면 쓰레기에 비유할 수 있는, 반사회적 범죄를 저지른 이들에게 쓰는 단어를 선택하여 다윗을 향해 저주를 퍼부었다. 다윗에게는 그가 던진 돌로 인한 육체적 상처보다 그의 욕설로 인한 상처가 더 크게 마음에 남았을 것이다.

시므이가 다윗을 향해 저주한 표면상 이유는 '사울의 족속의 모든 피'로 인함이라고 말한다. 여호와께서 그 대가로 다윗이 이러한 일을 당하게 한다는 것이다. 독자로선 결코 동의할 수 없으리라. 사무엘서에 의하면, 사울왕과 그의 집안의 몰락은 스스로 자초한 것일뿐 아니라 하나님께서 다윗을 선택하심을 분명히 하고 있기 때문이다.

시므이는 더 나아가 왕위가 압살롬에게 넘어갔다고 조롱하고 있다 (16:8). 다윗이 도피하고 있어서 그렇게 말한 것 같으나, 이 표현 또한 아직 '검증되지 않은 사실'일 따름이다.

시므이가 이런 터무니없으며 도가 지나친 언어를 사용하며 다윗을 공격하는 이유는, 앞에서 그를 소개한 표현을 통해 간접적으로 알 수 있다. 사울 집안의 몰락으로 친족으로서의 불이익을 경험했거나 누릴 수 있는 특혜가 없어진 것에 대한 반응이었을 것이다. 간략하게 표현하자면 개인적인 원한을 신학적인 명목으로 포장하고 있는 것이다.

다윗의 부하 지휘관 중 하나인 아비새는 '그의 목을 베겠다'고 말하며 분노한다. 시므이를 지칭하여 '죽은 개'라고 한 그 표현 속에 그의 감정이 담겨 있다. 흥미로운 것은 이렇게 말하는 아비새를 소개하며 저자는 '스루야의 아들'이라는 표현을 더하고 있다는 것이다.

"왕이 이르되 스루야의 아들들아 내가 너희가 무슨 상관이 있느냐 그가 저주하는 것은 여호와께서 그에게 다윗을 저주하라 하심이니 네가 어찌 그리하였느냐 할 자가 누구겠느냐"(16:10).

다윗 또한 그들을 '스루야의 아들들아'라고 부른다. 과거에 다윗의 허가 없이 아브넬을 죽인 사건(삼하 3장)이 떠올랐을까. 왕의 뜻을 무시한 채 통일이라는 대사를 앞에 놓고 개인적 감정에 치우쳐 커다란 위기를 몰고 올 뻔한 잘못을 저지른 그들 또한 그런 말을 할 자격은 없었다. 더 나아가 그들은 시므이의 저주가 혹시라도 하나님의 뜻과 연관되어 있을지도 모른다는 고려조차 배제하고 있었다.

아비새의 반응과 제안이 소인배의 대응책이었다면 다윗은 달랐다. 다윗은 시므이의 저주를 보며 하나님께서 시므이를 통해 행하신 일이라고 생각했다. 누구를 향해 돌을 던진다는 것은 그 당시의 관습에 따르면 어떤 특정한 죄를 향한 율법에 담겨 있는 엄한 처벌 방식이었다. 시므이를 하나님의 저주를 대신 전하는 대변자로 보고 있는 이유다. 그뿐 아니라 다윗에게는 돌과 연결된 일, 그의 인생의 분수령이 되는 개인적 경험이 있었다. 골리앗을 물맷돌로 쓰러뜨림으로 인생이 바뀌기 시작한 경험 말이다. 그런데 이젠 돌팔매질을 받는 대상으로 전락해 버렸다. 더 이상 왕도 아니며 '사회적 쓰레기'같은 취급을 받는 밑바닥 경험을 하고 있는 것이다.

다윗의 위대함은 이렇게 추락된 지경에서 다시 드러난다. 시므이의 저주 자체는 그가 언제부터인가 잃어버렸던 겸손을 회복하도록 돕는다. 다윗으

로 하여금 현재의 자기 모습을 깨닫도록 도운 것이다. 그 순간 그는 자신이 범한 모든 잘못과 관계된 사람들을 떠올렸을 것이다.

다윗은 자신을 변호하고 방어할 뿐 아니라 시므이에게 보복할 수도 있었다. 그러나 자신의 내면, 진실과 대면하기로 결정한다. 참기 힘든 고통을 통해 오히려 자비와 은혜, 사랑의 하나님을 만나는 계기로 삼은 것이다.

"혹시 여호와께서 나의 원통함을 감찰하시리니 오늘 그 저주 때문에 여호와께서 선으로 내게 갚아 주시리라"(16:12).

다윗은 이렇게 고백하며 하나님께 모든 것을 맡긴다. 그런 다윗을 향해 끝까지 쫓아오며 괴롭히는 시므이의 모습은 깊은 대조를 보인다. **상황에 주도적(proactive)으로 대응하며 사는 다윗의 위대함을 볼 수 있다.**

용서받은 자로서 용서를 구하는 이는 용서해야 한다

다윗을 향해 저주를 퍼붓던 시므이는 상황이 완전히 바뀐 이후에 다시 등장한다(19:16-23). 압살롬이 죽은 이후(18장) 다윗이 왕으로 복귀하는 장면에서다. 유다 족속이 왕을 맞으러 길갈로 오는데 그때 '급히' 내려온 자로 그를 소개한다(19:16). 그것도 혼자 온 것이 아니라 베냐민 사람 일천 명과 함께 말이다(19:17).

시므이는 다윗이 요단 강을 건너려 할 때 그 앞에 엎드려 용서를 구하고 자비를 빌기 시작한다. 그가 다윗을 향해 사용한 언어는 16장의 언어와는 180도 다르다. 다윗을 향해 '내 주여, 내 주 왕'이라 칭하며 자신을 '왕의 종'이라 표현한다. 그러면서 먼저 자신에게 죄를 돌리지 말아달라고 요청한다. 자신의 죄를 용서해 달라는 것이다. 심지어 자신이 행한 그 일을 '기억조차 말아달라'고 부탁한다. 그러면서 자신이 잘했다고 생각하는 것 한 가지만을 기억해 달라는 의도를 살짝 비친다. 바로 본인이 이스라엘 중 가장 먼저 내려와 다윗왕을 영접하였다는 것 말이다.

"왕의 종 내가 범죄한 줄 아옵기에 오늘 요셉의 온 족속 중 내가 먼저 내려와서 내 주 왕을 영접하나이다 하니"(19:20).

기록된 그의 말과 행동을 통해서는 그의 회개가 진정한 것임을 알 길은 없다. 분명한 사실은 그가 태도를 완전히 바꾸었다는 것이다. 저주하던 다윗을 향해 이젠 구명 요청을 하고 있는 것이다. 그것도 자신의 지파인 베냐민 사람 일천 명 앞에서 공개적으로 말이다. 그의 행동은 자신의 죄를 인정할 뿐 아니라 이후로는 다윗을 정치적으로도 지지하겠다는 뜻을 보여 주고 있다.

여기서 다시 아비새가 등장한다. '죽은 개'라 부를 정도로 경멸했던 기회주의자 시므이의 행동과 말에 참을 수 없는 역겨움이 올라왔다. 이번에는 아비새가 신학적 보자기에 그 역겨움을 싸서 표현한다.

"여호와의 기름 부으신 자를 저주하였으니 그로 말미암아 죽어야 마땅하지 아니하니이까"(19:21).

마치 군법회의에 회부된 중범죄자에게 판결을 내리는 듯한 표현이다. 겉으로 보기엔 너무나 적절한 평가이며 당연한 대응 같다. 시므이의 가증한 말과 행동을 그냥 넘겨 버릴 수는 없었으리라.

그러나 다윗은 16장에서와 같이 아비새의 반응에 일침을 가한다.

PART4. 완성 : 다윗의 심장으로 인생을 감싸다   275

여기서도 동일하게 아비새를 '스루야의 아들'이라 부르며 말이다. 차이가 있다면 이번에는 좀 더 강하고 단호한 거부 의사를 나타낸다. "너희가 오늘 나의 원수가 되느냐"(19:22)는 표현이 더해진다.

다윗은 다시 왕이 된 기쁜 날이기에 함께 기뻐해야 하는 날이지 어떤 이를 처형할 날이 아니라고 말한다. 사울이 왕으로 추대되었을 때에 "이 날에는 사람을 죽이지 못하리니 여호와께서 오늘 이스라엘 중에 구원을 베푸셨음이니라"(삼상 11:13)는 말을 떠오르게 한다. 다시금 왕이 되는 의미 있는 날로 받아들이는 다윗의 겸손한 모습이다. 함께 기뻐해야 할 바로 그날 용서를 구하는 이를 향해 합당한 대응을 선택한 것이다. **그는 하나님의 용서를 경험한 한 사람으로 다른 이를 향한 용서를 베푼다.**

다윗은 시므이를 향해 "네가 죽지 아니하리라"(19:23)고 맹세한다. 물론 다윗의 이러한 행동이 정치적으로 베냐민 지파의 지지를 얻기 위함이라는 해석도 가능할 것이다. 하지만 압살롬의 반역을 다루는 스토리 전체의 문맥에서 볼 때, 이 표현을 정치적인 전략으로만 보는 것은 지나치게 단순하다. 오히려 압살롬의 반역 사건을 통해 자신을 돌아보는 계기를 갖고, 다시금 매사에 하나님의 뜻을 발견하여 순종하려는 모습으로 보는 것이 더 합당하다. 그런 와중에 기회주의자 시므이는 목숨을 건지는 행운을 얻은 것이다.

그렇다고 하여 시므이의 이야기가 여기서 끝난 것은 아니다. 다윗이 시므이의 과거의 악행을 '온전히' 잊은 것은 아니었다. 다윗의 영성이 시므이라는 기회주의자의 말과 행동 속에서 하나님의 말씀과 뜻을 발견한 것일 뿐이지, 시므이라는 사람이 바뀌었다고 믿어서 받아들인 것은 아니기 때문이다.

지혜는 영적 진실성(integrity)과 함께할 때 시너지가 나온다

시므이에 관한 이야기는 다윗이 임종을 눈앞에 두고 솔로몬에게 유언을 남길 때 다시 등장한다(왕상 2:8-9). 다윗은 솔로몬에게 자신이 시므이를 '칼로 죽이지 않겠다'고 약속했음을 밝히고(왕상 2:8), 이제 자신의 죽음으로 그 맹세의 유효 기간이 만료되고 있다는 것을 시사한다. 그러므로 시므이를 더 이상 '무죄한 자로 여기지 말라'(왕상 2:9)고 부탁한다.

왜 다윗은 솔로몬에게 이런 부탁을 하는 것일까? 단순히 개인적으로 당한 일에 대한 앙갚음은 아닐 것이다. 만약에 그러한 복수심이 원인이라면 자신의 재임 중 적당한 기회를 잡아 진작 추진할 수 있었기 때문이다. 성경에서는 다루고 있지 않지만 이를 추측해 볼 수 있다. 비록 자신이 용서해 준 일이긴 하나 '백성의 지도자를 저주하지 말라'는 율법을 어긴 것은 가볍게 여길 수 없는 일이었다.

"너는 재판장을 모독하지 말며 백성의 지도자를 저주하지 말지니라"(출 22:28).

시므이가 솔로몬 시대에 다시 또 그러지 않는다는 확신도 없었다. 그리고 언제든 시므이가 원하면 등에 업고 반기를 들 수 있는 베냐민 지파가 있다는 사실도 솔로몬에게는 부담이었을 것이다. 조삼모사(朝三暮四) 할 수 있는 기회주의자, 손바닥 뒤집듯 마음이 바뀔 수 있는 자이므로 요주의 인물임이 틀림없었다. 그런 인물을 지적하지 않은 채 인수인계 작업이 끝나버린다면 다윗은 '직무유기'를 범하는 것일 수 있다. 그래서 다윗은 솔로몬에게 당부한다.

"너는 지혜 있는 사람이므로 그에게 행할 일을 알지니 그의 백발이 피 가운데 스올로 내려가게 하라"(왕상 2:9).

솔로몬은 다윗의 말을 마음에 새긴다. 그리고 사람을 보내 시므이에게 예루살렘을 떠나지 말고 그곳에만 머물 것을 그의 목숨을 담보로 맹세를 받는다(왕상 2:36-38).

처음에는 시므이도 명심하며 그 약속을 성실하게 지킨 것 같다. 그러나 기회주의자들이 늘 그러하듯 맹세를 가볍게 여겼기에 그의 민낯이 드러나는 것은 시간 문제였다. 그 일이 일어나기까지 3년의 세월이면 충분했다. 시므이는 맹세를 까맣게 잊어버린 채 도망간 종을 붙잡으려는 생각에만 사로잡혀 예루살렘을 벗어나 버린다. 종들을 데리고 오는 것은 성공했으나 그는 맹세를 어긴 죄로 죽임을 당한다(왕상 2:42). 형벌의 이유는 '여호와를 두고 한 맹세'에 더해 '왕의 명령을 어긴 죄'였다(왕상 2:43). 사필귀정(事必歸正)이다.

시므이라는 사람을 중심으로 펼쳐진 이야기를 보며 '진실성 있는 삶(life of integrity)'의 중요성을 생각해 본다. 영어 단어인 '인테그리티(integrity)'에 담긴 그 개념과 의미가 폭넓고 깊은 까닭에 우리말로 '진실성'이라는 단어만으로 표현하기에는 한계가 있긴 하다. 이를 진실성과 일관성으로 동시에 생각해 보면 인테그리티가 없는 자의 전형이 시므이 같은 인물이라고 결론 지을 수 있다. 자신의 이익이나 목적 달성을 위해서는 말과 행동을 손바닥 뒤집듯 번복할 수 있는 자이 기 때문이다.

다윗은 인테그리티라는 면에서 시므이와 정반대 편 진영에 속한 다. 물론 그도 죄를 범함으로 인해 그것을 잃어버렸던 적이 있었다. 그 러나 잠시였으며, 어려움을 통해 다시 되찾았다는 면에서 시므이와는 비교할 수 없다. 그렇기에 다윗은 우리에게 모델로 설 수 있다. **누구나 넘어질 수 있으나 중요한 것은 다시 바로 설 수도 있다는 것이다.**

성경의 원리는 궁극적으로 '심은 대로 거둔다'고 말하고 있다. '영 리하게 살아라', '요령 있게 살아라'라고 가르치는 시대다. 그것이 지 혜인 양 말하는 세상에서 주님의 자녀된 우리는 다르게 살아야 한다. **소위 '지혜'라는 것은 영적 진실성(integrity)과 함께할 때만 시너지를 내고 비로소 힘과 능력을 발휘한다.** 시므이와 다윗의 이야기는 우리 모두에 게 다시 한번 진실성이 담긴 원리가 이끄는 삶을 살아야 함의 중요성 을 일깨워 준다.

주위의 도움에서 은혜를 경험하라

은혜를 경험하고 베풀며 사는 삶
(사무엘하 17:27-29; 19:31-39, 열왕기상 2:7)

구름이 끼고 천둥 번개가 치며 폭우도 쏟아지는 날씨를 변화가 많은 인생에 비유할 수 있을 것이다. 살아가면서 누구나 예외 없이 어려움을 겪기 때문이다. 중요한 것은 단순히 어려움을 겪는 것이나 어려움의 강도가 아니다. 어려움 속에서 '누가 함께하는가?', '도움을 줄 이가 있는가?'에 따라 모든 것이 달라질 수 있다.

이것과 연결해 '진정한 삶은 만남으로 구성되어 있다.'는 마틴 부버(Martin Buber)의 말이 떠오른다. **어떤 만남은 그저 사물과의 만남처럼 '나와 그것'일 수 있다. 그러나 진정한 의미의 만남은 '나와 당신'이라 표현할 수 있는 만남이다.** 어떤 사람을 만나 어떤 관계를 맺는가에 따라 삶의 깊이가 달라지는 것을 경험하기에 그런 표현에 공감이 된다. 우리 문화 속에서 '인복'(人福)을 논하는 이유이기도 하다.

다윗도 다양한 만남을 경험한다. 아히도벨과 같은 배신자, 시므이와 같은 기회주의자로 인해 마음고생을 하고 번민했다면. 반면 목숨을 걸고 끝까지 다윗을 지키고자 노력한 후새나, 본문의 주인공인 바르실래와 같은 '헤세드의 사람'들이 있었기에 위로와 힘을 얻었다.

누구나 예외 없이 두 그룹처럼 서로 대조되는 이들을 만나며 살아간다. 첫 번째 그룹에 속한 이들로만 둘러싸여 산다면 그곳이 바로 지옥일 것이다. 하지만 두 번째 그룹의 사람들이 있기에 "인생은 살 만하다." 느끼며 인생을 영위해 나갈 수 있다.

이번엔 바르실래와 다윗을 보며 '헤세드의 사람'은 어떤 사람인지에 대해 소중한 교훈을 배우게 될 것이다.

헤세드의 사람은 시류를 좇지 않는다

바르실래는 길르앗, 즉 요단 동편 사람이었다. 요단의 동편에 살았기 때문에 그가 처음 소개된 시점은 다윗이 압살롬을 피해 요단강을 건너 마하나임에 도착했을 때였다. 야곱이 가나안 땅으로 돌아올 때 천사들의 무리가 나타나서 용기를 주었던 곳이다(창 32:1-2). 다윗의 경우에도 바로 이곳에서 하나님의 도움을 경험한다. 마치 천사와 같은 세 사람이 먹을 것을 준비해 다윗과 함께한 사람들에게 공급해 준 것이다(17:27-29).

그들이 가져온 것을 보면 침상, 여러 곡식들뿐 아니라 꿀과 버터와 양과 치즈까지 다양하다. 본문은 그 이유에 관해 다음과 같이 언급하고 있다.

"이는 그들 생각에 백성이 들에서 시장하고 곤하고 목마르겠다 함이더라"(17:29).

그들의 행동이 얼마나 상대방을 향한 배려가 가득한 선행이었는지가 강조된다. 다윗의 시편 23편 5절의 말씀이 다윗의 입에서 흘러나오는 것을 상상해 본다. "주께서 내 원수의 목전에서 내게 상을 차려주시고 기름을 내 머리에 부으셨으니 내 잔이 넘치나이다."

세 사람 중의 하나가 바르실래였다. 그는 로글림 사람이라고 소개되어 있는데, 그곳의 정확한 위치는 알 수 없다. 분명한 것은 바르실래는 큰 부자로 다윗과 그의 사람들이 마하나임에 머무는 동안 '공궤(provide)하던 자'였다는 것이다. 단순히 부자여서 그들을 돌봐 주었던 것은 결코 아니다. 부자라고 모두가 어려운 사람들을 돕지 않는다. 더 나아가 그가 선한 부자여서 불쌍한 사람을 도운 것도 아니다. 다윗의 무리는 왕위를 아들에게 뺏겨 도망치다가 지친 이들이었기 때문이다.

이들을 돕는 데 부자라는 사실이 오히려 장애가 될 수 있는 상황이라고도 볼 수 있다. 이들을 돕는 것 자체가 안고 있는 위험 부담 때문에 최악의 경우에 가진 모든 것을 빼앗겨 버릴 수 있기 때문이다. 실제로 많은 이들이 압살롬에게로 마음이 기운 상태에서 쫓기는 신세가 되어 버린 다윗의 무리를 돕는다는 것은, 정치적 판단이 아닐뿐더러 자칫 위험한 상황으로 이어질 수 있는 행동이었다.

요즘 시대에도 소위 정권에 줄을 잘못 댔던 기업이 정권이 바뀐 후 낭패를 보는 경우를 볼 수 있다. 하물며 그 당시에는 타격이 더욱더 컸을 것이다. 전쟁의 결과에 따라 다윗과 함께 운명을 같이 하게 되는 위험 부담을 안고 베푸는 도움의 행위였다. 기회주의자 시므이의 조롱을 염두에 두고 볼 때, 바르실래가 선택한 결정은 분위기 파악을 '제대로' 못한 것같이 보일 수도 있었다. 그럼에도 불구하고 바르실래는 다윗을 돕는 헤세드의 사람으로 남는다.

그가 다시 등장했을 때(삼하 19장)는 모든 상황이 바뀐 후였다. 반란을 일으켰던 압살롬은 죽임을 당하고 도망자였던 다윗왕은 다시 예루살렘으로 귀환했다. 그때 그는 나이 80세가 된 상황이었다. 사실 80이라는 나이는 지금도 적지 않은데 그 당시 기준으로 매우 연로하게 여겨지는 나이였을 것이다. 우리나라의 경우 조선시대 중후반기에는 예순이 넘으면 벼슬을 주었을 정도로 장수하는 사람들이 흔하지 않았다.

연로한 나이에도 불구하고 다윗이 예루살렘으로 복귀한다는 소식을 들은 그는 자신의 고향인 로글림에서 요단으로 내려온다. 왕이 요단을 건너는 것을 배웅하기 위해서였다(19:31). 이야기는 왕이 요단을 건너고 바르실래가 고향 땅으로 돌아가는 것으로 끝난다(19:39).

마지막까지 헤세드의 사람으로 남는 바르실래를 보며 다윗의 만남이 부러우면서도 우리 역시 바르실래와 같은 삶을 살았으면 좋겠다는 마음을 갖게 된다.

헤세드의 사람은 상대를 소중하게 여기며 살아간다

다윗은 바르실래에게 입은 은혜를 되갚기 위해 함께 예루살렘으로 가자고 제안한다(19:33). 왕궁에서 편안히 살며 좋은 음식을 포함한 온갖 호강을 제안한 것이다. 자신에게 베풀어 주었던 은혜와 충성에 대해 보답하고자 하는 순수한 의도였다. 왕이었기 때문에 그러한 호의

를 당연시 여길 수도 있었지만 다윗은 은혜를 갚을 줄 아는 왕이었다.

바르실래는 다윗의 제안을 정중하게 거절한다(19:35). 자신은 나이가 많아 예루살렘으로 가는 것이 무리이며, 몸이 성치 않으니 음식을 즐길 수 없고, 아무리 산해진미를 먹는다고 해도 미각이 둔해졌으니 자신에게는 별 의미가 없다는 것이다. 그뿐 아니라 노래하는 남자나 여인의 소리를 즐기며 들을 정도로 청각도 좋지 않다고 한다.

더 중요한 이유는 "어찌하여 종이 내 주 왕께 아직도 누를 끼치리이까"(19:35)라는 표현 속에 담겨 있다. 한마디로 다윗에게 자신이 '짐'이 되고 싶지 않다는 뜻이다. 우리 정치사를 보아도 소위 '가신'이라 불리는 이들이 섬기던 이가 대통령이 되었을 때 공기업 등에 한 자리씩 차지하는 것을 어렵지 않게 본다. 그동안 수고했으니, 또는 받은 게 있으니 주는 것이 인간관계의 기본이라는 타성을 벗어나지 못하는 모습이다.

하지만 바르실래는 다윗의 호의를 거부한다. 왕이 자신에게 상으로 갚는 것이 왕에게는 오히려 누를 끼치는 일이라면서 말이다. 그가 요단 강변에 나온 것도 다윗이 왕으로 복귀하는 모습을 기뻐하며 배웅하고자 나온 것이지 자신이 과거에 베풀었던 선의에 대한 보답을 바라고 있는 것이 아니라는 사실을 분명히 하고 있다. 그는 "종은 왕을 모시고 요단을 건너려는 것뿐이어거늘"(19:36)이라고 답한다. 바르실래라는 사람이 얼마나 생각이 깊고 충성스러운지 확인할 수 있다. 대신 바르실래는 두 가지 요청을 한다.

첫 번째 요청은 고향으로 돌아가 부모의 묘 곁에서 죽고 싶다는 것이다(19:37). 17장에서 보았던 아히도벨의 종말과 연결시켜 볼 수 있다. 아히도벨은 배반자로서 자기 묘략이 시행되지 못함을 보고 나귀에 안장을 지우고 떠나 고향으로 돌아가서 스스로 목매어 죽은 자로, '그의 조상의 묘에 장사되니라'(삼하 17:23)라고 기록되어 있다. 마치 의도된 것처럼 '헤세드의 사람'인 바르실래는 '편안히' 묻힐 것을 암시함으로 삶의 마무리가 아히도벨과 대조되는 것을 볼 수 있다.

두 번째 요청은 자신의 아들 김함(Kimham)에 대한 것이다. 자기 대신 그를 데려가 "왕의 처분대로 그에게 베푸소서"라고 부탁한다(19:37). 다윗은 그의 요청을 흔쾌히 받아들인다.

"김함이 나와 함께 건너가리니 나는 네가 좋아하는 대로 그에게 베풀겠고 또 네가 내게 구하는 것은 다 너를 위하여 시행하리라"(19:38).

다윗은 '왕의 처분대로'라는 바르실래의 요청을 '네가 좋아하는 대로'라는 말로 답한 것이다.

다윗은 자신의 이러한 약속을 신실하게 지킨다. 그는 김함뿐 아니라 다른 아들들까지 돌보아 준다. 그리고 지속적으로 그들을 돌봐 줄 이유를 설명하며 솔로몬에게 부탁하기도 한다.

"마땅히 길르앗 바르실래의 아들들에게 은총을 베풀어 그들이 네 상에서 먹는 자 중에 참여하게 하라 내가 네 형 압살롬의 낯을 피하여 도망할 때에 그들이 내게 나왔느니라"(왕상 2:7).

다윗을 통해 '헤세드의 사람'이 어떤 사람인지, 그가 받은 은혜를 갚는 것에 얼마나 신실했는지 배우게 된다.

헤세드의 사람은 최고의 유산과 교훈을 남긴다

다윗과 바르실래 두 사람 모두 '헤세드의 사람'들이었다.

위험을 감수하고라도 왕인 다윗의 필요를 채워 준 바르실래와 그로부터 받은 은혜를 갚기 위해 끝까지 최선을 다하는 다윗. 이들을 통해 헤세드의 사람들의 아름다운 모습을 확인하게 된다. 서로를 향한 존중과 배려가 그들의 말 속에 배어 있다. 정치적 또는 인간적인 득실을 우선하기보다는 서로를 향한 순수한 관계가 돋보이는 아름답고도 고상한 대화의 장면들은 감동을 자아내기에 충분하다.

두 사람이 보여 준 헤세드는 단순히 '친의와 선의'라는 의미 이상의 것이다.

바르실래의 경우 하나님을 향한 마음이 다윗을 향한 충성으로 나타난 것으로 볼 수 있다. 주위 모두가 압살롬을 좇아갈지라도, 그런 상황 속에서 자신에게 커다란 위험이 닥칠지라도 결국 하나님께서 세워 주신 이를 좇고자 했다. **세상이 어떠할지라도 결국 하나님의 말씀, 그리고 예수님과 그분의 뜻을 행하고자 하는 모습이 얼마나 중요한지를 가르쳐 준다.**

다윗은 구약을 통해 메시아의 모형으로 등장한다. 우리를 위해 이 땅에 오셔서 '우리를 위해 죽으셨을 뿐 아니라 세상 끝날까지 함께 하시겠다'고 말씀하신 예수님의 신실함을, 다윗이 헤세드를 행하고자 하는 모습에서 발견할 수 있다. 그 모습은 천 대에 이르기까지 축복을 베푸시는 하나님의 속성을 기억나게 한다.

헤세드의 사람들이 자손들에게 남겨 주는 축복을 살펴보자. 바르실래는 자신의 아들 김함을 언급했다. 위에서 언급하였듯이 아들 김함뿐 아니라 다른 모든 아들들 또한 다윗에게서 은총을 받게 된다. 예레미야 41장 17절을 보면 베들레헴 근처에 '게롯김함'이라는 지명이 나온다. 단어의 의미가 '김함의 거처'라는 뜻인데, 전해 내려오는 이야기에 의하면 다윗이 김함에게 땅을 하사하여 생긴 지명이라고 한다.

사람들은 부모 자녀 관계를 논할 때 유산 상속을 빼놓지 않고 말한다. 일반적으로 '경제적 유산'을 생각한다. 그러나 더 중요한 두 가지 유산이 있다. 좋은 이들과 관계를 연결시켜 주는 '사회적 유산'과, 품성과 인격이라 할 수 있는 '인지적 유산'이다.

사회적 유산은 단순히 '연줄'을 말하는 것이 아니다. 부모의 삶을 통해 맺은 좋은 관계가 다음 세대에서도 지속적으로 연결되게 만드는 것을 의미한다. 더불어 신앙에 근거한 인지적 유산의 중요성은 아무리 강조해도 지나치지 않는다. 바르실래의 자녀들은 부모로부터 훌륭한 유산을 받은 것이다.

이와 유사한 이야기를 다윗에게도 적용해 볼 수 있다. 다윗은 솔로몬에게 단순히 왕위를 물려주는 것으로 끝내지 않는다. 시므이와 같은 이를 조심하라는 지혜로운 조언뿐 아니라 바르실래의 자녀들을 끝까지 잘 돌보아 주라는 것까지 전했다. 받은 은혜와 신의를 지키는 다윗의 모습은 솔로몬에게 귀한 삶의 교훈으로 다가왔을 것이다.

우리도 이 세상에서 '헤세드의 사람'들이 되어야 한다. 다른 무엇보다 하나님으로부터 받은 헤세드를 기억해야 한다.

헤세드라는 단어는 신약에서 '은혜(헬라어로 카리스)'와 가장 비슷하다.

그것이 우리의 모든 것의 기초가 되어야 한다. 결국 인생은 은혜로 시작해 은혜로 끝나는 것이기 때문이다. 은혜와 그것에 담긴 하나님의 의도와 목적을 늘 기억하며 살아야 한다.

베드로 사도는 하나님께서 우리에게 부여하신 새로운 정체성에 대해 "이는 너희를 어두운 데서 불러 내어 그의 기이한 빛에 들어가게 하신 이의 아름다운 덕을 선포하게 하려 하심"(벧전 2:9)이라고 말했다. 사도 바울 또한 "그가 우리를 대신하여 자신을 주심은 모든 불법에서 우리를 속량하시고 우리를 깨끗하게 하사 선한 일을 열심히 하는 자기 백성이 되게 하려 하심이라"(딛 2:14)고 했다. 예수님께서도 이 세상에서 도움이 필요한 자들을 향한 우리의 적극적이며 주도적인 섬김과 나눔이 소중하다고 말씀하신다(마 25:35). 이것은 노블레스 오블리주라는 표현을 기억하며, 자신에게 주어진 달란트를 통해 프로보노(pro bono, 재능 나눔/기부) 등을 적극적으로 실천해야 할 이유다.

점점 더 각박해지는 세상에 어느 때보다 헤세드의 사람들이 필요하다. 마치 사막의 오아시스 같으며 폭염을 식혀 주는 소나기 같은 역할을 하는 이들 말이다. 우리의 삶뿐 아니라 자자손손을 내려가며 그들을 통해 귀한 '헤세드의 사람'의 특성들이 잘 전파되고 행해지길 기도한다.

때늦은 후회를 경계하라

회복되어야만 할 천륜(天倫)의 관계
(사무엘하 18:1-19:8)

인간의 삶은 행복과 불행의 순간들로 점철되어 있다. 상승과 하강(up & down)이라는 표현으로 행복과 불행을 묘사하기도 한다.

다윗의 삶을 돌아보면 소년 시절 거인 골리앗을 죽임으로 일약 영웅이 되었던 순간이 있었는가 하면, 죄도 없이 사울왕에게 쫓겨 광야를 헤매던 시절도 있었다. 이스라엘을 통일한 왕으로 존경을 받았는가 하면, 자신의 아들에게 쫓기어 도망자 신세가 되기도 했다. 마치 롤러코스터를 타고 있는 듯하다.

다윗의 인생에서 가장 힘들게 느낀 순간이 있다면 바로 이 본문에서 다루고 있는 부분이라고 말할 수 있다. 또한 가장 치욕스러운 경험을 하는 시간이었다고 말해도 결코 과장은 아닐 것이다. 정신병자 같은 사울의 살해 위협을 피해 광야에 다닐 때도 이렇게 힘들지 않았다. 인간의 감정은 상대적인지라, 목동의 자리에서 도망자의 위치로 떨어진 형편은 그럭저럭 견딜 만했을 것이다. 그렇지만 이번의 도망자 생활은 상황이 완전히 달랐다. 왕인 자신을 죽이려 하는 이가 바로 '자신의 아들'일 뿐 아니라, 충복이라 믿어 왔던 아히도벨의 배반에 더해 수많은 백성들의 마음조차 떠나 버린 것이다.

'시므이' 같은 이의 조롱은 다윗이 어디까지 추락했는지를 보여 준다. 광야 때의 도피 경험과는 분명히 차이가 있었다. 그때만 해도 청년이었으나 지금은 노년의 나이라는 사실을 고려해 볼 때 더욱 그렇다. 어려움을 많이 경험한 사람들에게 또 다른 어려움이 닥치는 것을 상대적으로 쉽다고 말할 수 없다. 모든 어려움은 예외 없이 견뎌내기 힘들다.

하지만 **다윗은 역설적이라 할 만큼 어려움을 경험할 때 그의 참 진가를 보여 준다**. 그의 인생의 전반부에서 반복적으로 볼 수 있듯이 그의 추락은 그의 진면목을 보여 주는 기회였다.

소중한 관계는 끝까지 소중하게 지켜야 한다

예루살렘을 떠나 요단강 저편으로 도망 온지 얼마나 지났는지는 알 수 없다. 다윗은 전투에 능한 왕답게 먼저 자신과 함께하고 있는 백성들의 전열을 정비하기 시작한다. 백부장, 천부장을 세워 조직을 정한 후, 전체를 1/3씩 세 부대로 나눠 요압, 그의 동생인 아비새 그리고 잇대의 휘하로 넘긴다(18:1-2).

그리고는 세 부대의 장군들을 향하여 말한다.

"나도 반드시 너희와 함께 나가리라"(18:2).

전쟁에 나가지 않고 밧세바와 동침하는 죄를 범했던 (과거의)다윗이 아니었다. 물론 여기서는 군사들의 사기를 진작시키기 위한 의도였을 것이다. 하지만 장군들은 만류하며 뒤에 남아달라고 간청한다. 그들은 "왕은 우리 만 명보다 중하시오니"(18:3)라고 말한다. 압살롬과 그의 군대가 다윗을 생포하거나 죽이려고 혈안이 되어 있을 것이 뻔했기 때문이다. 그 당시 왕이라는 존재는 '이스라엘의 등불'이라고 부를 만큼 소중하고 특별했다.

다윗은 그들의 간청을 받아들인다. 그들이 전쟁터로 나가는 행렬을 지켜본 그는 "나를 위하여 젊은 압살롬을 너그러이 대우하라"(18:5)고 명령한다. 본문은 좀 더 구체적으로 "왕이 압살롬을 위하여 모든 군지휘관에게 명령할 때에 백성들이 다 들으니라"라고 더하고 있다. 한 사람도 예외 없이 모든 이에게 왕의 마음을 알게 하였다는 것이다.

다윗의 명령은 실제로 전혀 예상치 못한 것이었다. 어떻게 그런 말이 다윗의 입에서 나올 수 있을까? 그가 너그러이 대하라는 대상은 누구인가? 왕인 자신을 도망자로 만들어 버린 후 삭막한 광야로 쫓아냈을 뿐 아니라, 이미 오래전부터 그것을 위해 준비해 온 배은망덕한 아들 아닌가? 왕위 찬탈을 넘어 자신을 죽일 계략까지 짠 패륜아를 향하여 어떻게 그런 말을 할 수 있다는 말인가?

다윗은 고통으로 인해 오히려 아버지의 마음을 회복했다. 결국 이 모든 문제의 근원에는 맏아들이었던 암논을 잘 다스리지 못한 자신의 잘못도 있다고 생각했던 것 같다. 그 후 겉으론 평온한 것 같았지만 속으로 곪아가며 소원해진 아들을 향한 부드러운 마음을 되찾았다. 생애 최악의 상황으로 떨어지면서 압살롬을 향한 사랑을 회복하는 역설적 상황이 벌어진 것이다.

이러한 다윗 이야기를 통해 요즘 우리 사회를 돌아본다. 자주 불거지는 부모자식의 깨어진 관계 소식을 들으며 '천륜지정(天倫之情)'이란 말이 무색해짐을 느낀다. 소중한 관계를 너무나 쉽게 포기하는 세상이기에 다윗의 이러한 모습이 더 귀한 교훈으로 다가오는 것이다. 인생에서 궁극적으로 남는 것은 '관계'이며, 그 중에서도 가족과 같은 '소중한 관계'는 더욱더 그러할 것이다.

교만과 오만은 모든 관계를 깰 수 있다

세 장군이 이끄는 다윗의 군대는 압살롬의 군대와 에브라임 수풀에서 대접전을 펼친다. 어디인지 정확하게 알 수 없으나 요단 동편으로, 17장 후반부에 언급된 마하나임에서 멀지 않는 곳으로 추정된다. 접전의 결과는 압살롬 군대의 대패였다. 지원병으로 구성된 압살롬의 이스라엘 군대는 경험과 노련함으로 무장된 다윗의 군대와는 상대가 되지 않았을 것이다.

전투의 패색이 짙어진 상황이었는지, 아니면 압살롬의 군인들이 패배한 이후인지 때는 분명하지 않다. 노새를 타고 있던 압살롬이 다윗의 부하들과 마주쳐 피하려 하다가 그의 머리채가 상수리나무 가지에 걸려 버린다. 노새는 그냥 달려가 버렸고 압살롬은 공중에 대롱대롱 매달려 버리게 된 것이다. 그의 머리는 한때 그의 매력 포인트였다. 14장 26절에서 이미 말했듯 1년에 한번·자르는데 그 무게가 2.3kg

정도 나간다고 했다. 숱이 엄청나고 머리카락 굵기도 대단하여 뭇사람의 부러움과 존경의 대상이었다. 그의 자랑이며 매력 포인트가 수치와 죽음의 원인이 되어 버린 것이다.

나뭇가지에 매달려 있는 압살롬을 발견한 한 사람이 요압에게 그 사실을 전한다. 요압은 '왜 그를 죽이지 않았느냐'고 그 사람에게 묻는다(18:11). 그 사람은 전쟁터에 떠날 때 다윗이 모두를 향해 한 말을 상기시킨다.

"우리가 들었거니와 왕이… 명령하여 이르시기를 삼가 누구든지 젊은 압살롬을 해하지 말라 하셨나이다"(18:12).

하지만 요압은 그가 상기시킨 말조차 무시해 버린다. 오히려 나무에 달려 있는 압살롬의 심장을 창으로 찌르고, 함께한 청년 열명은 압살롬을 처참하게 죽여 버린다.

"요압이 이르되 나는 너와 같이 지체할 수 없다 하고 손에 작은 창 셋을 가지고 가서 상수리나무 가운데서 아직 살아 있는 압살롬의 심장을 찌르니 요압의 무기를 든 청년 열 명이 압살롬을 에워싸고 쳐죽이니라"(18:14-15).

요압이 압살롬에게 치명상을 입혔다면, 청년들은 '확실하게' 살해해 버린 것이다. 압살롬을 그술에서 예루살렘으로 귀환시키는 역할을 했던 요압이 그를 죽음으로 이끌어 버렸다.

압살롬은 정상적으로 가족묘에 장사되지 못한 채 저주받은 자로 묻혀 버린다.

"그들이 압살롬을 옮겨다가 수풀 가운데 큰 구멍에 그를 던지고 그

위에 매우 큰 돌무더기를 쌓으니라"(18:17).

그리고 18절의 표현같이 "아들을 통해서 자기 이름을 유지하지 못하였다"는 의미를 담고 있는, 스스로 세웠던 비석만이 그를 기념하는 것으로 남는다.

왜 요압은 다윗의 명령을 무시해 버렸을까? 국가적으로 볼 때 이익이 된다고 생각해서 그랬을까? 다윗의 말을 아버지로서 아들을 향한 순간적 감상에 젖은 말로 여기며 궁극적으로 자신의 결정에 흡족해할 것이라고 생각했을까? 그것보다는 자신이 품었던 음모의 상당 부분을 망쳐 놓은 사촌인 압살롬에 대한 개인적 원한을 풀고 있었던 것 같다. 이전에 이스보셋의 장군이었던 아브넬을 다윗의 허락 없이 죽였던 그 모습 그대로였다. 왕의 명령을 의도적으로 무시해 버린 요압은 다른 종류의 '반역'을 행한 것이다.

요압의 개인적이고 불순종적인 태도는 나중에 압살롬의 죽음 소식을 들은 다윗의 모습을 보면서 더 분명해진다. 압살롬으로 인해 슬퍼하는 다윗을 보며, 요압은 모든 반역자들에 대한 사랑으로 확대 해석해 버린다.

"요압이 집에 들어가서 왕께 말씀 드리되 왕께서 오늘 왕의 생명과 왕의 자녀의 생명과 처첩과 비빈들의 생명을 구원한 모든 부하들의 얼굴을 부끄럽게 하시니 이는 왕께서 미워하는 자는 사랑하시며 사랑하는 자는 미워하시고 오늘 지휘관들과 부하들을 멸시하심을 나타내심이라 오늘 내가 깨달으니 만일 압살롬이 살고 오늘 우리가 다 죽었더면 왕이 마땅히 여기실 뻔하였나이다"(19:5-6).

그뿐 아니라 왕의 슬픔을 다윗 군대에 대한 미움으로 돌려 버렸다. 그리고 슬퍼하고 있는 다윗에게 나가서 부하들의 마음을 위로하라고 요청한다.

"이제 곧 일어나 나가 왕의 부하들의 마음을 위로하여 말씀하옵소서 내가 여호와를 두고 맹세하옵나니 왕이 만일 나가지 아니하시면 오늘 밤에 한 사람도 왕과 함께 머물지 아니할지라 그리하면 그 화가 왕이 젊었을 때부터 지금까지 당하신 모든 화보다 더욱 심하리이다"(19:7).

말이 요청이지 실상은 '최후통첩'과 같은 협박이었다. 다윗은 요압의 말대로 행한다. 하지만 요압을 향한 그의 마음은 더욱 굳게 닫히고 만다.

압살롬과 요압을 보면서 교만과 오만의 결과를 보는 듯하다. 압살롬의 자랑거리가 그를 교만하게 만들었으며, 왕권까지 노리게 하는 근거가 되었다. 요압은 왕의 명령까지 개인적 원한과 감정으로 무시해 버리고 왕까지 협박하는 듯한 오만한 행동을 취했기에 결말이 결코 좋을 수 없었을 것이다. 교만과 오만이 우리의 관계에서 얼마나 부정적인 역할을 하는지 생각해 보게 한다.

건강한 영성은 깨어진 관계 회복에서 시작된다

본문에는 압살롬의 군대를 이긴 승전보를 전하기 위한 구스 사람과 아히마아스의 경주 이야기가 잠깐 소개되어 있다(18:19-27).

먼저 아히마아스가 도착한다. 그는 전쟁에 관한 소식을 노심초사 기다리고 있던 다윗에게 '샬롬'을 외친 후 여호와 하나님이 "내 주 왕을 대적하는 자들을 넘겨 주셨나이다"라고 기쁨에 찬 승전보를 전한다(18:28). 그는 '할렐루야'라는 응답을 기대했을 것이다. 다윗은 "젊은 압살롬은 잘 있느냐"(18:29)라는 질문으로 답한다. 다윗에게는 승리의 소식보다 압살롬의 무사가 가장 큰 관심이었다. 전쟁 나가기 전에 압살롬을 해치지 말기를 부탁한 다윗의 마음이 전혀 변하지 않았음을 감지해서인지, 아히마아스는 보고를 얼버무리며 피해 버린다.

뒤따라 도착한 구스 사람을 향하여 다윗은 같은 질문을 한다. 그는 비록 표현을 돌려서 말했지만 '왕에게 반역한 자들이 당한 죽음'이 압살롬에게도 임했음을 전한다.

"내 주 왕의 원수와 일어나서 왕을 대적하는 자들은 다 그 청년과 같이 되기를 원하나이다"(18:32).

압살롬의 죽음은 다윗을 깊은 슬픔으로 몰아넣는다.

"왕의 마음이 심히 아파 문 위층으로 올라가서 우니라 그가 올라갈 때에 말하기를 내 아들 압살롬아 내 아들 내 아들 압살롬아 차라리 내가 너를 대신하여 죽었더면, 압살롬 내 아들아 내 아들아 하였더라"(18:33).

다윗의 슬픔이 얼마나 깊었는지는 그의 울부짖음 속에서 드러난다. '내 아들'이라는 표현이 다섯 번 그리고 '압살롬'이 두 번 나온다. 그리고 "차라리 내가 너를 대신하여 죽었더라면"이라는 표현은 자식을 향한 아버지의 마음이 어떠했는지를 잘 보여 준다.

비록 압살롬이 자신을 죽이려고까지 했던 반역자일지라도 결국은 다윗의 사랑하는 아들이었다. 맏아들 암논을 죽인 연고로 수년 동안 그를(압살롬을) 거부하며 마음을 닫았던 자신의 어리석음을 한탄했을 것이다. 다윗의 마음은 온통 비통함으로 가득했다. 얼마나 슬퍼했는지 "그 날의 승리가 모든 백성에게 슬픔이 된지라"(19:2)라고 기록되어 있다.

그럼에도 불구하고 다윗은 자신의 사명과 소명을 생각하며 마음을 추스른다. '성문에 앉음'(19:8)을 통해 왕위를 회복한 것을 분명히 하는 것으로, 이스라엘 역사뿐 아니라 다윗의 삶에서 또 다른 중요한 한 사건이 종결된다.

누가 보아도 용서받고 사랑받을 자격이 없을 것 같은 압살롬이 죽었을 때 다윗은 '지나칠 정도'로 슬퍼한다. 다윗의 모습은 죄인들을 향한 하나님의 사랑의 한 단면을 보는 듯하다. 사랑 받을 자격이 없는 세상이지만 "하나님이 세상을 이처럼 사랑하사"(요 3:16) 독생자 예수를 보내신 복음의 핵심과 자연스럽게 연결된다. 로마서는 다음과 같이 말하고 있다. "우리가 아직 연약할 때에"(롬 5:6), "우리가 아직 죄인 되었을 때에(롬 5:8), 그리고 "우리가 원수 되었을 때에 그의 아들의 죽으심으로 말미암아 하나님과 화목하게 되었다"(롬 5:10)고 말이다. 그래서 자격 없는 이들에게 부어 주신, 어느 것과도 비교할 수 없는 하나님의 사랑을 은혜라는 단어로 표현하는 것이다.

하나님의 사랑 이야기를 생각나게 하는 다윗의 이야기를 통하여 귀중한 교훈을 배운다.

혹시라도 우리에게 깨어진 관계가 있다면 회복을 위해 구체적으로 행동을 시작해야 할 때다. **깨어진 관계는 시간이 해결해 주지 않는다. 오히려 시간이 흐름에 따라 굳어져 해결하기가 더 힘들어질 뿐이다. 어느 한편이 먼저 주도권을 잡고 회복하려는 노력을 해야만 한다.** 물론 쉽지 않을 수 있다. 대부분 방치하거나 피해 온 경우가 많기 때문이다. 그러나 어려울지라도 관계는 반드시 회복해야 한다. 하나님의 우리를 향한 사랑을 떠올리며 관계의 회복을 위해 겸손하게 노력하는 우리가 되자.

인생의 끝을 잘 정리하라

잔꾀와 꼼수의 한계성
(사무엘하 19:9-15; 19:40-20:22)

압살롬의 죽음으로, 모든 갈등이 끝난 듯하다. 비록 다윗에겐 가슴 아픈 일이었으나 모든 이에겐 숨을 한 번 돌리게 하는 순간이다. 반역의 주역이 사라졌으니 이제 남은 것은 간단해 보인다. 다윗이 마하나임의 피난 생활을 정리한 후 예루살렘으로 돌아가 왕위 탈환을 선언하면 될 듯싶다. 비록 요압의 공갈 협박에 못 이겨 기운을 차렸지만, 다윗이 왕이라는 사실에는 변함이 없었기 때문이다.

하지만 인생의 모든 문제들이 복잡하게 얽혀 있듯이 해결책도 단순히 원인 제공자를 제거한 것으로 끝나지 않는다. 왜냐하면 그 문제의 원인 제공자로 인해 만들어진, 또 다른 '관계와 상황'이 남아 있기 때문이다.

지역주의와 정실주의를 이용하고자 했던 다윗

압살롬의 죽음 이후 그를 좇았던 이들이 고민에 빠졌을 것은 이해할 수 있다. 그럼에도 다시 다윗을 왕으로 모셔 오는 것은 당연했다(19:9-10).

하지만 정작 다윗의 골육인 유다 지파 사람들이 확실한 입장을 표명하지 않고 망설이고 있었다. 물론 압살롬이 헤브론에서 반역을 일으켰을 당시 핵심 지지 세력이었으므로 눈치를 살피고 있었을 것이다. 결과적으로 왕의 복위를 추진하는 데 의견이 둘로 나뉘어 버렸다.

다윗은 두 제사장, 사독과 아비아달을 보내 그들을 설득해 거절하기 힘든 약속을 하게 만든다. 먼저 남북의 질투심을 이용하여 묘한 선동의 의도를 담은 말을 전한다. 북쪽 지파들이 두 손 들고 환영하는 마당에 너희 지파 출신이 왕으로 다시 서는 것에 너희가 어찌 망설이고 있느냐는 것이다.

"왕의 말씀이 온 이스라엘이 왕을 왕궁으로 도로 모셔오자 하는 말이 왕께 들렸거늘 너희는 어찌하여 왕을 궁으로 모시는 일에 나중이 되느냐 너희는 내 형제요 내 골육이거늘 너희는 어찌하여 왕을 도로 모셔오는 일에 나중이 되리요 하셨다 하고"(19:11-12).

이어 압살롬 군대의 지휘관을 맡았던(삼하 17:25) 아마사에게 요압을 대신하여 군대 총사령관 자리를 주겠다는 '파격적인 제안'을 한다. 이러한 배경에는 요압에 대한 섭섭한 면도 있겠지만, 근본적인 이유는 유다 지파의 선의를 얻어내기 위한 인센티브 제공이었다. 다윗이 전하라고 한 "너는 내 골육이 아니냐"(19:13)라는 표현에 그러한 의도가 담겨 있다. 지역주의적 접근에 더해 족벌주의적이며 독단적인 인사 등용은 갈등과 불만의 씨앗이 되었다.

파격적인 제안을 통해 유다 지파로부터 지지를 얻어내는 데는 성공하지만 북쪽 지파에 속한 백성들의 심기는 불편해졌다. 40절의 '온 유다 백성과 이스라엘 백성 절반'이라는 표현 속에서 이미 갈등의 힌트를 찾을 수 있다. 유다 지파와는 달리 소수 혹은 일부만이 왕을 따랐다는 것이다. 강을 건넌 후 드디어 북쪽 이스라엘 지파 사람들이 불만을 털어놓기 시작했다. 불만의 핵심은 유다 지파를 향한 것이었다. 왕을 모셔오는 일에 가장 앞장섰던 자신들을 배제한 채 유다 지파들끼리 일을 처리하는 것에 대한 불평이었다.

"온 이스라엘 사람이 왕께 나아와 왕께 아뢰되 우리 형제 유다 사람들이 어찌 왕을 도둑하여 왕과 왕의 집안과 왕을 따르는 모든 사람을 인도하여 요단을 건너가게 하였나이까 하매"(19:41).

유다 사람들의 대답에는 다윗이 조장한 지역주의가 온전히 드러나 있다. "왕은 우리의 종친인 까닭이라"(19:42). 왕과 자신들은 속된 말로 "우리가 남이가?"라고 말하는 사이라는 것이다.

이 말을 들은 북쪽 이스라엘 지파 사람들은 어이가 없었을 것이다. 자신들이 다윗을 왕으로 재추대하는 역할을 주도해 왔건만, 망설이던 이들이 갑자기 자신들이 주인인 양 행동하는 모습에 기가 막혔다. 그뿐 아니라 지역주의를 이유로 들이대고 있는 유다 지파의 모습은 한마디로 '꼴불견'이었을 것이다. 단순히 숫자만 따져 봐도 자신들이 유다 지파 사람들보다 열 배나 많았음에도 말이다.

"이스라엘 사람이 유다 사람에게 대답하여 이르되 우리는 왕에 대하여 열 몫을 가졌으니 다윗에게 대하여 너희보다 더욱 관계가 있거늘 너희가 어찌 우리를 멸시하여 우리 왕을 모셔 오는 일에 먼저 우리와 의논하지 아니하였느냐 하나 유다 사람의 말이 이스라엘 사람의 말보다 더 강경하였더라"(19:43).

다윗이 아무리 유다 지파 출신이라 할지라도 그는 모든 이스라엘 백성의 왕이다. 결국 다윗은 편파적인 왕으로 비쳐졌다.

모든 것이 다윗의 의도와는 달리 전개되어 간다. 다윗이 원한 바는 열두 지파 모두의 환영을 받는 모습이었다. 모든 지파가 호의적인 상황에서 유다 지파가 망설였고, 그들의 지지만 받으면 된다는 생각뿐이었다. 그래서 유다 지파 사람들을 향해 약간의 섭섭한 감정을 표현하며 그들에게 인센티브를 제공하기까지 이른 것이다. 다윗의 '꼼수'는 성공하는 듯했다.

그러나 그로 인해 유다 지파 사람들은 의기양양해진다.

"유다 사람의 말이 이스라엘 사람의 말보다 더 강경하였더라"(19:43).

상황이 의도한 대로 전개되지 않을 때, 다윗에게는 회복할 기회가 한 번 더 있었다. '다른 지파가 자신을 환영하러 올 때까지 좀 지체했더라면' 하는 아쉬움을 갖게 만든다. 지역주의로 인해 백성들이 갈라지는 상황을 뒤로한 채(마치 그전에 다말을 성폭행한 암논에게 침묵을 했던 것처럼) 다윗은 예루살렘의 궁전으로 돌아와 버린다(20:3).

손쉽고 편리하게 이용된 지역주의는 큰 부담이 되어 다시 돌아온다. 손쉬운 방도로 일을 해결하고자 하는 모든 이에게 '옳음과 바름'이라는 잣대 사용의 중요성을 생각하게 만든다.

세바의 반역과 아마사의 죽음

유다 지파가 다윗의 지파라는 이유로 주도권을 잡고 흔드는 것을 본 북쪽 지파 사람들은 마음이 불편했다. 자신들이 차별당하고 있다는 불만과 불평이 역병처럼 번져가며 커지기 시작했다.

그때 그들의 마음을 정확히 읽고 그것을 이용해 또 다른 반역을 일으키고자 하는 인물이 등장한다. 베냐민 사람으로 '불량배'로 소개된 세바라는 인물이었다. 그는 비록 불량배였으나 사람들의 마음을 읽는 데는 정확했던 것 같다.

"우리는 다윗과 나눌 분깃이 없으며 이새의 아들에게서 받을 유산이 우리에게 없도다"(20:1).

이러한 선동으로 사람들의 마음을 자극한다. 주어진 상황하에서 백성들의 마음에 공감하게 만드는 지적이었다. 북쪽 지파 사람들은 아무리 충성하여도 결국에는 차별의 대상일 뿐이라는 피해의식을 갖고 있었기 때문이다. 그들의 마음은 다윗에게서 돌아서 버린다. 다윗을 따르기를 그치고 자신들의 마음을 정확히 알고 나아갈 길을 제시하는 세바를 좇기로 결정한 것이다.

세바의 말을 자세히 들어보면 우리나라에서도 선거 때마다 등장하는 정치 구호가 생각난다. '정권의 실세'들이 타 지역 사람보다는 자신들과 같은 동향 사람들을 뽑아야 한다는 '지역주의를 조장'하는 표현들 말이다. 그러다 보니 자신들이 원하는 지역에선 표를 얻었지만 결국 지역당으로 전락해 버린다.

지역주의에 호소함으로 다윗은 유다 사람들의 마음을 얻는 데 성공했다. 그러나 다른 지파들을 잃을 수 있다는 점과 그들도 동일하게 이스라엘 백성이라는 사실을 알지 못했던 것일까. 차별의 대상이 된 이들 간에는 또 다른 지역주의가 형성되어 버렸고, 그것을 이용해 세바는 자신의 세를 불린 것이다.

세바에게 이끌려 가버린 북쪽 지파 백성들을 보며, 다윗은 압살롬의 반란보다 더욱 위험하다고 생각했다.

"다윗이 이에 아비새에게 이르되 이제 비그리의 아들 세바가 압살롬보다 우리를 더 해하리니 너는 네 주의 부하들을 데리고 그의 뒤를 쫓아가라 그가 견고한 성읍에 들어가 우리들을 피할까 염려하노라"(20:6).

세바의 선동 정치에 매료된 백성이 행한 반역은 규모 면으로 보나 예상되는 결과로 보나 심각한 것이었다. 나라가 둘로 동강나 자신이 이스라엘 왕이 되기 전인 유다 지파의 군주 정도로 추락할 수 있는 상황이 펼쳐진 것이다.

다윗은 새로 군대 총사령관으로 세운 아마사로 하여금 세바의 반란군을 진압하도록 명령했다. 그러나 동원 능력이 모자랐다(5절). 다윗은 할 수 없이 요압의 동생 아비새에게 다시 명령했다. 형인 요압을 제쳐두고 동생에게 아마사와 함께 나아가라고 한 것이었다. 다윗이 아들 압살롬을 생포하라고 했음에도 불구하고 명령에 불복종한 요압을 은근히 배척해 버린 것이다.

요압은 왕으로부터 아무런 명령을 받지 않았지만 아비새와 함께 출정한다. '백의종군'이라고 할까. 하지만 진압을 시작하기도 전에 요압은 '요압다운 면모'를 드러낸다. 아마사를 비열하고 치졸하게 죽여 버린다.

"요압이 아마사에게 이르되 내 형은 평안하냐 하며 오른손으로 아마사의 수염을 잡고 그와 입을 맞추려는 체하매 아마사가 요압의 손에 있는 칼은 주의하지 아니한지라 요압이 칼로 그의 배를 찌르매 그의 창자가 땅에 쏟아지니 그를 다시 치지 아니하여도 죽으니라"(20:9-10).

요압은 개인 감정에 휘둘려 해서는 안 될 일을 서슴지 않고 하는 인물이었다. 자신의 어리석은 동생의 복수를 위해 아브넬을, 개인적 이득 때문에 명령을 어기고 압살롬을, 개인적 감정으로 아마사마저 죽인 것이다. 그리고는 아비새와 함께 세바 반란군을 진압하기 위해 이동하기 시작한다.

요압에게 아마사는 왕이 세운 총사령관이 아니었다. 자기가 누리고 있던 자리를 차지한 인물일 뿐이었다. 아마사를 죽임으로 왕의 권위를 무시하는 행동을 한 요압은 비록 종류가 다르긴 하나 또 다른 반역을 저지른 셈이었다. 겉으로는 충성했는지 모르지만, 자기의 라이벌에 대해서는 가차 없이 처단해 버리는 잔인함을 드러냈다.

다윗이 이용한 지역주의의 수혜자인 아마사는 이렇게 죽임을 당한다. 비록 다윗은 그를 용서했을지 모르지만, 하나님이 세우신 다윗에 맞서 압살롬의 군대를 이끌던 그에게 '시적(poetic)' 정의가 행해진 것일까? 물론 저자는 거기에 대해 침묵한다. 오히려 초점은 요압이라는 인물의 악행이다. 그런 그가 언제까지, 또한 어디까지 갈 수 있을까?

찻잔 속의 태풍으로 끝난 세바의 죽음

다윗이 지역주의에 편승해 유다 지파에게 행한 결정은 결코 옳은 것이 아니었다. 그렇다고 하여 하나님께서 세우신 왕을 대항해 반역하는 것은 결코 용납될 수 없는 행위였다. 사무엘상하를 통해 하나님께서 다윗에게 왕으로 '기름 부음'을 행하셨음이 강조되어 있기 때문이다. **다윗이 인간적인 실수를 할 때 그 실수에 대한 대가는 지불해야 했지만, 부여된 왕권과는 별개의 것임을 볼 수 있다.**

인간적으로 세바의 능력은 대단한 듯 보인다. 14절에서 그는 북쪽 지파 가운데 돌아다니며 선동하기도 했다. 그리고는 자신들의 무리들과 함께 벧마아가 아벨에 머무는 상황이었다. 과연 그의 거사는 어떻게 진행될까?

아마사를 죽이고 스스로 사령관이 된 요압은 세바와 그의 한 무리들이 머물고 있는 성을 포위하고 성을 공격하기 위해 성벽에 흙을 쌓기 시작한다. 요압의 군대는 숫자 면에서는 모르겠으나 경험과 능력 면에서 성 안에 있는 사람들에게 부담이었을 것이다. 이때 일촉즉발의 상황에서 한 지혜로운 여인이 성읍 백성들의 대변인으로 등장한다.

그 여인은 설득력 있는 주장을 펼치기 시작한다. 그 핵심은 아벨의 주민들은 반역자가 아니라 선한 생각을 가진 백성이라는 것이다. '아벨에게 가서 물을 것'이라 말할 정도로 지혜로운 곳으로 알려진 성인데, 그런 존귀한 성읍을 파멸시킬 필요가 있느냐는 것이다.

"여인이 말하여 이르되 옛 사람들이 흔히 말하기를 아벨에게 가서 물을 것이라 하고 그 일을 끝내었나이다"(20:18).

그 성읍을 멸하는 것은 여호와의 기업을 삼켜 버리는 결과를 초래한다고도 설득한다.

"…당신이 이스라엘 가운데 어머니 같은 성을 멸하고자 하시는도다 어찌하여 당신이 여호와의 기업을 삼키고자 하시나이까"(20:19).

여인의 설득에 요압은 왕을 대적한 '세바의 머리'를 요구한다. 아벨의 백성들은 기꺼이 요압에게 협력함으로 결국 세바는 참수형을 당한다(20:22). 비록 세바의 선동에 모든 사람의 마음이 흔들렸으나 결코 그들의 마음을 얻지는 못했음을 보여 주는 증거였다. 세바의 거사는 찻잔 속의 태풍으로 끝나 버린다.

다윗의 왕권에 도전한 두 반역자인 압살롬과 세바는 이렇게 예외 없이 처참하게 생을 마감한다. 하지만 이야기의 전개 속에서 독자들은 더 커다란 문제점 하나를 발견하게 된다. 점점 더 연로해 가며 힘을 잃어 가는 다윗왕과 거만한 요압 간의 대립이 심화되어간다는 사실이다. 이 문제의 해결에 대한 기대와 궁금증을 갖게 하며 스토리는 마무리된다.

다윗의 실수를 통해 반면교사의 교훈을 배운다. 많은 인간이 흔히 저지르는 잘못인데, 바로 눈앞에 있는 이익을 위해 즉흥적이며 편리한 방법에 끌려가 버리는 것이다. 우리는 큰 안목으로 매사를 결정하고, 전체를 보는 눈을 가져야 하며, 무엇보다 옳은 방법을 선택해야 한다.

다윗의 경우는 지역주의적 접근이 차별에 대한 불만을 낳았다. 우리는 '학연'이나 '지연'에 근거한 편파적 사고들이 낳을 수 있는 문제점을 생각해 보아야 한다. '가재는 게 편'이라는 말이 있다. 그것은 인간의 '죄로 인해 변질된' 본성이므로 리더들은 더욱 주의해야 한다. **'대하기 편한' 사람들하고만 일하는 것은 스스로를 제한할 수 있다. 리더는 항상 구성원 모두를 염두에 두고 결정하며 인도해야 한다.**

인생을 감사로 완성하라

하나님을 향한 감사와 찬송으로 가득한 삶
(사무엘하 22:1-23:7)

무엇이든 시작과 과정이 중요하다. 특히 마무리의 중요성은 아무리 강조해도 결코 지나치지 않다.

한자성어에 '행백리자반구십(行百里者半九十)'이라는 말이 있다. 백리를 가고자 하는 자가 구십 리를 왔다면 반쯤 왔다고 여기라는 것이다. 마무리와 뒤처리의 중요함을 강조하는 말이다. 인생도 그런 것 같다. 어떻게 살아왔는지도 중요하지만, 어떻게 잘 마무리하는가가 더욱 더 중요하다. 얼마 전까지만 해도 화두가 웰빙(wellbeing)이었다면, 이젠 점점 웰다잉(well-dying)이 대두되고 있는 것도 같은 맥락에서 볼 수 있을 것이다.

왕위에 복귀한 다윗에게 남은 삶은 그리 길지 않았다. 책의 종결이 가까운 점도 그렇지만 그가 인생을 마무리하고 있음을 21장에서부터 나열하는 이야기의 구조를 통해서도 알 수 있다. 21장부터 24장은 대구적 배열을 통해 죄에 대한 대가를 지불해야 한다는 점이 부각되어 있다. 사울의 범죄와 그에 대한 속죄(21:1-14), 다윗의 용사들(21:15-22), 다윗의 용사들(23:8-39), 다윗의 범죄와 그에 대한 속죄(24:1-25)의 배열로 말이다. 물론 사울 집안의 죄를 다루는 데 있어 다윗은 사적인 원한이나 적대감 없이 대했고, 자신의 영혼의 친구인 요나단의 아들에겐 끝까지 호의를 베풀었으며, 기브온 사람들에게는 신실하게 약속을 지켰다.

저자는 다윗과 함께한 영웅들의 명단과 그들의 업적을 두 번에 걸쳐 기술한다. 한 가지 눈에 띄는 것은 골리앗의 형제에 대한 이야기다. 골리앗을 다시 언급함으로 다윗의 생애와 체험에 대한 신학적인 해설은 시편 18편의 내용과 동일하다. 지금까지는 저자를 통해 제3자의 목소리로 말했다면 여기서는 그가 직접 자신의 목소리로 이야기한다.

여호와 하나님은 구원을 행하시는 분이다

22장 1절에서 저자는 다윗이 '모든 원수의 손과 사울의 손에서 구원하신 그날에' 부른 찬송임을 밝힌 후 시편 18편과 동일한 내용을 기술한다. 시편의 시작부터 다윗의 삶에 가장 중요한 핵심은 바로 하나님이었음을 밝힌다.

"여호와는 나의 반석이시요 나의 요새시요 나를 위하여 나를 건지시는 자시요 내가 피할 나의 반석의 하나님이시요 나의 방패시요 나의 구원의 뿔이시요 나의 높은 망대시요 그에게 피할 나의 피난처시요 나의 구원자시라 나를 폭력에서 구원하셨도다"(22:2-3).

하나님은 다윗 생애의 중심이었다. 다윗은 하나님을 믿었을 뿐 아니라 하나님을 생각하고 상상하고 이름을 부르고 기도하며 살아왔다. 하나님에 대한 생각은 그의 마음이 되었고, 눈과 입이 되었고, 밥이 되었고, 삶이 되었고, 세계가 되었으며, 우주가 되었다. 하나님을 떠나서는 살 수 없었기에 어디서나 하나님이 자신을 구원하여 이곳에까지 이르게 하였음을 고백한다.

다윗이 온통 하나님에 대한 생각으로 흠뻑 젖어 살아왔다는 증거는 그의 다양하고 풍부한 은유에서 찾을 수 있다. 위에서 보았듯이 반석, 요새, 방패, 구원의 뿔, 높은 망대, 피난처 등 그의 주위에 있는 모든 것을 통해 보이지 않는 그분을 드러내고자 했다. **보고 듣고 만지고 경험할 수 있는 모든 것은 우리를 하나님과 그분에 대한 지식으로 인도한다.** 다윗에게 하나님이란 피난과 안전의 장소일 뿐 아니라 보호자이며 구원자였다.

어떤 학자가 지적하듯 다윗은 비유에 존재하는 비(非)유사성 속에서도 오히려 연결성과 유사성을 인식해 내고 있다. 그는 깨어 있는 오감을 통해 주변의 모든 것을 주목했고, 발견한 모든 것을 빠짐없이 자신의 시편 속에 담았다.

하나님을 향한 다윗의 신앙은 단순히 한가한 사색이나 토론거리가 아니었다. **다윗은 하나님을 인격적인 존재로 대했다. 살아 계셔서 자신이 어디에 있든지 함께하시며, 순간순간 자신에게 반응을 요구하시는 분으로 여겼다.** 다윗은 그런 하나님을 향해 기도했으며('아뢰다', '부르짖음' 등의 표현) 그분이 그 기도를 들으셨다고 고백한다(22:7).

다윗은 또한 이스라엘의 구속 역사 속에 거하신 하나님을 그려냈다. 때로는 입과 코를 통해 불과 연기를 내뿜는 무시무시한 괴물 같은 존재로(22:9) 표현하기도 했다. 구약을 통해 여호와의 강림을 묘사할 때 쓰인 연기와 불이므로 무시무시함이라는 측면으로만 보아서는 안 될 것이다. 14절에서의 '우렛소리' 또한 하나님의 강림을 나타내는 가장 보편적인 현상임을 볼 때 여호와의 강림을 강조하고 있는 표현으로 볼 수 있다.

다윗은 하나님은 바다를 가르시고(22:16), 우리를 재앙에서 건지실 뿐 아니라(22:19), 우리를 안전한 곳으로 인도하시는 분이심(22:20)을 고백한다. 당신의 존재를 계시하시는 하나님을, 다윗은 우리 모두가 그 사실을 경험하며 살아가야 함을 노래하고 있다.

우리는 하나님이 우리 삶의 구경꾼이 아니라는 사실을 기억해야 한다. 그렇기에 그분과 대화하며 적극적으로 참여하는 사람이 되어야 한다.

하나님은 공의롭게 우리를 인도하신다

우리 가운데 강림하시며 역사하시는 하나님이라는 사실은, 머릿속에 머무른 지식으로만 존재할 수 없다. 순간순간의 삶이 '도덕적 항상성(恒常性)'과 연결되어 있기 때문이다. 하나님께서는 개인의 삶에 역사하시며 개입하시는 분이기 때문에 우리는 그분이 기대하는 삶을 살아야 한다.

다윗은 하나님의 역사를 자신의 삶과 연결해 돌아본다. 21-25절에서는 교차 대구법 표현을 통해 하나님의 은혜로운 개입이 공정했다는 사실을 고백한다. 선한 일을 했을 때 상 주셨으며, 하나님을 따르며 그의 말씀을 좇으며 살았을 때 상 주셨음에 감사하고 있다. 하나님은 자비한 자에게 자비하심을 나타내시며, 완전한 자에게 완전하심을 보이시고, 깨끗한 자에게 깨끗하심을 보이시며, 사악한 자에게 주의 거스르심을 보이시는 분이라고 고백한다(22:26-27). 또한 곤고한(또는 겸손한) 자를 구원하시고 교만한 자를 낮추시는 분이심을 더한다(22:28). 하나님이 가장 싫어하신다는 교만과 대조를 보이는 겸손이 그의 인품을 한결 돋보이게 한다.

21세기를 살아가는 우리에게 겸손은 특별히 중요하다. 이 시대는 더 이상 겸손이 미덕으로 여겨지지 않는 세상이기 때문이다. 하나님은 교만을 매우 미워하신다. 잠언 6장 16절 이후를 보면 하나님께서 미워하시는 것들의 리스트가 나온다. 그중에 제일 먼저 등장하는 것이 바로 '교만한 눈'이다. **교만은 모든 이를 하나님과 분리시켜 죄로 인도한다.** "교만하여 저주를 받으며 주의 계명들에서 떠나는 자들을 주께서 꾸짖으셨나이다"(시 119:21).

다윗은 시편에서 하나님의 공의로움을 강조하고 있다. 하지만 하나님께서 이 세상에 정의를 이루기 위해 '공의롭게' 간섭하고 계신다고 보아서는 안 된다. 오히려 다윗은 자신의 삶을 철저하게 하나님 중심적으로 들여다보고 있다. 자신의 일이 잘 풀렸을 때는 하나님께서 자신의 의로움을 보시고 그에 상응하는 축복을 해주신 것으로 보았다. 일이 잘못되었을 때는 자신의 부족함으로 인한 것임을 고백하고 있다. 그렇지만 후자의 경우까지도 자신에게 가르침을 주시며 인도하시는 하나님이라고 여겼다. 그렇다고 하여 하나님과의 관계 속에서 '잘 안

אֶת-דַּרְכָּם לָלֶכֶת לְפָנַי בֶּאֱמֶת, בְּכָל-לְבָבָם וּבְכָל-נַפְשָׁם: לֵאמֹר--
לֹא-יִכָּרֵת לְךָ אִישׁ, מֵעַל כִּסֵּא יִשְׂרָאֵל.
וְגַם אַתָּה יָדַעְתָּ אֵת אֲשֶׁר-עָשָׂה לִי יוֹאָב בֶּן-צְרוּיָה, אֲשֶׁר עָשָׂה לִשְׁנֵי-שָׂרֵי צִבְאוֹת יִשְׂרָאֵל לְאַבְנֵר בֶּן-נֵר וְלַעֲמָשָׂא בֶן-יֶתֶר וַיַּהַרְגֵם, וַיָּשֶׂם דְּמֵי-מִלְחָמָה, בְּשָׁלֹם; וַיִּתֵּן דְּמֵי מִלְחָמָה, בַּחֲגֹרָתוֹ אֲשֶׁר בְּמָתְנָיו, וּבְנַעֲלוֹ, אֲשֶׁר בְּרַגְלָיו.
וְעָשִׂיתָ, כְּחָכְמָתֶךָ; וְלֹא-תוֹרֵד שֵׂיבָתוֹ שְׁאֹל.
בְזִלֵּי הַגִּלְעָדִי תַּעֲשֶׂה-חֶסֶד,
וּשְׁלָחֶךָ: כִּי-כֵן, קָרְבוּ אֵלַי, בְּנֵי אַבְשָׁלוֹם אָחִיךָ.
וְהִנֵּה עִמְּךָ-גֵּרָא בֶן-הַיְמִינִי, מִבַּחֻרִים, וְהוּא קִלְלַנִי קְלָלָה נִמְרֶצֶת, בְּיוֹם לֶכְתִּי מַחֲנָיִם;
וְהוּא-יָרַד לִקְרָאתִי, וָאֶשָּׁבַע לוֹ בַיהוָה לֵאמֹר, אִם-אֲמִיתְךָ בֶּחָרֶב.
וְעַתָּה, אַל-תְּנַקֵּהוּ, כִּי אִישׁ חָכָם, אָתָּה; וְיָדַעְתָּ אֵת אֲשֶׁר תַּעֲשֶׂה-

되면 내 탓'이라는 자학적인 모습을 보인다는 말은 결코 아니다. 다윗은 오히려 모든 것이 하나님의 은혜임을 고백한다.

우리도 마찬가지다. 나의 나 된 것은 오로지 주님의 은혜다. 사도 바울 서신에 가득한 신약의 핵심 메시지인 은혜를 표현하는 구절이다. 하나님께서는 아무 자격 없는 우리를 택하셔서 자녀로 삼아 주시며 한 순간도 빼놓지 않고 역사하고 계신다. 이를 통해 그분께서는 창세전에 세우신 뜻과 계획을 이루시고자 힘쓰고 계신다. 그것을 이루시는 방법에서 우리는 하나님의 은혜를 다시금 체험한다. 그분은 우리의 행동과 생각에 반응하시며 이끄시기 때문이다.

우리는 '좀비'나 로봇같이 하나님의 조종을 받아 활동하는 존재가 아니다. **하나님은 우리 한 사람 한 사람을 인격체로서 존중해 주신다.** 그러므로 하나님과의 관계를 단순히 도덕적 차원으로 격하시켜 버려서는 안 된다. 매 순간 우리의 행동과 생각을 감찰하시고 올바른 선택을 할 수 있도록 도우시며 간섭하시는 공의의 하나님을 우리는 신뢰하며 살아야 한다.

하나님은 승리로 이끄시는 분이다

하나님은 다윗의 삶에 지혜를 주시는 분이다.

"여호와여 주는 나의 등불이시니 여호와께서 나의 어둠을 밝히시리이다"(22:29).

다윗은 연속해서 이렇게 고백한다.

"내가 주를 의뢰하고 적진으로 달리며 내 하나님을 의지하고 성벽을 뛰어넘나이다"(22:30).

잘 살펴보면 함께하시며 능력을 주시는 하나님으로 인해, 어떤 난관을 만나도 힘과 용기를 가지고 도전하며 대처해 나갈 수 있음을 고백하고 있다. 그가 겪어 온 끝없는 도전과 삶을 총 정리하여 표현한 것 같다.

사무엘상 16장에서 다윗은 선지자 사무엘을 통해 하나님의 기름부음을 받았다. 돌아보면 왕이 되는 과정뿐 아니라 왕으로서의 삶도 쉽지 않았다. 지속적으로 이스라엘을 괴롭히는 외부의 적들과 전쟁해야 했으며 내부의 원수들도 그를 괴롭혔다. 하지만 다윗은 그 가운데에서 하나님이 어떻게 자신으로 하여금 왕으로서의 역할을 잘 감당하도록 도우셨는가에 초점을 맞춘다. 기름 부음을 받은 자로서 하나님의 일, 즉 왕으로서의 역할을 잘 감당하도록 인도하시며 또한 적절하게 구비시켜 주신 것에 감사하고 있다.

"하나님의 도는 완전하고 여호와의 말씀은 진실하니 그가 자기에게 피하는 모든 자에게 방패시로다 여호와 외에 누가 하나님이며 우리 하나님 외에 누가 반석이냐 하나님은 나의 견고한 요새이시며 나를 안전한 곳으로 인도하시며 나의 발로 암사슴 발 같게 하시며 나를 나의 높은 곳에 세우시며 내 손을 가르쳐 싸우게 하시니 내 팔이 놋 활을 당기도다 주께서 또 구원의 방패를 내게 주시며 주의 온유함이 나를 크게 하셨나이다 내 걸음을 넓게 하셨고 내 발이 미끄러지지 아니하게 하셨나이다"(22:31-37).

다윗은 하나님께서 주신 힘으로 하나님께서 기대하시는 역할을 감당

했다. **다윗 안에 거하시는 하나님의 영이 그를 도와 하나님의 뜻을 이루도록 도우신 것이다.** 그렇기에 어떤(내부든 외부든 관계없이) 적을 만나도 하나님의 보호하심과 능력 주심으로 승리했던 것이다(22:38-44). 이러한 모든 것이 다윗에게 찬송과 감사의 이유가 된다(22:47, 50). 그는 자신의 삶을 통해 역사하신 하나님을 향해 변함없는 믿음을 표현한다. 또 지속적으로 큰 구원(또는 승리)을 베푸실 하나님은 자신에게뿐 아니라 그 후손에게도 영원하실 것을 기대한다.

"여호와께서 그의 왕에게 큰 구원을 주시며 기름 부음 받은 자에게 인자를 베푸심이여 영원하도록 다윗과 그 후손에게로다"(22:51).

다윗의 시편 말미에 저자는 "이는 다윗의 마지막 말이라"(23:1)라고 마무리한다. 이는 민수기 24장의 발람의 예언과 신명기 33장에서 죽음을 눈앞에 두고 말하고 있는 모세를 떠오르게 한다. 여호와 하나님께서 다윗에게 주신 예언의 말씀의 핵심은 '다윗과 맺은 영원한 언약'이었다. 사무엘하 7장을 다시금 떠오르게 하는 예언으로 다윗이 발람과 같은 예언자적인 인물로 소개되어 있다.

다윗의 시편은 우리가 인생을 대하는 태도를 점검하게 만든다. 특별히 그는 시편을 통해 왕으로서의 역할의 핵심을 논하고 있다. 왕으로서 다윗의 주된 일은 '전쟁'이었다. 하나님이 주신 힘을 가지고 한 일의 대부분은 사람을 죽이는 것이었다. 21세기를 살아가는 우리에게는 좀 충격적일 수도 있지만, **다윗에게는 그것이 무엇이든지 하나님께서 주신 역할을 수행하는 것이 중요했다.** 다윗이 어떤 태도로 그 역할을 수행했는지를 보아야 한다. 그는 늘 하나님에게 감사하고 하나님을 찬송했으며

무엇보다 그분을 의지하는 믿음에 근거한 생동감으로 넘쳤다.

우리도 다윗과 같이 고백하며 맡겨진 일을 감당하길 소원한다. 주께서 도와주시면 어떤 상황도 이겨내며 넉넉히 이기는 이들이 될 수 있다고 믿는다.

"여호와의 눈은 온 땅을 두루 감찰하사 전심으로 자기에게 향하는 자들을 위하여 능력을 베푸시나니"(대하 16:9).

유언을 생각하라

잘사는 것만큼 중요한 깔끔한 마무리
(열왕기상 1-2장)

모든 이야기의 끝이 있듯이 다윗의 이야기에도 끝이 다가온다. 진정한 '다윗의 이야기'는 그의 아들이며 다음 왕인 솔로몬으로, 결국은 예수 그리스도로 이어지지만 인간 다윗의 이야기가 종말을 맞는 순간이 온 것이다.

삶은 죽음을 통해 완성된다. 인간은 결국 이 땅에서 한계를 지닌 존재라는 것을 확실하게 증명한다는 면에서, 죽음은 삶의 완성이라고 말할 수 있다. 고대 로마에서는 전쟁에서 승리한 장군 뒤에서 노예들이 '메멘토 모리(memento mori)'라 외쳤다고 한다. 라틴어로 '죽음을 기억하라'는 뜻인데, 승리에 자만하지 말고 항상 겸손하라는 의미로 삶의 엄숙함을 일깨우려는 조치였다고 한다. 죄로 물든 인간의 욕망은 끝이 없기에 죽음은 비움의 철학을 가르친다. 그런 면에서 죽음은 우리가 완전히 비인간화되는 것을 막아 주는 역할을 하기도 한다. 중요한 것은 죽음을 어떻게 잘 준비하느냐하는 것이다.

다윗은 노쇠해졌다. 다윗은 파란만장한 일들을 겪어냈지만 자연의 법칙을 거스를 수는 없었다. 모두의 영웅인 다윗이 웰다잉을 맞기를 바라지만, 그를 둘러싼 사람들로 인해 끝까지 사건에 얽혔다.

다윗을 둘러싼 이기적인 사람들

다윗은 자신에게 중요한 사람들의 죽음 앞에서 특별한 반응을 보였다. 그는 자신을 죽이려 했던 사울왕과 요나단의 죽음에 슬픔이 담긴 비가(삼하 1장)를 통해 애도의 마음을 전했다. 또한 자신에게 반역했던 압살롬의 죽음 앞에 통곡하기도 했다(삼하 18장). 다윗은 죽음 앞에 숭고했다.

하지만 정작 죽음을 눈앞에 둔 다윗을 향해서는 어느 누구도 그런 모습이 아니었다. 이기적인 인간들로 가득할 뿐이었다. 죽어가는 사람을 기리는 기색조차 찾아볼 수 없이 온통 싸움판이었다. 심지어 다윗도 남긴 마지막 유언이 시므이를 제거하라는 것이었다(2:9).

늙어 점점 더 노쇠해 가는 다윗은 주위 사람 모두에게 부담일 뿐 아니라 '해결해야 할' 문제로 여겨지는 듯하다. 기력이 떨어지고 체온조차 조절이 안 되는 다윗을 위해 신하들은 한 처녀를 구했다. 수넴 여자 아비삭이란 여자였다. 그녀를 향해 '아리따운' 처녀라는 표현이 쓰인 것을 보면 다윗을 성적으로 자극하려는 의도까지도 가지고 있지 않았나 싶다. 그나마 신하들의 선택은 최소한 이기적이지는 않았다.

다윗의 아들인 아도니야는 다윗이 남북을 통일하기 전 헤브론에서 왕으로 있을 때 낳은 아들이었다. 압살롬 다음으로 태어나 나이만 보면 실제적인 장자였기에 자신이 후계자인 양 행세하고 다녔다. 그럼에도 불구하고 다윗은 그를 꾸짖지 않았다.

"그는 압살롬 다음에 태어난 자요 용모가 심히 준수한 자라 그의 아버지가 네가 어찌하여 그리 하였느냐고 하는 말로 한 번도 그를 섭섭하게 한 일이 없었더라"(1:6).

다윗은 암논이 다말을 범했을 때도(삼하 13장) 뒤처리를 제대로 못해 낭패를 경험했지만, 과거의 실수를 통해 배운 것이 없어 보인다. 잘못된 행동에 대한 침묵은 '무언의 동의'로 여길 수 있다. 하지만 아도니야가 왕이 되더라도 다윗이 죽은 후에야 가능한 일이었다. 그랬기에 죽지 않고 병석에 누워 있는 다윗이 그에게는 자신의 미래를 막는 존재로 보였을 것이다. 마침내 그의 인내심이 바닥을 드러냈다. 그는 왕이 되고 싶은 마음에 아비아달 제사장과 요압 장군을 포섭했다. 실제적 2인자인 요압 장군과 제사장 계열에서 서열 1위인 아비아달을 자신의 편으로 끌어들이는 데 성공한 것이다. 그리고 그는 모든 왕자와 신하들을 초청하여 잔치를 벌여 스스로 왕이 되고자 했다. 그러나 다윗이 솔로몬에게 왕위를 넘겨 버림으로 결국 '해프닝'으로 끝이 난다.

이렇게 다윗은 압살롬에 이어 아도니야까지 두 번씩이나 아들들에게 버림을 받았다. 압살롬에겐 살해당할 뻔했으며, 아도니야에겐 존재 자체를 무시당했다. 그러나 아도니야의 어리석은 시도는 여기서 멈추지 않았다. 아도니야는 왕위에 대한 욕심으로 솔로몬의 어머니 밧세바를 찾아가 은근히 솔로몬의 왕권에 대한 불만을 제기한다.

"당신도 아시는 바이거니와 이 왕위는 내 것이었고 온 이스라엘은 다 얼굴을 내게로 향하여 왕으로 삼으려 하였는데 그 왕권이 돌아가 내 아우의 것이 되었음은 여호와께로 말미암음이니이다"(2:15).

그리고 자신의 아버지 다윗의 여인인 아비삭을 아내로 달라고 요청함으로써 속마음을 드러낸다(2:17). 이러한 부탁은 결국 그를 죽음으로 이끌었다(2:23-25). 그리고 아도니야는 끝까지 아버지와 아버지의 죽음을 존엄하게 대하지 못함으로 자신의 명을 재촉한 한심한 인물로 기록된다.

다윗이라는 영웅의 마지막과는 전혀 어울리지 않는 '어리석은' 남자들의 모습들을 통해 반면교사의 교훈을 얻을 수 있다.

다윗을 둘러싼 두 부류의 여인들

다윗의 마지막 이야기에는 두 명의 여인도 등장한다.

먼저 다윗의 부인 밧세바에게는 50세의 나이이던 다윗과의 사이에서 낳은 늦둥이 아들 솔로몬이 있었다. 그는 사무엘하 12장을 통해 훗날 왕이 될 것이라 짐작되는 이였다(삼하 12:24-25). 다윗도 그를 차기 왕으로 세우겠다고 이미 약조한 상태였고, 밧세바는 남편이 죽은 후 아들이 왕이 되는 것을 지켜보기만 하면 됐다.

그런 상황에서 아도니야가 예상치 못한 행동을 한 것이다. 다급해진 밧세바는 나단 선지자와 상의한 후 다윗을 찾아가 상황을 알린다. 솔로몬이 차기 왕위에 앉을 자라는 사실을 공포하라는 것이다. 동시에 약속대로 나단이 아도니야의 행위를 알리며 다윗에게 행동을 취할 것을 종용하자 속전속결로 솔로몬은 왕으로 세워진다.

겉으로 보기에 밧세바가 한 행위는 문제가 없는 것처럼 보인다. 아도니야의 반역이 전개되는지도 모르던 다윗을 찾아가 상황을 설명하고 약속을 지키도록 하여 나라를 위해 책임을 다하는 행동을 했다고 볼 수 있다. 솔로몬의 왕위 계승은 본문에 최소한 세 차례에 걸쳐 확인된 것이었기 때문이다(1:13, 17, 30).

그러나 이야기의 전개상 그녀의 행방에 대해 의문이 생긴다. 예를 들어 열왕기상 시작에서 신하들이 '젊은 여인' 하나를 제안할 때 그녀는 어디 있었는가 하는 의문이다. 기력이 쇠해진 다윗의 옆을 지켜야 할 여인이 있다면 밧세바라야 하지 않는가. 다윗의 곁에 있지 않고 잠잠하던 그녀가 다시 나타난 것은 아들의 왕위 문제에서 비롯되었다. 죽어가고 있는 다윗 때문이 아니라 자신의 아들이 보위에 오르는 일에 문제가 생겼기 때문이었다. 앞에서 보았던 신하들과 아도니야와는 비록 동기가 다를지라도 밧세바 또한 너무 자기 중심적이라는 생각이 든다.

또 다른 여인인 아비삭은 밧세바와는 반대의 인물이었다. 젊고 아름답다는 이유로 선택되어 늙은 왕 옆에서 오직 섬기는 역할만을 감당한다. 다윗에게 가장 필요한 일을 하면서도 그녀는 잠잠하다. 영화로 비유하면 침묵하는 조연 또는 엑스트라일지 모른다. 하지만 그녀의 존재는 오히려 깊은 감동을 준다. 다른 이들과는 달리 그녀에게는 달성해야 할 이기적 야망이나 다윗으로부터 무언가를 얻어내려는 의도가 전혀 보이지 않기 때문이다.

그녀는 끝까지 침묵하는 인물로 남는다. 심지어 다윗이 죽은 이후에 아도니야의 변하지 않는 야심을 채우기 위한 대상으로 취급당하는 순간에도 그녀는 아무 말이 없다. 그녀는 주위의 모든 이들에게 이용만 당할 뿐이다. 하지만 그런 그녀의 모습은, 다른 이들이 보인 비인간적인 반응과 적나라한 대조를 보여 주며 오히려 독자들에게 깊은 여운을 남겨 준다.

다윗의 유언

밧세바에 이어 나단 선지자의 요청을 받아들인 다윗은 '왕답게' 행동한다. 솔로몬에게 왕위를 넘기기로 결정하고 제사장 사독과 선지자 나단과 여호야다의 아들 브나야에게 "나를 대신하여"(1:32-35) 솔로몬을 왕이 되게 하라는 마지막 명령을 내린다. 이것으로 아도니야의 모든 계획은 수포로 돌아간다.

2장 2절과 3절의 말씀 속에는 다윗이 솔로몬에게 하나님의 계시를 계속 이어 갈 책임을 주지시키고자 하는 마음이 담겨 있다.

"내가 이제 세상 모든 사람이 가는 길로 가게 되었노니 너는 힘써 대장부가 되고 네 하나님 여호와의 명령을 지켜 그 길로 행하여 그 법률과 계명과 율례와 증거를 모세의 율법에 기록된 대로 지키라 그리하면 네가 무엇을 하든지 어디로 가든지 형통할지라."

이 말씀은 왕으로서의 삶과 통치에 대한 철학을 제시하는 것이며 자신의 성공 비결이자 실패로부터 얻은 교훈이기도 하다.

거기에 더해 가슴에 담아 두었던 요압과 시므이에 대한 보복과 바르실래의 자손들에 대한 은총을 부탁한다. 단순한 개인적 복수라기보다는 요압과 시므이 같은 인물을 왕국에 지속적으로 둔다면 솔로몬에게 큰 해가 될 것을 예상했던 것이다. 또한 바르실래의 자손들과 같이 충성스러운 이들에게 은총을 베푸는 일은 솔로몬에게 축복이 될 것임을 알았다. 새로운 왕에게 정확한 '인수인계'가 이루어지도록 책임을 완수한 다윗은 세상을 떠난다.

다윗의 인생은 이렇게 종결을 맺는다. 그의 나이 일흔이었다. 마치 모세의 기도라 알려진 시편 90편에 나오는 표현처럼 말이다.

"우리의 연수가 칠십이요"(시 90:10).

다윗의 인생을 돌아보며, 하나님께서 사무엘을 통해 말씀해 주신 다윗에 대한 평가를 생각해 본다. 그의 가장 큰형이었던 엘리압을 향한 부정적 평가 속에서 다윗에 대한 평가를 다시 기억해 보자.

"내가 보는 것은 사람과 같지 아니하니 사람은 외모를 보거니와 나 여호와는 중심(heart)을 보느니라"(삼상 16:7).

사도 바울이 비시디아 안디옥의 한 회당에서 한 다윗에 대한 평가 또한 연결해 본다.

"내가 이새의 아들 다윗을 만나니 내 마음에 맞는(a man after my own heart) 사람이라 내 뜻을 다 이루리라"(행 13:22).

하나님께서는 특별히 다윗의 중심, 즉 마음을 보셨다. 다윗이라는 사람의 마음에 담긴 지성, 정서, 의지 전체를 보시며 판단하신 것이다. 그는 하나님의 마음에 합한 자였기에 하나님의 뜻을 행할 자였다. 자신의 인생을 돌아보며 얻은 교훈을 다시 말씀의 프레임에 담아 솔로몬에게 전

달했던 다윗의 유언에 이러한 모든 것이 담겨 있다.

우리는 어느 누구도 예외 없이 주인 되신 예수님 앞에 가서 삶을 평가받는다. 마태복음 25장에 기록된 '달란트의 비유'에 담겨 있듯 모두가 맡겨진 일에 대한 청지기로서 평가를 받게 될 것이다. '착하고 충성된 종'으로 평가를 받을 것인가, 아니면 '악하고 게으른 종'으로 평가를 받을 것인가? 우리가 선택한 삶에 달려 있다.

물론 어느 누구도 완벽할 수는 없을 것이다. 하지만 다윗처럼 죄와 실수를 저지른 후일지라도 하나님 안에서 회복하여 다시금 정도(正道)를 걷는 은혜의 삶을 살 수 있다. **죄를 용서받는 것도 은혜이지만, 용서를 통해 더욱더 성숙한 삶을 살 수 있다는 것도 은혜다.**

하나님의 평가 이전에 사도 바울이 자신을 향해 스스로 내린 평가를 보자.

"전제와 같이 내가 벌써 부어지고 나의 떠날 시각이 가까웠도다 나는 선한 싸움을 싸우고 나의 달려갈 길을 마치고 믿음을 지켰으니 이제 후로는 나를 위하여 의의 면류관이 예비되었으므로 주 곧 의로우신 재판장이 그 날에 내게 주실 것이며 내게만 아니라 주의 나타나심을 사모하는 모든 자에게도니라"(딤후 4:6-8).

믿는 자의 일생에 대해, 이보다 더 멋진 표현이 있을까 싶다.

모든 사람이 예외 없이 맞이한 죽음을 우리도 경험할 것이다. 스티븐 코비는 『성공하는 사람들의 7가지 습관들』이라는 책에서 두 번째 습관으로 "끝을 염두에 두고 시작하라(Begin with the End in Mind)."고 소개하고 있다.

우리는 우리의 삶을 어떻게 평가할 것인지 늘 생각하며 살아야 한다. 하나님의 마음에 관심을 두며 부르심의 소명에 충성스럽게 살아가는 우리 모두가 되자.

다윗의 어깨 위에 올라타라

2019년 5월 31일 초판 발행
2023년 4월 20일 4쇄 발행

지은이 : 박성민
펴낸곳 : 순출판사
삽화 및 편집 : 김혜령

주소 : 서울시 종로구 백석동 1가길 2-8
전화 : 02) 722-6931~2 팩스 : 02)722-6933
홈페이지 : www.soonbook.co.kr
등록 : 제 2020-000159호

본서의 판권은 순출판사에 있습니다. 무단 전재 및 복제를 금합니다.
ISBN 978-89-389-0348-8

값 18,000원